新时代北外文库

文明与文化的世界多元性研究

On the Diversity of Cultures and Civilizations

王 炎 著

人 民 出 版 社

作者简介
ABOUT THE AUTHOR

王炎 北京人，北京外国语大学外国文学研究所研究员。著有《小说的时间性与现代性——欧洲成长教育小说叙事的时间性研究》《奥斯威辛之后——犹太大屠杀记忆的影像生产》《美国往事——好莱坞镜像与历史记忆》《穿越时间的纵深——从耶路撒冷到纽约》，以及《返归未来——银幕上的历史与社会》（合著）。在《读书》《天涯》《书城》《万象》《外国文学评论》《外国文学》《艺术评论》《印刻文学生活志》等期刊杂志发表论文百余篇。多篇获奖或被《新华文摘》、人大复印报刊资料以及各类文集转载。

内容提要

EXECUTIVE SUMMARY

这部论文集从对文明与文化的多义内涵、中外学科与学术之道、历史影像中的文化记忆、媒体与人文的新视域四个方面，讨论贯穿始终的核心问题：思想的主体性与文化共同体之间如何相互塑造。西方知识虽已经深深嵌入中国的文化传统之中，我们的知识结构已现代化，成为世界知识版图中重要的组成部分。但中国千百年凝练的学术传统并未被连根拔起，而是与西方知识相互渗透、彼此融合，形成当代中国学术。任何不加反思的照搬都不能扎根，同时，不借他山之石的封闭学问也无法存活。西方文明给我们提供了反思与借鉴的镜子，在异质性的文化里，我们才能找到新的可能性与思想活力。而只有建立明确而自觉的研究主体，问题才不是虚假的，研究方法才是“及物的”。未来思想的创新，只能扎根于本土经验。

《新时代北外文库》编委会

出版说明

2021 年是中国共产党成立 100 周年，也是北京外国语大学建校 80 周年。作为中国共产党创办的第一所外国语高等学校，北外紧密结合国家战略发展需要，秉承“外、特、精、通”的办学理念和“兼容并蓄、博学笃行”的校训精神，培养了一大批外交、翻译、教育、经贸、新闻、法律、金融等涉外高素质人才，也涌现了一批学术名家与精品力作。王佐良、许国璋、纳忠等学术大师，为学人所熟知，奠定了北外的学术传统。他们的经典作品被收录到 2011 年北外 70 年校庆期间出版的《北外学者选集》，代表了北外自建校以来在外国语言文学研究领域的杰出成果。

进入 21 世纪尤其是新时代以来，北外主动响应国家号召，加大非通用语建设力度，现获批开设 101 种外国语言，致力于复合型人才培养，优化学科布局，逐步形成了以外国语言文学学科为主体，多学科协调发展的格局。植根在外国语言文学的肥沃土地上，徜徉在开放多元的学术氛围里，一大批北外学者追随先辈脚步，着眼中外比较，潜心学术研究，在国家语言政策、经济社会发展、中华文化传播、国别区域研究等领域颇有建树。这些思想观点往往以论文散见于期刊，而汇编为文集，整理成文库，更能相得益彰，蔚为大观，既便于研读查考，又利于学术传承。“新时代北外文库”之编纂，其意正在于此，冀切磋琢磨，交锋碰撞，助力培育北外学派，形成新时代北外发展的新气象。

“新时代北外文库”共收录 32 本，每本选编一位北外教授的论文，均系进入 21 世纪以来在重要刊物上发表的高质量学术论文。既展现北外学者在外国文学、外国语言学及应用语言学、翻译学、比较文学与跨文化研究、国别与区域研究等外国语言文学研究最新进展，也涵盖北外学者在政治学、经济学、教育学、新闻传播学、法学、哲学等领域发挥外语优势，开展比较研究的创新成果。希望能为校内外、国内外的同行和师生提供学术借鉴。

北京外国语大学将以此次文库出版为新的起点，进一步贯彻落实习近平新时代中国特色社会主义思想和党中央关于教育的重要部署，秉承传统，追求卓越，精益求精，促进学校平稳较快发展，致力于培养国家急需，富有社会责任感、创新精神和实践能力，具有中国情怀、国际视野、思辨能力和跨文化能力的复合型、复语型、高层次国际化人才，加快中国特色、世界一流外国语大学的建设步伐。

谨以此书，

献给中国共产党成立100周年。

献给北京外国语大学建校80周年。

文库编委会

庚子年秋于北外

目　录

第三编　历史影像中的文化记忆

第四编　媒体与人文的新视域

自　序

这部论文集收录了我十几年来写作的文章。文章的选择不是任意的，而是力图围绕一条贯穿始终的思考线索：思想主体与文化共同体的关系。学术不是思维游戏，思想也不是没有文化主体的抽象概念。学者应该扪心自问：为什么从事学术研究？我该从哪个角度思考、解决问题？文字要传递什么样的信息给读者？总之，写作揭示的是作者的处境、切身的问题、思考的动力、思维的方式以及希望实现的目的。文字能显示作者所处的时代背景、历史环境以及时空的局限。本书从四个方面展开本人这些年来的心路历程。

第一编"文明与文化的多义内涵"，反映了这些年来学界的核心关切。一是亨廷顿（Samuel P.Huntington）提出的文明冲突论，一是本尼迪克·安德森（Benedict Anderson）系统论述的概念——想象的共同体。这部分并非凸显亨廷顿意义上的文化冲突，而是身处全球化语境里的中国，文化应该如何自处？中国遭遇西方，乃百年挥之不去的情结，各种热议的学术话题，有的是直接讨论，有的则是间接涉及，更多的是看似与此无关，而"中西方"乃隐含在所有学术思考的背景之中。

当前，仍有一些人存在这样的历史观：西方处在历史时间轴上的"未来"的位置，"东方"则身处"过去"。所谓文明，乃历史的脚步从过去走向未来，这已深嵌在一些人的集体无意识之中。如果对自己的知识传统没有清晰的自觉，则无法表述自己，只好被别人表述。古老中国文明该有独具特色的自我表述，这需要有思想活力的文化共同体。本人有幸在本·安德森生前，与他在北京相会，盘桓多日，并做了深度对谈，就共同体理论的前世今生，做了一番难忘的讨论，收在本书中。不同的文明，会产生不同的思想传统，历史、记忆与境遇，既凝聚了文化共同体，又带来了思想的多义性与丰富性。

第二编为“中外学科与学术之道”。实际上继续了学术共同体话题的讨论，不过做了进一步的追问：如何从事学术工作？我们需要怎样的知识结构？如何重建自己的学科体系？学界一度出现保守的逆流，似乎要否定“五四”留下的传统。严肃的学术应该沉入中国学术体系的内部，把传统学术的概念与思路带出来，植入现代知识框架中，翻译并阐释中国思想的内在肌理，使之能与西方学术对话。这样才能反思现代学术范式的盲点与遮蔽，给世界知识进步增添新的滋养。

改革开放40多年来，中国学术已长足发展，积累了经验与教训，对学科发展的历程该有清醒的反思。比如外语学科，20世纪50年代按苏联模式建立的专业学院，改革开放之前，长期依赖国家计划。一旦外语教育资源放开，教育市场化，外语院校培养模式的短板便暴露出来。过于注重专业技能，学科单一，学生人文素养缺失。高等教育不是职业培训，而重在育人树才，提高综合素质与整体修养才是出路，未来外语院校的发展，应该重在人文基础学科，重新审视外语类人文学科的设置与实践，细化如外国文学等学科的定义，使其从外语教学中剥离出来。

这个工作只能由本专业学者完成，通过期刊、学术会议各抒己见，长期辩论，才能一点点勾勒出学科的形态。学术的生命在民间，在日常学术实践之中，也在研讨与论文写作之中。没有现成的他山之石可资利用，也不能靠权威认定以求正果。必须自始至终坚持独立的学术视域，借鉴他人的成果，却不能偏离自己的立场。只有这样，才能将母语文化引入外语学科的思考之中，使之指导日常研究与教学工作。这需要开放的心态，并能从自身的学术经验里汲取思想力量。有原创的成果，中国学术才可能影响世界。

第三编“历史影像中的文化记忆”，思考集体的历史记忆，如何塑造民族共同体的想象。特别是创伤性的记忆，它构建了民族身份与文化主体性。中国知识界在20世纪90年代曾有一场人文精神大讨论，反复引用纳粹“屠犹”，作为人性大讨论的历史见证，犹太大屠杀遂成新时期人性话语的标志。但南京大屠杀一直停留在官方纪念的层面，反思与讨论总夹杂现实的考量，如中日关系或爱国主义教育等。如果让这段记忆只停留在抗日战争史的层面，那么南京大屠杀的公共话语便会越来越僵硬，与年轻一代的生活无关，将渐渐失去活力与增长性。而犹太大屠杀之于犹太人，无论是以色列人还是欧美的"离散"的犹太人，创伤性记忆仍活跃在日常生活中，他们不断谈论那段历史、创作大量文学作品，大学里开设犹太大屠杀课程、发表无数论文、拍摄大量故事片和纪录片、采访幸存者、研究纳粹史等。从历史反省中理解自己的民族性，认同犹太身份，揭示民族命运，犹太人的历史观可以给我们启示。历史记忆最重要的品质就是阐释性，只有在历史记忆里不断挖掘新义，才能时时更新对现实的理解。

民族的延续有赖于历史记忆，记忆非但不是包袱，反而会照亮前进的道路。犹太民族虽历经磨难，却传奇般存活下来，没有被其他民族同化，相反越来越有凝聚力，民族性越来越鲜明，这便是历史记忆的价值所在。如不能理解历史记忆的阐释性，便没能力在时代的剧变中理解历史的意义，让一代代人的思想光芒照进当下的现实。南京大屠杀的记忆能与我们的日常生活相关，应成为中华民族取之不尽的思想源泉。我们需要一些悲剧意识和历史感，记住过去、悼念死者，是一个古老民族应具有的品质。

第四编"媒体与人文的新视域"。随着网络时代到来，世界发生了最深刻的革命，生活中的一切几乎都不同于前网络时代。电邮、视频、微博、微信、脸书、推特等新媒介相继出现，学界尚未能调整知识结构，应对全新的文化现实，甚至连什么是文学？什么是文本？在网络时代都成了问题。传统的学科观是收缩性的，希望清晰划定知识的边界，而网络文化却是扩张性的，它不断僭越一切藩篱和门户，使任何限定与澄清的努力都显得多余。文学早从小说、戏剧、诗歌扩张到批评理论、文化研究和电影批评。我们必须追问：网络时代文学的边界、方法和范式是什么？如果只强调影视的重要，因为电影、电视渗透到文艺的所有方面，但连电影也不再是"独立的艺术"了，视频早已成为网络文本的重要载体。什么是电影？什么是电视？什么是视频？三者已难解难分。新媒介技术带来的是学术范式的加速转换，我们面临的是福柯所谓"知识型"的根本性转变。

在互联网时代，技术与文化乃一体两面，在全球范围内已制造了文化消费、文化接受和选择的深刻革命。社交媒体集中了各种流行文化元素，以共同趣味打造虚拟的社群，这给民主政治带来巨大挑战。2016年美国大选遭遇社交媒体，欧洲经历民粹抬头，技术革命改写了西方的政治图景。我们耳熟能详的意识形态分野不复有效，我们必须更新分析工具和研究视角，以应对新的现实。罔顾技术而抽象地讨论精神，越来越显得苍白无力，因为所有思想已被转码成电脑二进制的数据。如果说西方古典哲学曾希望从超验的世界里寻找普遍性，那么因特网却将散落在不同时空里的真实经验联系起来；网络智慧不因循柏拉图的脚步，攀登知识的制高点去寻觅“真理”（eidos），而屈尊于芸芸大众的“意见”（doxa）之中。在众生喧哗、芜杂多义的个别思考里，披沙沥金，萃取真知灼见。

互联网带来的是知识民主，如今学问如此庞杂多义，没有谁能以一人之才智，穷尽天下知识，建立无所不包的学术体系。而学者的明智恰恰在于自知局限与渺小，努力学会合作与共赢。在数字民主化的赛博空间中，以互动合作式的知识形式，将智慧无差别地播散到虚拟世界的每个角落。能与遥远的陌生人精诚合作，人人有付出，个个有收获，知识栖居在人性之中。

最后就学界人文知识的生产，致力于辨析概念与学术史的梳理。之所以用如此篇幅谈西方文论，乃有感于1980年至1990年期间，中国学界对西方60年代以来兴起的文化批评理论趋之若鹜，使“后现代”一时成为显学。短短20年间，“后现代”的经典理论几乎全部被翻译成中文，还大量引进介绍性或研究性的二手著作。国内学者研究“后学”的成果惊人，期刊论文、著述、学位论文汗牛充栋。与“后学”相关的大众文化产品也蔚为壮观，房地产开发商也以“后现代”给楼盘命名，连街上的发廊都叫“后现代时尚码头”。如果有哪位学者自称对“后学”不甚了了，会被归入过时之列。这个时髦的背后，有一个“知识进化论”的逻辑做支撑。

20世纪80年代初，中国学界曾拥抱西方现代（19、20世纪）启蒙思想，掀起一波新启蒙运动。之后，又引进了“后学”，视其为知识谱系上的更高阶段，即“现代之后”“反现代性”或更高级的现代性。将现代与后现代对立起来，本来就很可疑。在西方的学术传统中，古典、现代与后现代乃为并置的多重空间，有发展也有继承。无论古典还是现代，都不会被“后”所取代。而这并非问题之所在，关键是后现代理论在60年代的欧美出现，有明确的文化与社会依据。西方知识界为了解释自己的生活，解决面临的社会困境，才苦心孤诣，发展出文化批评理论，在幽暗之中寻找启蒙的辩证法。这不是智力游戏或话语猜谜，而是清算现代知识体系中理性的专制，消解对工具理性的拜物，以及对人性的异化。

中国国情与西方根本不同，我们没有西方社会先后出现的启蒙与资本主义的变奏，中华文明自己有一套文化逻辑，自成体系，渊源独特，蕴含不同的理性与情感。当中国遭遇西方知识的译介时，中国传统与西方理性势必相互杂糅，却未必能彼此化合。我们赞赏“后”理论对现代理性暴政的批判，却未曾体验过理性的压制，这未免造作矫情。所以“后学”一波强势之后，未能在中国土壤里扎根，只是新引进的知识覆盖过去引进的知识而已。有多少人追问过后现代与中国的现实有何关系？从这一小处管窥，已见中国的“后学”之一斑。中国学人不应忽视西方当代文化理论的存在，但要寻找自己的视角与问题切入点，才能建立研究的主体性，这是中国学术紧迫的议题。

自“五四”以来，西方知识已经深深嵌入中国的文化传统之中，我们的知识结构已经现代化，成为世界知识版图中重要的组成部分。同时，中国千百年凝练的学术传统并未被连根拔起，而是与西方知识相互渗透、彼此融合，形成了当代的中国文化。任何不加反思的照搬都不能扎根，同时，不借他山之石的封闭学问也无法存活。西方文明给我们提供了反思与借鉴的镜子，在异质性的文化里，我们能找到新的可能性与思想活力。中国学界不应总盯着国外潮流，而应深思西方学术与中国问题的关联性。只有建立明确而自觉的研究主体，学术问题才不是虚假的，研究方法才是“及物的”。

未来思想的创新，只能从扎根于本土经验的研究中产生。为学的目标是通过专业化的学科操作，将自己的思考与现实勾连，经过艰苦的学术生活和严谨的专业研究，形成清晰、深刻的思想，才能影响身在其中的生活世界。

2020 年 3 月 30 日于北京

第一编

文明与文化的多义内涵

萨义德与他的《东方学》

2003 年 9 月 25 日凌晨，爱德华·萨义德(Edward W.Said)在纽约与世长辞了。二十五年前他曾出版著名的《东方学》(*Orientalism*)一书，这本书引发了一场影响全球的后殖民文化研究的浪潮。事实上，他只是一个理论的开拓者，他为西方学院知识分子研究和反思西方主流的、有关"东方"的话语背后的权力关系提供了新视角；也给相对于西方所谓"他者文化"共同体中的"本土"知识分子以某种启示——即在不加反思地拥抱全球化浪潮的同时，如何重新理解和阐释自身的文明传统，如何认识"本土"文化在全球化过程中可能被同化，以至逐渐丧失人类文明的丰富性和复杂性的危机。萨义德独特的、别具一格的理论思考启动了一系列文化、政治和社会潮流，并在不同国家和地区以不同的形式展现出来。如在北美学术界，后殖民文化研究影响很大，而且启发了对印度殖民时期的教育史的研究，及其殖民地英语教育如何直接导致宗主国英语文学系的学科建制等问题，成绩斐然；在中东，巴勒斯坦解放运动也称从萨义德的东方主义研究中汲取了营养；包括中国在内的其他第三世界国家，大都较系统地介绍有关他的后殖民主义研究，并反思自己的文明在西方全球话语中如何被叙述，同时，也揭示出自己的媒体和学术机构是如何参与西方关乎自身话语生产的现实。中国在 20 世纪 90 年代翻译了萨义德的最重要的作品《东方学》，并且相继翻译了他的《文化与帝国主义》(*Culture and Imperialism*)和《知识分子论》(*Presentations of the Intellectual*)等著作。后殖民批评成为中国知识分子的热门话题，在全球化和中国民族意识崛起的背景下，东方主义批评和后殖民理论成为中国文化和历史研究的重要理论资源。

同时，我们也看到，尽管后殖民批评得到西方学院知识分子和殖民地本土知识分子的广泛回应,但萨义德本人多年来却一直为人们对他的误读所困扰。尽管他坚持不懈地为《东方学》一书的理论背景和指向,做出解释和说明,但方方面面的批评和误解仍然不断。有不少包括北美的后殖民批评家指责萨义德是西方中心主义者,因为他拒绝把东方作为主体来看待,所以也只是西方文化内部的一个不彻底的批评者;一些第三世界和阿拉伯国家的学者则抱怨萨义德并不关心一个真正的东方是什么样子,只是利用西方当代理论在西方知识体系内部塑造一个话语性的东方,他的后殖民理论对恢复阿拉伯世界的本来面目无助。在中国,有学者提醒用后殖民理论来谈中国问题实在文不对题,因为中国从未被外国完全体制化地殖民过,中国一直保有自身在文化和政治上的自主性。华裔学者余英时也提醒中国学术界:"萨义德的'东方'主要指中东的阿拉伯世界,并不包括中国。……这是中国人引用'东方主义'的说词时首先必须注意的重要事实。"①并一再强调"没有一个文化是单一而纯粹的"②,不要因抵抗西方的文化霸权而排斥"非我族类"的文化。我们不禁要问人们为什么会对萨义德的东方主义批评有如此不同甚至对立的理解?带来如此多歧义的理论如何能够内部自洽?这样一个充满争议的理论何以产生如此广泛的影响?萨义德在建构他的理论体系时要通达的目的是什么?显然,对这些问题的回答最直接的方法是回到他的理论体系的出发点,即回到他的最重要的著作《东方学》(或译《东方主义》)的文本之中,从萨义德的理论对象和方法这两个基本问题出发来探究他的后殖民批评的边界和可能实现的目标,我们借鉴他的理论体系时可能会遇到的问题,以及给我们的启示。

首先,什么是"东方学"(Orientalism)?按照萨义德的理解,东方学是在19世纪和20世纪早期欧美国家学术机构中的,以教授东方、书写东方或研究东方人为目的的一门包括人类学、社会学、历史学和语言学的学科,它带有早期欧洲殖民主义政治色彩,以"东方"(the Orient)与"西方"(the Occident)二者之间的本体论和认识论意义上的对立为基础。③ 其次,萨义德的《东方学》

---

① 单德兴:《知识分子论》"译者序",生活·读书·新知三联书店2002年版,第6页。

② 单德兴:《知识分子论》"译者序",生活·读书·新知三联书店2002年版,第6页。

③ [美]爱德华·W.萨义德:《东方学》,王宇根译,生活·读书·新知三联书店1999年版,第3页。

的研究对象是什么呢?它的对象是西方的所谓"东方学家"、诗人、小说家、哲学家、政治理论家和经济学家等(他们包括雨果、福楼拜、但丁和马克思等)做出的有关"东方"的陈述、关于"东方"各种复杂的观念组合,以及一切有关"东方"的话语背后的权力关系。那么,东方学是不是作为西方学术界的学科建制而成为萨义德的研究对象呢?不是,以英、美、法三国主导的东方学是作为福柯(Michel Foucault)意义上的"话语"而成为其研究对象。也就是说,这一学科是以政治的、社会学的、军事的、意识形态的、科学的以及想象的方式来创造了一个话语的东方。① 另外,萨义德所关心的真正的"东方"是不是他的理论对象呢?也不是,萨义德在他的《东方学》的绪论中开宗明义:"我的出发点乃下面这样一种假定:东方并非一种自然的存在。"②他认为,"东方"和"西方"这样的地方和地理区域都是人为建构起来的,所以,他研究东方学的目的不是考察东方学所炮制的话语是否与"真正"的东方有对应关系,换言之,不是为所谓"真正"的东方而恢复其"纯粹存在"(mere being)的本来面目。③ 当然,萨义德也不认为东方的历史和文化是人为建构起来的,来自于想象,而是说他所关心的问题围绕着有关东方的话语背后隐藏着东、西方之间的权力关系。我们读到这里需要停一下,考察一下萨义德后殖民批评的理论基础及其哲学背景,以便真正理解《东方学》的学术背景和理论指向。

我们都知道西方哲学在20世纪经历了一场语言学转向,索绪尔的语言学和德国现象学的兴起,对这一转向起了关键性的作用。萨义德之所以在他的著作中反复强调(包括在《东方学》成书近二十年后他写的后记中):"我在书中明确地说过我没有兴趣——更没有能力——揭示真正的东方和伊斯兰究竟是什么样的",④而且强烈地反对本质化的"东方"和"西方"的概念:"像'东

---

① [美]爱德华·W.萨义德:《东方学》,王宇根译,生活·读书·新知三联书店1999年版,第4—5页。

② [美]爱德华·W.萨义德:《东方学》,王宇根译,生活·读书·新知三联书店1999年版,第6页。

③ [美]爱德华·W.萨义德:《东方学》,王宇根译,生活·读书·新知三联书店1999年版,第6—7页。

④ [美]爱德华·W.萨义德:《东方学》,王宇根译,生活·读书·新知三联书店1999年版,第426页。

方'和'西方'这样的词没有与其相对应的作为自然事实的存在的稳定本质",①他的这些观点只有在发生了深刻变化的哲学和思想的环境中才有可能。虽然他不厌其繁地强调词与物的不对应,但仍然是这个问题引起最多的误解。究其原因,我想正是出在我们根深蒂固的真理观上。早在1943年出版的《论真理的本质》一书中,海德格尔就对我们传统的真理观进行追问:真理的本质是什么?真实就是现实吗?就是一个陈述与他所陈述的事情相符吗?换言之,真理就是知(intellectus)与物(res)的符合(stimmen)吗?这样的真理观可追溯到基督教哲学有关人与万物皆为受造物(ens creatum)并符合上帝精神中预设的观念,人类理智与存在均为"受造的",符合上帝创始计划,故上帝的知(永恒的)保证了人类的知与创造物之间的符合,即真理;而康德则基于人的主体性发展了他的先验思想,仍然延续了这一有关真理的传统。② 海德格尔称这样的真理观为流俗的真理概念,因为这种概念没能反思陈述作为话语如何能与存在物相符,也未能反思真正关键的陈述与物之间的那种关系特性,即思想存在保持开放,使存在处于澄明之地(Lichtung)。回到我们的主题《东方学》,萨义德所针对的研究对象正是论说东方的话语而不是东方本身,因为我们无法期望一种与事实本身相符的话语——真理。用萨义德的话说是:"一个文化体系的文化话语和文化交流通常不包括'真理',而只是对它的一种表述。"③同时我们也不该忘记海德格尔的名言:语言是存在之家。真实的东方由话语滋养呵护着,同时也被话语遮蔽着。萨义德也认为东方存在于书面语言之中,它并不直接在场(presence)而是间接在场(re-presence)或被表述(representation)。④ 他的东方主义批评的目的正是要揭开东方主义话语中的遮蔽。

那么,东方主义话语遮蔽了什么呢?对于这个问题,我们首先看一下萨义德是如何解构他的话语批评的。萨义德坦言福柯的话语观念对他有直接的影

---

① [美]爱德华·W.萨义德:《东方学》,王宇根译,生活·读书·新知三联书店1999年版,第426页。

② 《海德格尔选集》,孙周兴译,上海三联书店1996年版,第216页。

③ [美]爱德华·W.萨义德:《东方学》,王宇根译,生活·读书·新知三联书店1999年版,第28页。

④ [美]爱德华·W.萨义德:《东方学》,王宇根译,生活·读书·新知三联书店1999年版,第28页。

响,福柯在《知识考古学》《词与物》和《规训与惩罚》等著作中,系统地讨论和阐释了近现代资本主义社会如何通过知识、教育、舆论和社会保障体系等,建立起一整套无处不在的匿名话语权力系统,而不再以传统社会的简单而直接的权力模式为其存在的基础。萨义德把福柯的话语权力理论用于分析西方国家对东方这一他者的书写和叙述上。他认为东方主义话语不仅仅是在西方文化、学术或研究机构中所反映出的政治对象,而是西方区域政治意识向美学、经济学、社会学、历史学和哲学文本的一种分配;①这套话语的背后是西方国家对东方整个利益体系的一种精心筹划,文化、学术和道德权力与各种政治、经济权力进行错综复杂的交换,通过对东方的学术发现、语言重构、自然描述等,来表达对他者的控制、操纵和吞并的愿望。② 萨义德之所以认为东方主义话语批评有十分重要的意义,是因为他相信东方学本身已构成西方国家现代政治的一个至关重要的组成部分。从这里我们不难看出,为什么萨义德的批评者抱怨他不关心真实的东方,不把东方作为主体来看待。而萨义德也不断声明东方的本来面目不是其理论的目的。双方之间之所以找不到对话的基础正是因为:批评者们相信语言陈述可以穷尽对象的全部外延和内涵——即知与物相符的真理。而萨义德只对知与物的关系感兴趣,即对描述东方的话语的产生、变化和其背后的动力进行分析,并坚持这种叙述他者的企图、方式和欲望,才是东方主义的核心要害。也可以说,萨义德所感兴趣的是话语如何遮蔽和扭曲了东方,而不是遮蔽什么。

然而,我们不禁要问:如果关于东方的陈述(或话语)与自然的东方不可能相符,那么陈述不就成了相对的、无价值的判断或任意的话语了吗?这一问题关乎后殖民批评的核心价值,萨义德对东方学话语的批评的取向,置于对东方学所表现对象的外在性(exteriority)的分析上,用他的话说:“我认为对这一点无论怎么强调都不过分。”③萨义德把这种外在性归结为:东方学家始终把

① [美]爱德华·W.萨义德:《东方学》,王宇根译,生活·读书·新知三联书店 1999 年版,第 16 页。

② [美]爱德华·W.萨义德:《东方学》,王宇根译,生活·读书·新知三联书店 1999 年版,第 16 页。

③ [美]爱德华·W.萨义德:《东方学》,王宇根译,生活·读书·新知三联书店 1999 年版,第 27 页。

东方视为一个神秘和异国情调的他者,对它的描述和展现的动力来自对神秘他者的奇观欣赏效应;以西方自己的价值、修辞和技巧来叙述东方,以确认自己的价值观、对外政策和世界观。因此,"东方学的一切都置身于东方之外:东方学的意义更多地依赖于西方而不是东方,……使东方在关于东方的话语中'存在'。"[①]然而,我们还要追问萨义德的后殖民理论对阿拉伯世界难道不也是外在性的吗?毕竟他在美国面对西方的读者用英语写作。如果说萨义德的观点对伊斯兰文化有什么内在性的话,也只能来自他的美籍阿拉伯人的特殊身份,一个作为出生于耶路撒冷的巴勒斯坦人的特殊经验和客居西方学院的边缘知识分子的独特立场。对自己世代相传的文化和历史认同,以及在西方受到的系统的学术训练,都使得他的理论既不可能完全是外在性的,也不可能完全以东方本土的价值体系来进行后殖民批评。对这一点,萨义德在《东方学》一书中有明确反思,他坦言西方教育才使他能够系统地分析有关东方的话语,同时,又强调避免使自己的身份在研究中出现本质化的倾向。[②] 在他自己的理论框架内,内在性与外在性之别正是萨义德对东方学话语批评的合法性基础。因为他清楚地意识到,其理论前提是话语表述分析,而表述在他看来不与真理相联,因为真理本身也是一种表述而已。那么,所谓"伊斯兰在西方一直得到人们的错误表述",[③]便不是东方是否被真实地表述问题,而是东方学家是否"在文化和政治上全身心地认同于阿拉伯人"[④]的问题,也即内在性的问题。在萨义德看来,美国没有哪位东方学家认同阿拉伯人,至少没有像美国自由派认同犹太复国主义那样认同伊斯兰文化。[⑤] 至于他本人的身份与文化牵连,使他的理论确实具有某种内在性;但同时,他又公开对阿拉伯政权

---

① [美]爱德华·W.萨义德:《东方学》,王宇根译,生活·读书·新知三联书店1999年版,第29页。

② [美]爱德华·W.萨义德:《东方学》,王宇根译,生活·读书·新知三联书店1999年版,第432页。

③ [美]爱德华·W.萨义德:《东方学》,王宇根译,生活·读书·新知三联书店1999年版,第349页。

④ [美]爱德华·W.萨义德:《东方学》,王宇根译,生活·读书·新知三联书店1999年版,第35页。

⑤ [美]爱德华·W.萨义德:《东方学》,王宇根译,生活·读书·新知三联书店1999年版,第35页。

抨击和批评。

由于表述在本质上牵连和嵌陷于表述对象之外的其他事物，如叙述者共享的历史、传统与利益等，萨义德认为表述实际上是一个牵涉各种关系和权力角逐的公共游戏场。所以，表述正确或真实与否，并不由具有内在一致性的共同对象来决定。① 从《东方学》文本中归纳出的几个方法论意义上的核心问题里，我们可以清楚地看出，萨义德对《东方学》的批评者实际上已在书中预先给出答案：对于他是否为西方中心主义者的质疑，他可以用内在性这个概念予以回应，即他的理论价值取向，落在对阿拉伯人的认同上，而非依照西方的价值体系为参照审视东方学。当然，我们也不难发现，他的后殖民理论中的概念、范畴仍然沿袭西方知识传统中的谱系，也就是为什么他感谢西方教育带给他的批评方法。其实，西方的知识、科学体系和范式，早已渗透到世界的各个角落了。但吊诡的是，他极力反对把东、西方本质化，却用西方当代理论来批判西方关于东方的话语，那么他的批判基础是否也建立在区分东方和西方为两个独立、自足的主体上呢？这也是为什么批评者们诘问他的《东方学》是否把东方当作主体来看待。

萨义德在经验上承认有东/西方、南/北方和白色/有色种族之分，并认为掩盖这些差别的后果，恰恰是东方学已经告诉我们的，并且反对脱离具体历史和经验的、抽象的、学究式的研究。② 但在承认差别的同时，他又反对以"种族主义、意识形态"的方式，建立一套与东方学相对立的"西方学"。因此，萨义德一方面承认主体间利益不同，价值与文化有巨大差别，才提出一套学说来挑战世界范围的霸权话语——东方学。但与此同时，他又反对用同样的逻辑、从对立的立场上建构"西方学"，他推崇一种包容不同地区和文化的人类经验和多元、宽容的价值伦理。这种带有理想色彩的乌托邦，显然与他的另一个价值核心——内、外在性——形成张力。内在性与外在性是萨义德后殖民理论的政治与行动倾向的力量源泉，在他几十年的学术生涯和社会活动中，萨义德在

① ［美］爱德华·W.萨义德：《东方学》，王宇根译，生活·读书·新知三联书店 1999 年版，第 349 页。

② ［美］爱德华·W.萨义德：《东方学》，王宇根译，生活·读书·新知三联书店 1999 年版，第 420—421 页。

文化批评与政治策略之间一直显得游移不定。其实这一矛盾在《东方学》文本的内部，以及北美后殖民理论的发展过程中，一直处于紧张的状态，这是引发有关东方真实面目和主体问题质疑的主要原因。

后殖民理论显然为中国知识分子研究和分析西方汉学提供了重要的方法和启示，汉学在西方已有相当长的历史，对中国经典的误读，对中国历史的误解和对西方舆论的误导亦相当严重。特别是近二十年来西方汉学与中国学术机构的交流日益增加，这种交流既给中国的学术研究带来了新鲜空气，又给一些研究领域和学科带来困惑和研究方法上的误导。我们会经常看到在一些学科上，西方汉学与中国学者面对同样的课题却用完全不同的方法，有不同的问题意识。例如，我认识一位哈佛大学的汉学家，他在中国研究民间道教多年，曾与国内许多相关研究的学者探讨民间宗教和仪式问题。他每每被中国学者认为是典型的西方做法，所以非常困惑，抱怨为什么他的研究对象，中国学者不感兴趣。而中国学者的研究方向又是他所不关心的，研究方法上也明显不同。我们在一起多次热烈讨论，试图给这一尴尬局面以令人信服的解释。显然，中美两国学术传统和背景有很大的不同，通过学术交流会逐渐彼此靠近，但更深层的问题却让我们两人难以启齿，这与萨义德的所谓外在性与内在性的矛盾相关。我这位朋友对中国宗教的兴趣毕竟与中国学者不同，对他来说中国永远是他者和对象。这个对象与自己的文化有强烈的反差，有关它的问题与现象能给自己的知识体系扩展出新的阐释空间。所以，新奇或与美国汉学传统有呼应的中国问题，最容易被他敏锐地捕捉到。而中国学者研究目的，是理解与阐释自己的历史和传统在时空中留下的印记，让文化传统和民族精神流淌过自己的身体。在研究方法上，西方汉学对中国问题趋向于使用共时研究，用人类学或结构主义的方法，可以使研究避开牵扯中国的历史脉络和问题发展的成因。而他们对西方自身的政治、文化与思想问题研究时，则自然而然地运用较多的历时方法，习惯于整体性地把握问题的历史发展过程和形成原因。所以，每个文化共同体在处理他者与自身问题时，都会有明显的内外之别。中国学界也会类似地处理他者对象，表现出来的恰恰是对自己文化身份的怀疑。

最后，我们看萨义德的后殖民理论给中国学术界带来的启示，以及其适用性的局限。对中国学界,后殖民理论的局限恰恰不是因为它的对象只包含所谓“近东”,而不包含中国(所谓“近东”的指称本身,就是以西方地理为标准的)。萨义德反复强调不应以本质化和实体化的所谓“对象”,评价关于对象的话语及其理论。他的理论不是只包含阿拉伯世界的“东方”的真实,而且,其所涉及的领域“近东”,也不会限制其批评的指向和力量。后殖民批评的锋芒指向西方的话语权力,而萨义德认为多么强调都不过分的“外在性”,恰使中国学界无法直接引用后殖民理论,去处理自身在全球化语境中的困境。萨义德在写作《东方学》时,想象的读者是生活在西方(特别是美国)学院知识分子和普通读者,理论指向针对西方关于东方的话语及其背后的权力关系。目的是要警醒西方社会对他者认知模式的局限,以及如何对自身知识体系进行反思。这样的理论对身处国内与国际错综复杂的权力关系中的中国学界和普通读者都是外在的,因为彼此面临的问题和目标都有很大的差异。

中国人文学界正在面临着如何处理传统的继承与光大问题、如何改造旧有的知识结构并引进新的学术机制、如何启蒙社会并进行文化批判以及如何面对全球知识霸权而建立文化主体性等复杂问题,需要多重理论探讨和创新。后殖民理论可以帮助中国学者理清和分析西方汉学以及西方传媒对中国的书写和描述,但更重要的是,古老辉煌的中国文明如何表述自己?萨义德曾引用马克思在《路易·波拿巴的雾月十八日》的语言:“他们无法表述自己,他们必须被别人表述”,中国应该按自己对传统和未来的理解来表达自己,中国学者应该自信地阐释和理解中国文明的源远流长,相信自己过去能而且将来还会为人类创造灿烂的文化。

(本文原载《外国文学》2004 年第 2 期。人大复印资料《文艺理论文摘卡》2004 年第 3 期全文转载。)

“拯救达尔富尔”的历史意蕴

达尔富尔这个名字本来很陌生，那么遥远，与它没有任何瓜葛。第一次接触它是几年前在纽约的地铁里，站台上到处张贴着“拯救达尔富尔!”“制止屠杀!”的“大字报”，地铁站台被涂鸦、广告、海报装点得面目全非。达尔富尔倒也没有特别显著夺目，只因为提到了中国，才吸引了我的眼球。有几张“大字报”要求中国停止支持苏丹，不然就抵制2008年奥运。我一头雾水，不知这个天方夜谭的地方怎么会扯上中国。后来，这个名字出现的频率越来越高，“拯救达尔富尔”竟出了唱片专辑，“制止达尔富尔暴力”印上了文化衫。新闻报道、电视广告更频繁提及。美国大、中、小学校园也纷纷给达尔富尔募捐，到后来，干脆有人登门征集捐款了。看来无法回避这个是非之地，它在美国传媒上的曝光率，几乎赶上伊拉克了。但我毕竟对苏丹的历史、文化知之甚少，要想弄清楚达尔富尔大屠杀是怎么回事，可没那么容易。但却产生了不相干的疑问：伊拉克的烂摊子还没收拾好，美国怎么又热心起苏丹了呢?

一

一次偶然的机会，让我的无知得到些启蒙，懵懂的意识也开了窍。哥伦比亚大学教育学院举办了一个达尔富尔辩论会，邀请著名非洲专家哈茂德·马姆达尼(Mahmood Mamdani)到场，与人权活动家、前克林顿政府外交官约翰·普伦德加斯特(John Prendergast)交锋，辩论达尔富尔暴力的根源以及外部干预的后果。带着补补课的心思，我早早到场，发现偌大礼堂的上下两层早坐得满满当当,观众达五六百人之多,纽约竟会有这么多人对苏丹感兴趣?辩论一开场就火药味十足,不像很多辩论会或演讲赛那样,双方并不较真,只表现一下口才、练练嘴皮子而已。而这两位针锋相对,充满敌意。首先发言的是普伦德加斯特,他先发制人,指责对方诽谤,抱怨说自己被妖魔成新殖民者,在美国犹太人的操纵下,对非洲实施再殖民。听众开始以为他在讲笑话,活跃下气氛,都会心地笑了起来。但很快意识到,两位辩者已积怨甚深,才剑拔弩张,相互攻讦起来。

普伦德加斯特接着控诉道,苏丹政府暗中支持金戈威德武装民兵(Janjaweed,阿拉伯裔游牧武装),自2003年起大规模屠杀达尔富尔南部土著黑人,夺去了近40万人的生命。政府军与民兵烧杀抢掠平民,强奸妇女,劫持、射杀联合国人道救援人员,罪恶滔天,鬼神不容。他本人曾在苏丹致力于人道救济,于是现身说法,生动描述了土著非洲人如何处于水深火热之中,受尽政府军和阿拉伯人的凌辱,凄惨非言语所能述及。言语间流涕欷歔,不能自已。反方马姆达尼教授一身印度打扮,演讲略带印度口音。他乃出生于乌干达的第三代印度移民,在美国接受高等教育,现为美国非洲研究界最有成就的学者。他不紧不慢,一字一句罗列大量数据,质疑正方声称的屠杀人数:“所谓40万人遭屠戮,不过是各种统计渠道中的一种说法而已。联合国与非盟维和部队统计约有10万人死亡,也有机构说大概12.5万人或者7万人死亡的”。死亡原因就更复杂了,根据他本人的材料,大概有70%的人死于干旱或其他自然灾害,毋庸置疑,当地人是由于多种因素致死的。最让死亡数字扑朔迷离的,是达尔富尔人口中很大一部分是游牧民族,居无定所,迁徙常误算为减员,只有当地人了解身边的情况。那么,浮夸死亡人数对谁有利呢?显然是西方媒体以及普伦德加斯特所代表的非政府人道组织——拯救达尔富尔联盟(the Save Darfur Coalition)。大量非政府组织(NGO)对危机夸大其词,虚报死亡数字,渲染残暴程度,为了拉到更多基金会的支持和大众捐款。媒体与非政府组织一道,还试图把美国政府拖入达尔富尔乱局,营造国际冲突新热点。因此,这是一场媒体的战争,一场NGO的战争!

马姆达尼言辞激烈,语惊四座。几秒钟的沉默之后,听众才如梦初醒,报以热烈的掌声。正方普伦德加斯特有点挂不住了,争辩道:“我们不要再纠缠于数字和细节了,无可争辩的事实是,达尔富尔发生了一场惨绝人寰的'集体大屠杀'(genocide),苏丹政府与阿拉伯人灭绝土著基督徒的暴行已昭然若揭!"这一旗帜鲜明的论断与美国政府的官方立场一致,布什早在2004年就宣布达尔富尔事件为"大屠杀"(holocaust)。联合国的态度稍缓和些,选用了迂回一些的词汇——"反人道罪"和"战争罪"。这些"术语"背后,有一整套话语政治机制。二战后,纳粹屠犹暴行大白于天下,关于大屠杀的叙述,也渐渐发展成诺曼·芬克尔斯坦(Norman G. Finkelstein)戏称的"大屠杀产业"。生产出许多与屠杀相关的词汇:holocaust(大屠杀),genocide(集体屠杀),atrocity(暴行),massacre(屠杀)等。屠犹为最高级别,用定冠词加大写字母"the Holocaust"作专属名词,为人类屠杀的判断标尺。其他屠杀则依规模、程度向下排列。至于如何判定怎样的规模、什么程度的屠杀为"genocide""atrocity"或"massacre",则众说纷纭,莫衷一是。美国政府认定达尔富尔局势仅次于屠犹,批评联合国干预迟缓、无力,威胁要采取单边行动。可见,"拯救联盟"的运作奏效了。而联合国的判断沿袭了1945年纽伦堡审判的遗产,所谓"战争罪"(War Crime)即为镇压抵抗而采取的屠杀或其他残酷手段;"反人道罪"(Crime Against Humanity)则指以清除整个民族为目的的大屠杀。2005年3月,联合国安理会投票通过决议,起诉达尔富尔战争罪犯,以反人道罪名送海牙国际法庭。但不同意使用"大屠杀"一词来裁断当地局势。其实,联合国与美国的态度并没有实质的差别。

另外,马姆达尼所说的"拯救达尔富尔联盟"创建于2004年,由位于华盛顿的犹太大屠杀纪念馆与"美国犹太人世界服务协会"(American Jewish World Service)联合发起,网罗了180多个宗教、政治和人权团体,聚敛巨额赞助,游说美国政府和联合国,敦促武力干涉达尔富尔。诺贝尔和平奖获得者、纳粹大屠杀幸存者伊利·威赛尔(Elie Wiesel)是主要策划人,在华盛顿、纽约等大城市经常组织游行、集会和募集。据说,"拯救联盟"仅2006年就花去1500万美元在游说活动上,却不肯直接援助达尔富尔难民。正是有这样的背景,辩论正方才一开始先声夺人,说马姆达尼污蔑他受美国犹太人操纵。

二

马姆达尼反驳达尔富尔局势是“集体屠杀”，指出早在1989年，西方媒体曾以更耸人听闻的言辞“holocaust”（大屠杀）形容达尔富尔，在道义谴责之外，暗含深刻的文化偏见：未开化的苏丹政府还在屠杀自己的人民，阿拉伯人正灭绝第三世界土著基督徒。这分明在召唤：美国应该领导一次后现代十字军东征。但真实情况是，部族间发生了流血冲突。症结应归于英国常年的殖民统治，英国从19世纪末到20世纪中叶长达70多年的统治，使苏丹部族间积怨、仇恨甚至相残。在1978年苏丹发现石油后，各种西方势力又来插手、离间部族关系，利用分歧瓜分势力范围，争夺资源。终于在2004年非洲联盟的维和与外交斡旋下，达尔富尔出现了难得的缓和气氛，有望走向和平与稳定。西方从外部的干预只会让局势更复杂，只有非洲国家以政治方式解决本地问题才有前途。

普伦德加斯特毫不退让，反唇相讥：我们不要奢谈历史了，还是说说具体解决方案吧。最近我与奥巴马总统面谈过，希望政府采取强硬手段，介入苏丹冲突。也请在座诸位给总统写信，敦促政府大胆作为，惩治苏丹总统巴希尔（Omar Hassan al-Bashir）等战争罪犯。请记住，自从美国人创造性地使用“大屠杀”一词之后，很多苏丹人的生命因外部干预而得救，大规模奸淫也被制止。美国必须在国际人道事务上发挥更大的影响。中国政府也须认识到，它在达尔富尔的利益与美国一致，应该与美国积极合作。

普伦德加斯特并不顾忌美国干预是否需要联合国授权，似乎他代表的非政府组织能说服总统奥巴马就足够了。难道美国不再是传统意义上的主权国家？NGO要代行联合国之责吗？众所周知，美国扮演的角色早已不是一般区域性民族国家。二战后，虽然《联合国宪章》赋予联合国维持国际秩序的干涉权，但联合国虚弱无力，干涉上乏善可陈。冷战一结束，干涉权就被重新塑造为全球一体化的开路先锋，由世界上仅存的唯一超级强国操作实施。直到此时，干涉才有了实际内容，意义也凸显出来。当然，它背离了传统国际秩序遵循的原则——根据国家间订立条约或依国际法协调主权与超主权的关系，实现主权国家间的合作与协同。今天的干涉权是为应对紧急事态和例外状况而建立起来的警察制度。① 无论联合国授权与否，美国仍可以让国际警察功能合法化，因为不需援引条约或国际法，只借助道德工具或“国际共识”即可。参照哈特（Michael Hardt）与奈格里（Antonio Negri）合著的《帝国》的观点，普遍价值使国际警察权力合法化。② 但作为主权国家，美国行使警察职责时，无法避免面临身份上的尴尬，即民族国家的排他性与超国家管辖的普遍性时常龃龉不合。作为主权的美国首先是自利的，它如何裁断怎样的干涉是正义的？如何决定谁的行为是为和平的呢？这一矛盾在伊拉克和阿富汗战争中已暴露出来，因此它需要一个介质，或一种机制能呼唤、启动对外干涉，使单边行动获得普遍价值的认同，化解国家自利的嫌疑。非政府组织和形形色色的宗教团体堪当此任，它们完善了警察国家全球干涉的道德机制，也塑造了它特有的主权与超主权双重品性，为全球帝国的形成铺路搭桥。

三

哈特认为，与许多人权 NGO 及其参与者的主观意愿相悖，他们发动的没有硝烟、没有暴力、没有边界的“正义战争”，后果往往与传统战争同样野蛮。③ 回溯 NGO 发迹的历程，虽然很早以前就有名目繁多的 NGO、行业联合会，但成就人权 NGO 今日辉煌的却是冷战的终结。在 20 世纪 80 年代，西方人权组织抨击苏联的人权状况，颁发人权奖项，声援持不同政见的俄国知识分子如萨哈洛夫、索尔仁尼琴等，直至戈尔巴乔夫邀请国际特赦组织到莫斯科共商大计。不久，苏联解体，接着整个苏东阵营垮台，人权运动随之风起云涌。巴尔

① ［美］迈克尔·哈特、［意］安东尼奥·奈格里：《帝国》，杨建国译，江苏人民出版社 2005 年版，第 19 页。

② ［美］迈克尔·哈特、［意］安东尼奥·奈格里：《帝国》，杨建国译，江苏人民出版社 2005 年版，第 18 页。

③ ［美］迈克尔·哈特、［意］安东尼奥·奈格里：《帝国》，杨建国译，江苏人民出版社 2005 年版，第 42—43 页。

干国家一个接一个分崩离析，人权大于主权的高调，给苏东社会主义国家奏响自由、民主的挽歌。柏林墙倒塌了，“铁幕”隔开的欧洲打通了，“欧洲经济共同体”与“北约”东扩，填充着“后冷战”的欧洲经济与军事的真空。与此同时，装备了强大通信手段的西方各大媒体，也跟随世界新秩序的扩张，抢占了“不设防”的意识形态“空城”——共产主义烈火燃尽的后社会主义国家。这时，媒体、NGO、宗教团体联手，共同使用一个否定词“非”—政府（non-governmental）来界定自己，它们不听命于政府，与国家机器的抗争正是其生命力的源泉。像中世纪教会或传教，通过话语或命名将敌手界定为善的匮乏，把敌人钉死在邪恶的耻辱柱上。媒体、NGO 透过全球通信网络，生产、复制着人权、正义、暴政、屠杀、殉难与邪恶等道德话语，操纵着世界各地人们对彼此交往与和解想象的意义与向度。

例如，东欧阵营刚解体，科索沃阿族穆斯林就趁机与基督教塞族分裂，人权组织即把部族冲突演绎成斯大林式的种族清洗（ethnic cleansing）。南联盟政府被指为“施害者”，阿族穆斯林被定义为“受害者”。自此，南联盟的罪行不断升级为“集体屠杀”和“大屠杀”，直至“国际社会”发动战争，灭掉了“邪恶暴政”。如今，东欧各国已纷纷加入北约，欧洲不再有共产主义威胁了，“文明冲突”却迫在眉睫。“9·11”后的两场对穆斯林的征战之后，达尔富尔遂成“国际热点”。人权组织适时转换价值标准，把部族冲突对号入座，换成穆斯林对基督徒的大屠杀。其实，达尔富尔族群与信仰的划分重叠交错，无法套用伊斯兰与基督教“文明冲突”模式。人权 NGO 虽然宣称无差别地人道关怀，对所有弱者无私援助。但据我观察，国际 NGO 并非超然物外，它们炒作冲突的热点或人道灾难很有选择性。媒体对危机的描述、解读，也颇带倾向性。如苏丹发现石油之前，部族冲突无人问津，当它成为产油国后，国际石油公司岂能容得中国染指。于是，能源竞争被表述为人道危机。那么，人权非政府组织的活动如何运行？它们与警察国家怎样协同干涉目标国家呢？

哈特与奈格里指出，今日帝国干涉不再以武力为开端，而首先使用它的道德工具——非政府组织；作为帝国这一全球权力关系构成的生态政治机器，NGO 总先行权力一步，象征性地生产敌人，给它们命名（如恐怖主义、专制政府等），然后启动国际社会的预警系统，进行道德干涉，为将来的军事干涉扫清道路,最终才把实际解决的任务交给国家这一“世俗”权力。[①] 他们论及的“帝国”概念不是一个实体,无法以实证的方法找到植根于政治与经济现实中的对应物。而指一种全球化时代的权力网络,或者说一种正在形成中的生态政治、经济和制度系统,美国在其中扮演“警察”的角色。从达尔富尔个案观察,NGO 的运作首先预设一个人道危机,以国际舆论围剿苏丹政府。民间方式对付不了“冥顽不化”的寡头政府,于是丛林法则就有了合法依据。然后,NGO 与媒体联手游说“警察国家”动用“正义的暴力”打击“邪恶的暴力”。米勒舍维奇、萨达姆都被惩戒,以儆效尤,苏丹总统还敢以身试法?人权组织越来越不耐烦,敦促奥巴马政府采取强硬手段,如果没有基地组织缠身,苏丹也许就被列为下一个打击目标了。

四

在哥大考因(Cowin)大礼堂里,达尔富尔辩论的气氛愈加紧张、压抑,普伦德加斯特不断变换坐姿、手势,以眼光与台下互动,想把会场调动起来。反方马姆达尼专心倾听对方讲话,埋头记录。轮到自己时,起身离座,走到舞台远端一小讲台后面,慢条斯理读起稿来。语调抑扬顿挫的莎士比亚英语,与印度民族服装相映成趣。“正方应该澄清一对概念,即‘政治正义’(political justice)与‘司法正义’(criminal justice)不同。”马姆达尼说,苏丹政府宣称代表国民,以政治方式解决达尔富尔问题;而 NGO 自称代表受害者,以惩戒苏丹总统和屠杀元凶为诉求。非洲联盟把达尔富尔冲突视为内战,多年来谈判、妥协、利益再分配,甚至动用武力,催生出各方能接受的政治方案,在非洲区域共同体内实现和平。而 NGO 则淡化苏丹人的政治身份,用抽象的“受害者”和“施害者”来划分人群,把共同体内的政治冲突,转化为民间司法诉讼——达尔富尔受害者状告杀人犯巴希尔。原本背景复杂的部族倾轧,被简约为大屠杀了。人权组织

---

① [美]迈克尔·哈特、[意]安东尼奥·奈格里:《帝国》,杨建国译,江苏人民出版社 2005 年版,第 42—43 页。

的网站上,充斥着强奸、嗜血、肢解的影像和煽情,可谓“暴力的色情”,却不说明冲突的历史或当地信仰与种族交错缠绕的渊源。为什么非洲人与国际NGO看问题的角度竟如此不同?马姆达尼以自己的儿子为例,把问题解释得妙趣横生。

马姆达尼的儿子在上美国一所中学,天天忙着“拯救达尔富尔运动”,却对伊拉克的血腥恐怖漠不关心。父亲多次问儿子,伊拉克被屠杀的人数不比达尔富尔少呀,为什么不拯救一下伊拉克呢?儿子语焉不详,父亲就问他的同学和家长,同样也说不清楚。只觉得伊拉克牵扯的头绪太多,剪不断理还乱,不如达尔富尔虽遥不可及,却简单明了——人道危机,容易把握。他继续探究周围人的深层意识,道出了个中缘由。伊拉克对于美国人来说,关涉公民义务,毕竟伊拉克乱局由美国肇始。在电视前观看伊拉克爆炸、死伤画面时,美国人内心深处隐隐愧疚。战争的巨额费用也须由每个纳税人分担,自己的儿女也在战场上出生入死。美国百姓不愿谈及伊拉克人道危机,因为它太切近、太现实了,与日常生活息息相关。而达尔富尔与他们只有抽象的“人与人”关系,或曰“人道关怀”。捐赠乃自上而下的施舍,既满足了优越感,又可以把自己想象为拯救达尔富尔的英雄。所以宁愿捐款给“拯救运动”,既合理避税,又回避了与己相关的义务感和负疚感。从这个例子不难看出,面对同一现实困境时,当事人与局外人难有共识。当事人不能不考虑自身与环境的依存关系,要么担当共同体的义务,要么逃避责任,但一定会带着“主体意识”去选择政治立场。而局外人则倾向于理想化的道德态度,指指点点,不计后果,所以苏丹政府才会与NGO对立,这在维和行动上充分体现了出来。2007年以前,由非盟维和部队维持达尔富尔秩序,局势渐趋缓和。后来联合国介入,高级指挥官的位置被少数白人取代,而地面上出生入死的士兵仍全部是非洲人。西方人谋划一个个美好的和平蓝图,执行的却是当地人。一旦维和计划出现麻烦,西方人进退自如,随时甩掉包袱抽身离去。当地人就没有这份从容了,只好面对干预的后果,收拾烂摊子。

那么,NGO苦心孤诣的拯救运动就没有主体意识吗?运动背后有怎样的原动力?乐善好施的外表之下有没有其他动机?陈词滥调的“阴谋论”往往说,NGO实际上暗中为美国等西方政府效力。但指责某个国家或势力指使NGO到世界某地颠覆政府,往往是捕风捉影。首先,NGO所获得的资助与支持早已不是一对一的简单方式。其次,国际 NGO 不产生于某个特定民族或地域,也不专门服务于个别政府,它们不仅消解第三世界国家主权,也对抗西方大国主权,其行动范围没有界限,流动、绵延。以赛亚·伯林曾说:一切价值、目的都内在于特定社会或民族有机体的独特历史之中。[①] 而 NGO 的使命却是捍卫所有人的权利,不需任何民族或文化语境做依托,却有着巨大的影响力和生命力,个中原因到底是什么呢?

五

冷战结束以前,人们只关注大国政治和联合国的协调作用。而当今世界,大国已经不能完全说明国际潮流的走向。在新自由主义经济一体化时代,国家与 NGO 之间的平衡逆转了,原本弱势的 NGO 一面抱怨国家机器的暴力,一面又嘲笑主权政府在国际上力不从心,跃跃欲试,要取而代之。今天的世界霸主也得顾忌舆论导向与人权鼓噪,世界格局与博弈规则正逐渐改变着,《威斯特伐利亚和约》(*Peace of Westphalia*)奠定已三百多年的民族国家体系,经历着前所未有的挑战。如果仍沿用现代主义的分析方法,锁定主权实体去寻找为其国家意志效力的鹰犬,就无法理解当下 NGO 和媒体的运作。应该注意到,全球化时代存在一种超越国家主权之上、结合了政治与经济力量、支配和吸纳一切异质性因素的权力网络。传统主权建立在封闭的空间之上,而这一权力却把空间视为开放的、无差别的和无限绵延的。它不断扩展、更新,欲将整个地球纳入自己的势力范围。你想寻找它的基地和首脑,却发现它居无定所,无迹可寻,又无处不在。不像传统权力那样靠暴力开疆拓土,它主张依赖广泛共识渗透到所有文明空间。国际资本是它的物质形态,其主体是一种非人格化的循环关系——即生产与消费的永恒轮回。跨国企业凭借资本无孔不入的流动,不仅生产出商品,更在全世界生产着生产者与消费者,把他们锻造成全球化生态政治的行动主体,不断加入生产循环之中。积累、再积累,资本的链条

① [英]伯林:《反潮流:观念史论文集》,冯克利译,译林出版社 2002 年版,第 409 页。

把欲望与社会关系、肉体与灵魂连接成整体。

国际资本把地球开发为“世界市场”，对各国能源、劳动力、加工和物流等环节，按效率的逻辑重新配置。不仅整合世界领土和人口，它还让民族国家沦为简单工具，仅仅记录和统计跨国企业驱动下的商品、资金和人口流动。① 劳务、能源、技术被调配到不同的市场和用途上，于是，绵延的国际生产线标识出高端知识经济与低端劳动密集型产业，一张资本生态的世界地图被勾勒出来。如果“不文明”的主权政府对国内市场干预，还想按传统模式开发能源，以国界为限搞国民经济，就破坏了资本全球化的规矩——发展中国家贡献廉价劳力和能源、发达国家控制技术和资金。其后果，国际资本启动 NGO 这个利器，透过名目繁多的基金会赞助或研究开发项目，驱动 NGO 按设定的目标执行资本的强力意志。非政府组织先以民间游说、集会抗议、金钱诱惑，围堵政府屈从生产的“工具理性”和消费的“大众民主”。仍顽固不化者，则被冠以种种恶名：“保守”“愚昧”和“专制”或“人权状况恶劣”，媒体与 NGO 呼唤警察国家武力干涉。因此，由 NGO 和警察国家两驾马车为全球资本统治保驾护航。

如果沿用传统批判方式揭露 NGO 为某国际财团效力，会无功而返。财团与 NGO 并不直接发生单向的雇佣关系。国际大财团常年向各类基金会（如福特基金会或世界银行等）捐款，名目往往是崇高的目标，如人权、脱贫或环境保护等。基金会则把捐款按目标分类、重新组合，在大量的资助申请中寻找合适的 NGO。NGO 一般也有自己的使命，一旦得到基金会资助，会在履行使命的过程中向基金会汇报，与之谈判磨合、达成共识。但有一个前提不需要讨论，那就是无论实现什么崇高目标，都须推动资本化和自由市场化。资本经过基金会复杂、“科学”的处理后，已经模糊了它与 NGO 的因果关联，使两者关系交织在一个多向度、复杂层叠的微观权力网中。警察国家也不像传统帝国那样炫耀财富和武力，军事和政治优势已不能说明霸权的真正含义。美国向世界传递的信息是道德优越感，透过好莱坞和 CNN，山姆大叔获得了“仁慈、博爱、平等和尊重”的“自由帝国”形象。世界霸权围猎、追逐的不仅是经济和

① ［美］迈克尔·哈特、［德］安东尼奥·奈格里：《帝国》，杨建国译，江苏人民出版社 2005 年版，第 38 页。

政治资本,还有炙手可热的道德资本,马克思笔下描绘的资本拜物形象,早已披上人道主义的盛装华服。

六

达尔富尔辩论已接近尾声,双方进入听众提问阶段。会场气氛不能再用剑拔弩张来形容,简直就是持兵挺刃、赤膊上阵了。提问的人特别多,在观众席通道排起长长的两队。提问先自报家门,几乎都是从苏丹来美留学或避难的年轻人。他们对马姆达尼破口大骂,说他撒谎、妖言惑众、苏丹政府的走狗,骂他庇护罪犯、伤害受难者等。每个提问者都讲自己的创伤经历,个个见证屠杀、奸淫和残暴。他们出离愤怒,指责教授奢谈历史,简直到了冷血的地步。有个苏丹学生问:一个印度人有什么资格谈论达尔富尔?言外之意只有苏丹人和美国人、受害者与拯救者有权发言。主持人觉得太难堪了,站起来宣布,会场不得有人身攻击和谩骂,要尊重讲话人,也给自己留点尊严。马姆达尼从容起身,走向讲台回应道:让我吃惊的是,达尔富尔受害者与屠犹幸存者竟如此不同。犹太人让人们永远记住历史,而这里自诩受害的人却要求忘却历史。割断与过去、地域和记忆的联系,抽空历史与文化语境,抽象谈论暴力与伤害,搞的是命名政治!通过命名"大屠杀""种族灭绝"来诱发外部干预,以所谓"道德暴力"去消灭"邪恶暴力",这种做法很危险,对生活在冲突之中的当地人不负责任。这话意存讽刺,这帮苏丹留学生多在人权组织的帮助下来美,已充当各种"拯救"运动的生力军。

在全球化时代,仍以共同的历史、集体记忆或血脉相连来界定一个民族,已经越来越苍白无力了。因为资本是这样一种机制,它需要异质性的"他者"——即依赖传统维系认同的区域共同体,这样它才能跨越内与外的疆界,不断征服他者,接受外界环境的滋养;在内与外的区分、我与他的相互转化中,资本获得了旺盛的生命力——利润增值,外界的他者成为资本的基本因素。①

---

① [美]迈克尔·哈特、[意]安东尼奥·奈格里:《帝国》,杨建国译,江苏人民出版社 2005 年版,第 262 页。

但这个过程又是悖谬的，资本一旦接触到异域就使之归化，迫使“前现代”民族国家采用资本的方式生产，推行消费文明，“进化”为资本主义社会。可当这片土地接受资本文明，整合进资本生产的链条中时，资本的疆域虽然扩展了，但新领地却不再是实现剩余价值的“他者”了。[①] 当下风靡全球的吸血鬼电影就像全球化寓言，吸血鬼到处猎袭活人，吸干他们的新鲜血液，进补自己的活力。被吸血致死的人又会变成新吸血鬼，与老吸血鬼一道寻觅新目标，直到世界上剩下最后一个人。1964 年美、意合拍的影片《地球上最后一个人》（*The Last Man on Earth*）就是讲这样一个故事，最后一个活人与无数僵尸搏斗，最后取得胜利，拯救了地球。资本对异质性力量总是既冲突又依赖，靠豪饮他者的鲜血来平息征服新领地的贪欲。资本的本性是积累与扩张，而这一本性恰好给自己掘下了坟墓。

2010 年 3 月 7 日星期日于北京香山

附录：达尔富尔大事记

1820 年　奥斯曼帝国统治苏丹。

1882 年　英国入侵。

1899 年　英国与埃及共同统治苏丹。

1956 年　苏丹独立，以喀土穆为中心建立了北部阿拉伯族为主导的政府。

1962 年　苏丹喀土穆政府与信仰基督教为主的南部分裂势力发生内战。

1972 年　签署亚的斯亚贝巴和平协议，苏丹南部自治，出现随后 11 年和平。

1978 年　苏丹南部发现石油。

---

① ［美］迈克尔·哈特、［意］安东尼奥·奈格里：《帝国》，杨建国译，江苏人民出版社 2005 年版，第 264 页。

1983 年　南北战争又起。

1989 年　通过政变，“苏丹全国伊斯兰阵线”控制了国家。

1993 年　巴希尔成为苏丹总统。

1997 年　美国以支持恐怖主义为借口对苏丹实施经济制裁。

1998 年　美国驻肯尼亚和坦桑尼亚大使馆被炸，美军对苏丹首都喀土穆实施导弹袭击。

1999 年　苏丹开始出口石油。

2003 年　达尔富尔的南部黑人组成“苏丹解放运动”和“正义与平等运动”等武装力量，以政府未能保护土著黑人的权益为由，要求与政府分享权力与资源，展开反政府武装活动。同时，金戈威德武装民兵劫掠南部黑人。大批难民涌向乍得。

2004 年　美国宣布达尔富尔局势为“大屠杀”，联合国则控其为“反人道罪”。非盟维和部队进驻达尔富尔。

2005 年　苏丹政府与“苏丹解放运动”签署全面和平协定，南北冲突结束。联合国安理会投票促成达尔富尔战争罪嫌犯送海牙国际法庭受审。

2006 年　苏丹政府与“苏丹解放运动”签署《达尔富尔和平协议》，但“正义与平等运动”反对该协议，冲突继续。

2007 年　非盟维和部队被袭击，五人被打死，非盟开始向联合国寻求支援。联合国与非盟联合组建 2.6 万多人的维和部队，士兵主要是非洲人，少数军官是白人。美国对苏丹实施新制裁，呼吁国际社会采取强硬手段制止“大屠杀”。

2008 年　西方媒体把中国举办奥运会与达尔富尔局势联系起来，鼓噪杯葛中国奥运。达尔富尔地区石油资源争夺加剧，南北对峙局势依然严峻。联合国负责人权事务的官员约翰·霍姆斯称，五年来的冲突，夺去了达尔富尔 30 万人的生命。

（本文原载《天涯》2010 年第 5 期。）

东欧文化的探究与困惑

“中坤集团”旗下帕米尔文化艺术研究院，曾于2009年组织一场中国与东欧诗人、作家的对话。中方有唐晓渡、欧阳江河、叶兆言、曹征路、宋琳和骆英。东欧来了匈牙利作家拉斯洛·克劳斯瑙霍尔凯(Laszlo Krasznahorkai)、波兰诗人达留什·托马什·莱贝达(Dariusz Tomasz Lebioda)、捷克剧作家、诗人亚希姆·托普尔(Jachym Topol)。他们年龄相仿，属同一代人，跨越了“冷战”与“后冷战”两个时代创作，仍保持着活力与影响力。也同样经历过“前社会主义”国家的转型，因此有共同的关切：未来的创作去向何方？作家在大变局中如何自处？新的世界图景该如何理解与阐释？

唐晓渡是策划人，开宗明义：这次活动与以往不同，以前多与欧美、日本诗人对话，而此次与前社会主义国家诗人欢聚，初衷因考虑彼此的历史命运近似，都经历过社会主义计划经济的终结，又开始面临市场大潮的冲击。双方通过对话，或许能撞出火花，进而寻找表达这一独特经验的契机。实际上，双方的境遇不尽相同，东欧抛弃了共产主义意识形态，义无反顾投入西方世界的怀抱；而中国走上中国特色社会主义道路，渐进式政治经济改革。但大家毕竟同处全球化时代，既背负相似的历史遗产——铁幕时代的贫困和禁锢，又陷入类似的尴尬困境——如今被抛到消费主义的精神荒原上。捷克诗人托普尔插言道：原本打算来中国寻找差异的，到头来发现到处雷同，世界真如卡尔维诺所说，已变成一个绵延的、无差别的后现代都市。

一、同一阵营、两种境遇

对话开始很顺畅,双方快速进入共同话题。柏林墙倒塌,象征意义远远大过事件本身,是集体记忆的分水岭。历史学家说它标志着"冷战"的终结,世界从此步入"后冷战"时代。而对于前社会主义的作家而言,柏林墙矗立于"压抑的黑暗年代"与"无奈的失语时代"之间。在前一个时代,他们出生在革命胜利的狂欢之中,激情燃烧的岁月里成长,在权力专断与压制中绝望。随着革命理想的幻灭,东欧作家以激进的革命方式,抨击已官僚蜕化了的、激情燃尽的"革命"。他们写诗、创作,揭露专制的腐朽和欺骗,参加或领导地下组织,对抗国家机器的残暴与冷血。他们一次次锒铛入狱,又一次次奋起抗争。东欧作家交流起坐牢的经验,不同国家的铁窗,一样关不住渴望自由的青春梦想。一天讨论会之后,一起到什刹海边的孔乙己餐厅就餐,点了道风味臭豆腐,托普尔联想起捷克监狱的饭菜,牢里他天天吃变质的食物,味道相似,就差一点臭豆腐的回甘。

铁幕终被渴望自由的理想冲破,无数热血年轻人,站在柏林墙的残垣断壁上高呼:"胜利!"墙倒之后的年代,他们人到中年,都成为欧洲知名诗人、作家或教授。大学讲坛下,黑压压坐满与自己当年一样青春勃发的学生。有人举手提问:你们当年抗议、坐牢,为之牺牲的,就是如今这样一个社会吗?我们宁愿你们什么都不曾做过,或不致让人遭遇如此沮丧的现实。当年的民主斗士们,如今大腹便便,摇着谢了顶的脑袋,无言以对。在"无奈失语的时代",他们已经没有了往日的激昂与雄辩。

波兰诗人莱贝达当过民运人士,剧变前从事地下活动,曾出生入死。但会上他避谈政治,一次次岔开话题,高谈存在、时间、永恒等哲学命题。中方作家又一次次把话题拉回来,莱贝达终敌不过大家的围堵,尽拿些看似不相关的往事敷衍。他提到 90 年代写过一本教皇保罗二世的传记,披露这位波兰裔教皇年少轻薄的风流韵事。又说"团结工会"主席瓦文萨摇身一变,下海经商,唯利是图,竟掉头打击起跟他战斗过的工会来。对欧洲媒体利用达赖批评中国,他不以为然，两次来华，明白了中国问题的复杂，与欧洲相比，如此幅员辽阔的大国，中国人处理自己事情的智慧，超出欧洲大众的想象。

大家逼问莱贝达到底想说什么，别"摆龙门"了。他这才点破：当年保罗二世与瓦文萨互通款曲，串谋耍了波兰。国家垮了，生活一团糟，被愚弄感让波兰人懊恼羞愧，对那段历史难以启齿。如今达赖做的事与保罗二世异曲同工，都借信仰自由之名，与外国人勾结，谗间乱国。莱贝达从此不再信天主教了，转信自创于心的所谓"宇宙教"，在有限与无限之间、存在与永恒之维，扪心冥思，苦寻生命的意义。他的感伤并未引起多少共鸣，毕竟大家经历不同，尤其中国自 1949 年新中国成立以来主权独立，很难体会到东欧人的悔意。

恰值此时，北京街头报摊上，各报头条醒目推出：德国隆重纪念柏林墙倒塌 20 周年。媒体有些忸怩顾盼，内心关切，而外表碍于宣传口径，欲言又止。大概本可以借周年纪念一诉衷肠，既然话不能讲明，便如鲠在喉，不吐不快。网上没有这番顾忌，"左""右"之争一哄而起，棒喝、讥讽、对骂如仇寇，肝火大动。中坤大厦的小会议室里，莱贝达在回顾创作的历程，柏林墙倒后，他个人转型，以前创作关怀政治，为自由民主而战，现在只凝神社区的日常生活，吟咏教堂、墓地的岑寂，留恋儿时嬉戏的喧闹，诗中淡淡的怀旧，弥散在时间、历史和物的秩序之间。感伤的主体消解了，追悼自我的意识也渐行渐远。

中方诗人也发今昔之慨，但追思往事的社会批判，往往让怀旧的感伤相形见绌。他们回顾朦胧诗、白洋淀对自己创作的影响，"伤痕文学"的情节仍溢于言表。似乎只能在压抑与反抗之间，文学主体才能形成。所以，怀旧不意味着与过去和解，社会批判总是创作的根基。但显而易见，批判背后的意识形态对抗，早在消费文化的大潮中消解，政治论辩的内容被抽空了。

二、政治与文化错位

匈牙利作家拉斯洛·克劳斯瑙霍尔凯（Laszlo Krasznahorkai），以处女作《撒旦的探戈》享誉世界，他对匈牙利文学消费主义走势失望。庸俗恶搞作品沸反盈天，严肃文学却门庭冷落。创作的出路在哪里？他坚持必须突破文学传统的束缚,在语言和文学形式上推陈出新,创生新的表达可能,融入这个时代的文学现实。作家曹征路回应,对创作中的语言西化和文化身份失落,深感焦虑。中国半殖民地的历史记忆,让作家对文化传统的认同感很强。自新文化运动以来,作家以西方文学为范式,传递切身的生活经验,结果创作与表达都陷入困境,这才意识到母语的特殊意义。在我们这个时代,如何回归母语源初的生命力,才是文学的重要议题。

东欧作家不认同回归民族传统的观点,他们几乎都是泛欧洲主义,相信自己的创作属于整个欧洲乃至西方文学传统的大脉络。古希腊、罗马文明是欧洲人共享的遗产,东欧文学理所当然是西方文明的有机分子。显然,东欧作家的政治认同与文化认同错位,前社会主义经验挥之不去,才批判经济与政治的全球一体化。而在文化层面,他们又始终认同西方传统。究其原因,哈佛大学教授达姆若什(David Damrosch)考证世界文学学科时,提供了参照的线索:歌德提出“世界文学”(Welt-Literatur 或 World-Literature)这一概念后,真正落实到学科研究的刊物上,发生于奥匈帝国治下的特兰西瓦尼亚(Transylvania),即今日的罗马尼亚境内;罗马帝国广袤的疆界和教廷的跨国界统治,催生了西方文化与世界文学观念。① 东欧文学隶属这一传统,只在二战后两大阵营对峙时期,政治对抗暂时分开东、西两个体系,但文化根基从未分离过。反观中华文明自成一体,与西方文明在源头或演进过程之中,皆泾渭分明,没有交集。因此,全球化浪潮下,中国学者焦虑文化定位合情顺理。但东欧学者处境不同,感受必异,也在情理之中。倒是在国内鼓噪歌德“世界文学”的学者,不知是否真的理解其含义和历史语境,确令人生疑。

东欧与中国曾同属一个阵营,原以为会有神交已久之感。刚会面时曾以同志相称,气氛亲切热烈,但两天谈下来,彼此非但没有拉近,反而越说越远。到后来,中方有人抱怨比跟欧美对话还难。作家叶兆言说,这样挺好,让大家把话说开,差异本身就有意义。的确,始料未及的分歧让人深思各自的处境。“冷战”的高度政治化,让人们只关注本阵营内部政治立场的一致,而忽略政

① David Damrosch, “Rebirth of a Discipline: The Global Origin of Comparative Studies”, in Comparative Critical Studies (Volume 3 Issue 1-2, 2006).

治制度之下的文化差异。东欧与我们自古不相同,欧洲文化、基督教传统,从未被意识形态连根拔掉。相反,意识形态只浮在面上,是"冷战"识别敌我的标签而已,因为没扎根土壤,几十年便灰飞烟灭。对谈中,中国作家言必称炎黄五帝,东欧诗人讲必夸希腊、罗马。大家在"冷战"后自觉回归传统,寻找文化资源。令人不解的是,还有不少人执着"冷战"意识,以为中国制度一变,就会融入"国际社会",几千年南辕北辙的文明,竟可忽略不计。

中国知识界自"五四"以来寄希望政体的全盘西化,而历史境遇不如人意,一次次受挫后,积郁起一个世纪的焦虑,可谓政治的"俄狄浦斯情结"。相比之下,东欧政体一夜间转型,搭上西式民主的"直通车",东欧诗人的失落感其实也有很现实的考量。比如,两德统一后,东德大学教授的资质由西德学者评审,结果是几乎全不合格。东德大学的教职被西德学者一一取代,研究一辈子学术的老教授,到头来回家领救济。整个东欧学界被西方学术边缘化。莱贝达说他的好友,波兰著名诗人米沃什到美国加州大学授课,本想开波兰文学课程,可根本没人听,只好转到俄语系开课。讲普希金、马雅可夫斯基的诗,仍没什么学生选课。有位美国教授出个主意,让他试试陀思妥耶夫斯基。因为法国理论家克里斯特娃(Julia Kristeva)到美国介绍过巴赫金的对话理论,让陀思妥耶夫斯基的复调小说一下蹿红。果然,米沃什开这门课的效果不错。伟大的俄罗斯文学,尚乞怜年轻的法国学者代言(克里斯特娃于1966年向西方学界译介俄国理论家巴赫金),才侥幸进入西方视野。更可悲的是,克里斯特娃不真的关注俄罗斯文学,不过是借巴赫金和陀思妥耶夫斯基为由,演绎自己的"互文性"(intertextuality)理论。冷战后东欧文学失去了评价文学的话语权,由西方国家裁判是非曲直、孰轻孰重。

三、域外经验与创作

当然,中国作家并未体验被西方文学边缘化的滋味。虽然德国翻译家顾彬宣称中国当代文学全是垃圾,但很少有人当真,属娱乐媒体的炒作,活跃气氛而已。流亡作家的经验就不相同了,诗人宋琳流亡法国,寓居他乡遭遇的文化冲击,莫过于母语在异邦的失效。身处法语环境中,失语与刻骨铭心的身份焦虑,让他怀疑域外写作是否可能。东欧诗人对流亡经验兴味盎然,深究起“流亡”(exile)与“离散”(Diaspora)两个概念的异同。流亡一般指不得已背井离乡,离散多因经济等原因所做的主动选择。宋琳的经历兼而有之,他一到巴黎便生落魄天涯之感,异域风物当如何言说?不写作如何克服失语?拿什么疗治孤独与乡愁?① 从异域文学里他反省母语创作,希望融贯中西异质性的因素。东欧诗人一起分享域外经验,波兰诗人莱贝达谈起美国访学的经历。一年前,他到新泽西一所大学,住在港口小镇伊丽莎白。一次在高速路上开车,前面斜插上来一辆高底盘的切诺基大号越野车,一高大威猛黑人从车上跳下,莫名其妙地指着他的鼻子破口大骂:“你这个阿拉伯杂种回老家去!”莱贝达不同场合几次提到此事,说自己肤色较深,不像标准欧洲人的长相。他名叫Dariusz,波兰语的“大流士”,或有波斯血统吧。他一直耿耿于怀,似乎这是全部的美国经验。

四、绵延的城市

几天的对话结束了,双方都觉得有意义,开阔了眼界,碰撞出新问题和新思路。但也为流于表面而遗憾。心灵深处的敏感和忧切之处,一直难以感同,少有神交之雅。深究缘由,冷战铁幕下曾同为一个阵营,暂时遮蔽了欧、中文化情感和认知上的差异。表面上是同志加兄弟,一致对外,但到了全球化时代才意识到,无论资本主义还是社会主义意识形态,都撑不起一个价值共同体。如今,新的意识形态——环境、可持续发展、人权等,趁机填充“后冷战”的空白,而资本以市场营销的逻辑,重新划定原来的政治地缘阶序——发达国家、欠发达国家、贫困国家,从进步到落后形成一个市场落差,西方中心从高位向边缘逐级输送新自由主义。东欧融入一体化欧洲,其知识分子也自觉回归与寻根。而中国是处于边缘的异质性他者,虽然经济奇迹令人瞩目,但自成一体

---

① 宋琳:《关于域外写作的一封信》,《扬子江诗刊》2005年第5期。

的文化逻辑与西方中心格格不入。

全球主义(globalism)不喜欢文化本质主义表述,倾向以政经的视角指点未来:只要中国经济改革之后,再深化政治改革,便可融入国际大家庭。的确,世界大都市有相似的街道,人们开着同样品牌的汽车,到面目难以区分的办公大厦上班。不同国家的人向往同样的乡间别墅,为一样的生活梦想奔波着。中坤大厦召开中欧学术对话会,像一切国际会议那样供应南美咖啡、西式茶点,按国际标准安排日程。物质层面上难分你我,不意味着思想会接近,政治制度上的趋同,也不一定带来文化上的融合。相反,两大阵营时代的结束,让地域性的经验与民族话语解压、充分释放出来,整体性的政治意识分崩离析后,在历史的碎片、瓦砾上寻找文化的共同基础,更显得渺茫无路。

从中、欧诗人的气质上看,这代人身上确实有种特质,就是革命的浪漫主义。在社会主义时期,它曾是激发诗歌创作的旺盛源泉。曾几何时,革命激情在不同文化背景的社会主义国家间转译、流传,影响和塑造了整整一代文学青年。革命感染的不仅是东方阵营内部,中国的“文革”也曾与法国1968年“五月风暴”和美国学运遥相呼应,像多米诺骨牌,引发了西德、意大利、英国、北爱等地的学潮与激进抗议。匈牙利事件、布拉格之春也牵动着包括中国在内的许多国家的神经。在冷战的硝烟中,已经昭示全球一体化的到来,但格局一旦成为现实,国际主义却急流退去。结果,一方面,政治地缘的界限日趋模糊;另一方面,激进运动越来越本土化、地域化,跨区域呼应难以形成。1992年洛杉矶暴乱、2007年巴黎市郊骚乱、泰国红衫军等,规模虽大,暴力程度、破坏力度也强,但起因都属当地局部性问题,无法引起局外共鸣。虽然问题涉及贫富与阶级矛盾,却以种族、移民或政治人物腐败等本土色彩浓厚的形式表达。媒体报道时,主要烘托暴力的视觉冲击,以吸引域外观众的眼球。但随报道的深入,观众往往愈感隔膜,渐渐失去兴趣。通信、交通技术日新月异,全球都市已经连成绵延不断的同一空间,但生活经验却愈发难以沟通。捷克、波兰、匈牙利与中国诗人作家的对话中,那隐隐的失落感,挥之不去。

五、结语

一心只关注政治、经济制度的思维，是简化单面的，乃思想慵惰的后果，却很深入人心。从清末起，中国知识精英开始全盘否定传统精神生活的伦理内核，寄希望于制度创新，瞬间富国强兵、经世济民。于是，从主张君主立宪，到走向共和；希望破灭后再二次革命、护国和护法，然后民主主义革命、社会主义革命。整个近现代史就是部制度革命史，制度更迭成了神话，繁荣昌明之秘诀。虽每每受挫，仍不断另辟捷径，屡败屡改，痴心不变。这种执着外在性指标的思维，简明易懂，可操作强，适于传播推广，属工具理性和实证主义时代的产物。我们仍生活在空疏浮诞文化里，动辄经济 GDP、学术量化、追逐考分、争科研项目、达标国际前沿水平等。眼睛盯着指标，却不重实际内容，浅耕粗作，治标不治本。更甚者，无耐心经营日常与积累，一阵风过去，颗粒无收。

历史已证明，各种先进的社会理论、思想主义都引入不同的国家和地区，结果实践后产生了意料之外的社会现实。西方资本主义民主本来是一套严密的设计，但推广到非西方国家，哪个不面目全非？印度虽号称民主国家，与西方社会有多少共同点？社会主义阵营不也如此，苏联与中国或南斯拉夫又有多少相似之处？

汉娜·阿伦特在《论革命》中指出："思想不会是新的，只有实践，只有思想的应用，才会是新的。"①的确，问题不在"文化决定"或"制度决定"，制度体系一旦进入操作层面，就会生出新制度。传统与习俗在制度建设中扮演的角色，既不是决定的也非被决定，而是构成新制度本身的元素。所以，简单的线性因果并不存在，思想家不该幻想给芸芸众生设计世界蓝图，他们的抽象想法不会转化成生活现实。那么，什么是政治？什么是革命呢？在已经迟滞的现实中创生可能性、并召唤着新的制度实践，才是思想的力量。制度革命从不是克隆先进的制度，也不是落实某一天地间仅有的良法真经。

---

① ［美］汉娜·阿伦特：《论革命》，陈周旺译，译林出版社 2007 年版，第 45 页。

诗人、作家之间对话，却围绕社会与政治展开，是不是跑题了？文学不是该谈谈风月、论论审美、吟咏寄怀吗？怎么越俎代庖，饶舌起社会科学了呢？社科领域有太多的主义之争和理论堆砌，外来思想生吞活剥，食洋不化，使生活世界的多样性与丰富性被遮蔽。这时，文学才出来担起“去蔽”的任务。无论虚构还是非虚构创作，从不概念先行，而是从经验出发，揭示实践的复杂性和日常的多义性。叶兆言正视对话的分歧，认为分歧本身就有意义，正是看到当思想碰撞时，经验的差异性从似是而非的概念中脱落下来，思绪已溢出教条的羁厄，双方对各自的处境从自省而达深悟。这才是思想的真谛——在生活世界的交往与起居的点滴里，搜异抽新，而非叠床架屋地建构社会理论。再退一步，反思与书写对话的困境，本身就是文学与思想的实践，也有很强的政治性。

（本文原载《社会科学报》2016 年 8 月 28 日。）

福柯思想的三个重要来源

福柯的思想和理论虽然涵盖了西方哲学思想中非常广泛和丰富的内容，是西方思想发展的脉络在当代的重要表征，但是人们一般还是认为在福柯的思想中有三个重要的来源——马克思、弗洛伊德和尼采，例如赛义德就认为福柯是"当代最伟大的尼采信徒"①，艾蒂安·巴立巴尔也认为福柯与马克思密切相关。这种相关性如何体现在福柯思想文本中，以及福柯如何与这三位思想家对话正是本文力图要概括和揭示的内容。

一、福柯思想的谱系

自中世纪起，西方思想中的符合论认为世界乃上帝所造，一切事物为上帝造物，因此它们本质上是一致的。人是上帝的创造物，故与其他物质属性一致，则可以认识事物的本质。人只要对世界进行深层探究，即可把握真理。谬误是魔鬼的本质，人们被谬误所迷或对真理的把握乃是魔鬼与上帝的纷争。②

在十七世纪和十八世纪的哲学发展中，笛卡尔首先把人的意识与身体和世界分开，意识成为不受约束的自由主体，它超越时间与空间，可以穿透除上

---

① ［美］爱德华·赛义德：《米歇尔·福柯 1926—1984》，载汪民安等编：《福柯的面孔》，文化艺术出版社 2001 年版。

② Michel Foucault, "Nietzsche, Freud, Marx" (based on a "round table" discussion held at Royaumont, July 4–8, 1964), In Gayle L.Ormiston, Alan D.Schrift (eds.), *Transforming the Hermeneutic Context. Albany*, NY: State University of New York Press, 1990, p.2.

帝之外的一切事物的表面假象，从而把握真理和本质。康德和黑格尔虽把经验和时间带入认识论中，但并未改变围绕以上帝为模型创造的先验意识为中心的哲学方式，或称是“垂直深度挖掘”[①]的阐释模式。福柯称这种“挖掘工”式的认知方式为“孩子的游戏”[②]。

马克思较早地对唯心主义哲学发难，揭露在这些深奥的哲学背后的陈腐，他在《资本论》和《政治经济学批判》中指出，是生产关系的历史为世界提供了阐释，而不是意识先验地解释和规范了世界。他试图从实践和历史的分析中建立起认识与实践的关系，从而颠覆以先验主体和抽象意识为基础的哲学探究，并揭示出历史和实践中的活生生的主体。

而尼采则将唯心的形而上学传统彻底颠倒过来，他通过价值重估，来对传统形而上学批判。在《道德的谱系》中，尼采首先选择对道德哲学发难，称赫伯特·斯宾塞所论述“善”的概念是与功利和“合乎目的”相联系的论断为下等人的算计。尼采认为“善”的概念起源于那些高贵的、有权势的和高尚的人对自己的称谓。上等人和统治者通过命名权与下等人和被统治者维持着他们之间的上下权力关系。“善”即是上等人本身，而“恶”即是下等人的称谓。他还用词源学的方法考证“好”与“坏”这对概念，发现“坏”与被征服者的深肤色和黑头发有关，也就是与早期意大利居民有关。而“好”与征服者——金发碧眼的雅利安人有关。[③] 这样价值就被尼采完全历史化了，成为偶然和相对的价值，没有先验性和普遍性可言。但是同时，他又认为传统心理道德史学家的解释思路是一套功利的理性，而这种理性又与武士阶层所憎恨的僧侣之阴险和怨恨相关，他暗示出一种新的价值生成，一种权力意志既要求肯定，又要求突破的超人价值。尼采是从这里开始对西方基督一神

① Michel Foucault, “Nietzsche, Freud, Marx” (based on a “round table” discussion held at Royaumont, July 4-8, 1964), In Gayle L.Ormiston, Alan D.Schrift(eds.), *Transforming the Hermeneutic Context.Albany*, NY: State University of New York Press, 1990, p.2.

② Michel Foucault, “Nietzsche, Freud, Marx” (based on a “round table” discussion held at Royaumont, July 4-8, 1964), In Gayle L.Ormiston, Alan D.Schrift(eds.), *Transforming the Hermeneutic Context.Albany*, NY: State University of New York Press, 1990, p.2.

③ [德]尼采：《论道德的谱系·善恶之彼岸》，谢地坤等译，漓江出版社 2000 年版，第 12—15 页。

理性思维和辩证思维模式进行无情地批判,而他所运用的武器正是前苏格拉底的希腊众神精神。众神是肯定的精神、是悲剧的灵魂、是多元主义的、贵族的和高尚的价值,而基督理性思维是否定的、虚无的、二元对立的、怨恨的奴隶哲学。

尼采还是通过对价值的谱系研究来展示:形而上学之所以将灵魂与肉体两分对立起来,是与犹太化了的欧洲人从对祖先感恩戴德到对基督一元神的膜拜息息相关。“上帝为了人的债务而牺牲自己,上帝让自身偿还欠自己的债务,唯有上帝能够还人本身无法偿还的债务——债权人为了自己的债务人而牺牲自己,这是出于爱(这令人相信吗?)还是出于爱自己的债务人……”① 人进而怨恨自己的存在和自己的身体,“他在‘上帝’身上发现和抓住与他自己的真正的、不可消除的动物本能相对立的东西,并且把这种动物本能曲解为拖欠上帝的债务,……他对自己、对自然、对自己本质的质朴性和事实性加以否定,但是对产生于自己的东西却加以肯定,并把它们视为……上帝的神圣性、……甚至还视为彼岸……”②这种对身体的自虐和禁欲以期赎去原罪并在来世到达幸福彼岸的基督教伦理被尼采称为虚无主义的基本表现形式,而“自康德以来各种各样的先验论都成了赢家,……他们都从神学中解放出来:多么幸运! ……康德向他们透露了那条秘道,……假如他们现在把问号本身当上帝来膜拜,那么现在谁还能来指责他们呢?”③这个问号就是“认识”,“一切希望只能在认识中寻找!”④那个自主和先验的意识就是那一元万能的上帝。尼采深刻地揭示出意识本质上是被动的,这就是我们不知身体能做什么或它能进行何种活动的原因。意识势必从自身的角度和方式,即反动的角度和方式来理解有机体。尼采最终把知识与权力联系起来,知识的形成受力的支配,而力的系谱学因素被尼采称为权力意志,权力意志为偶然被带入关系的力确立关系原则。⑤ 尼采把意义和价值的概念引入哲学中,并认为意义和价

① [德]尼采:《论道德的谱系·善恶之彼岸》,谢地坤等译,漓江出版社2000年版,第67页。

② [德]尼采:《论道德的谱系·善恶之彼岸》,谢地坤等译,漓江出版社2000年版,第68页。

③ [德]尼采:《论道德的谱系·善恶之彼岸》,谢地坤等译,漓江出版社2000年版,第126页。

④ [德]尼采:《论道德的谱系·善恶之彼岸》,谢地坤等译,漓江出版社2000年版,第126页。

⑤ [法]吉尔·德勒兹:《尼采与哲学》,周颖、刘玉宇译,社会科学文献出版社2001年版,第30页。

值的哲学必须是一种批判。[①] 他先对现存和既定的价值开战，对那些不言自明的真理进行系谱学追问。系谱学即意味着起源或出身，同时又意味着起源时的差异或距离。起源中的高、低，贵、贱是具有系谱学意义和批判意义的因素。[②] 福柯受尼采的影响是广泛而深刻的，他曾写下那篇著名的论文《尼采，谱系学，历史学》，对尼采的传统认识论批判进行了系统和深入地分析。在他的理论中有大量的与尼采相呼应的分析方法，并且在很多问题上是以尼采的概念和范畴为出发点的，我们会在后面详述他们之间的思想传承。

弗洛伊德对福柯的影响主要在结构解释方法上，弗洛伊德的不同寻常之处在于，他一反传统解释学那种以一个符号代替另一个符号的深层模式，发明了所谓“地形学模式”（topology），并在他那趣味横生的、半文半医的《杜拉》（*Dora*）一书中揭示出：虽然病症是身体内部的反应的某种符号，但这种用一个符号来解释另一个符号是永无穷尽的，因为并无什么特别要解释的，每件事本身就是一个解释。一个符号本身并无意义，只不过被用来解释另一个符号罢了。他发现了意识受制于无意识，心理分析不过是在一串“话语链”中进行而已，心理转移在纠缠不清的患者与分析师之间的复杂关系中无休无止，这给精神分析打开一个永无穷尽的解释空间。弗洛伊德以貌似科学理性的分析方法揭示出理性和科学的不确定和难以把握，对于结构主义和后结构主义均产生重要影响的是，弗洛伊德的精神分析使得索绪尔的能指与所指之间颠覆不破的纽带松动了，人们开始探究能指符号自身的意义，以及符号链的特殊意指。

当我们面对福柯的庞杂深奥的思想体系时，马克思、弗洛伊德和尼采可以给我们提供有益的系谱线索。我们发现福柯首先是从马克思的经济关系的角度入手（如他的《癫狂与文明》等中），以尼采所强调的身体为对象（在《规训与惩罚》和《性意识史》等中），在弗洛伊德解释方法和尼采的谱系学启发下开始他的“历史”（histoire：福柯给这个词赋予新意，与普通的历史概念不同，它

---

① ［法］吉尔·德勒兹：《尼采与哲学》，周颖、刘玉宇译，社会科学文献出版社 2001 年版，第 1 页。

② ［法］吉尔·德勒兹：《尼采与哲学》，周颖、刘玉宇译，社会科学文献出版社 2001 年版，第 3 页。

强调一种断裂的、偶然的、无目的、众多彼此纷争的解释主体所建构的历史。他反对传统历史学的线性的、因果目的论的、由权威建构的宏大历史)研究的(如在《知识考古学》《性意识史》和《词与物》中)。

值得一提的是,福柯是在写他那篇重要的论文《尼采,谱系学,历史学》(*Nietzsche*,*Genealogy*,*History*)之时,才开始了他的新方法论:谱系学,并正式与他的考古学告别。也正是在此时,福柯才成为赛义德所称的“当代最伟大的尼采信徒”。福柯强调尼采谱系学中的两个过程性问题,即“出身”(Herkunft)和“发生”(Entstehung)的问题,[①]他是在出身这个范畴下开始系统介绍身体这一概念。出身是由血缘、传统或社会阶层这些纽带所支撑的、与一个群体的古老联系,它依附于身体,福柯的“出身”观是指身体的谱系而非尼采意义上的道德的谱系。[②] 他在《规训与惩罚》一书中第一次使用了该方法,他追溯了中世纪的野蛮体罚与人们对灵与肉的关系的观念变化,监狱学校对身体的驯服与训练,以及当代资本主义社会对身体的征服与掠夺已远胜过传统的对疆土的争夺。在他的身体谱系中我们看到了一部人类身体被社会和权力征服和摆布的历史,而不是一部自由意志和人类灵魂发展的形而上学史。

二、权力与身体——与马克思和尼采的对话

权力是福柯思想的一个核心问题,也是福柯与马克思和尼采对话性最强的一个问题。福柯还是在《规训与惩罚》里引入并开始精心阐释他的权力理论,就像在《癫狂与文明》和《临床医学的诞生》中剖析的那样,他从历史上社会组织的发生和统治关系的转变这一角度入手,在古代独裁社会中追溯权力演变的谱系。在古代社会中,统治权力是被个人化和神圣化的,对罪犯的惩罚也是仪式性的和公开展示性的,往往通过展示刑罚来显示国王对其臣民身体

① Michel Foucault, *Language*, *Counter-Memory*, New York: Cornell University Press, 1977, pp.140-141.

② [英]斯科特·拉什:《谱系学与身体:福柯/德勒兹/尼采》,载汪民安等编:《福柯的面孔》,文化艺术出版社 2001 年版,第 422—423 页。

的无限度和无可比拟的权力。惩罚的意图并非要改造犯人,而是要表达和恢复被破坏了的君王法度的尊严和神圣。传统社会的惩罚手段和权力表达过程有相当的任意性,是粗放的和不连贯的。而在当代资本主义社会里,国家权力的运用和惩罚的手段都已经发生了巨大的变化。它既不同于马克思的资产阶级专政模式——即资产阶级通过控制国家机器对无产阶级作为一个政治力量所进行的对抗性统治,也不同于传统社会的个人化权力。当代社会的权力运作是一种细腻的和非个人化的匿名权力,惩罚的目的主要是改造人的灵魂和规约人的行为。在福柯的《癫狂与文明》中,医院和社会福利机构使得对全民健康和生活状况的全面监视和干预成为可能。以现代法律的名义以及文明社会的正义,权力正是通过这些貌似慈善的机构来对社会领域进行深入细致和完全彻底的控制。福柯的微型匿名权力理论为经典马克思政治哲学提出了全新的视角和分析方法。

沿着尼采开拓的道路,福柯对权力的分析从身体入手。在现代资本主义社会中,权力是通过身体表达的,权力沿着一个渐进的细微渠道渗透和充满了整个身体。福柯称之为"当一种新的权力技术和一种新的身体的政治解剖被实施的时刻,即关于人的科学成为可能之时。"①把马克思的资本主义生产和剩余价值理论运用于他的身体谱系中,揭露资本主义社会的教育体系和社会规范是最大限度的规训身体,使之适合现代化的生产方式并创造最大的剩余价值。

在《癫狂与文明》和《规训与惩罚》中,福柯均谈到传统社会对疯子的隔离和对罪犯的禁闭,并详述了隔离和禁闭等管制的目的和形式的变迁。但在现代社会中,权力以一种更巧妙的"权力经济"非常有效地监管着身体。福柯用大量的篇幅在他的《规训与惩罚》中描述边沁在 18 世纪设计的圆形监狱。边沁的理想监狱是一个以高耸的瞭望塔为中心的环型单间牢房,牢房的窗户都是单面透明的玻璃,这样一个狱卒即可从塔顶监视所有犯人,而犯人却不知自己是否正被监视着,因此犯人只好时时提防,自觉遵守狱规。边沁在世时无人采纳他的设计,而福柯却用它来寓比现代社会的"权力经济"——现代社会将

① Michel Foucault, *Discipline & Punish*, New York: Vintage Books, 1977, p.193.

权力中心化，并不断提高效率，它以知识、职业道德、行为准则和有效性等禁欲伦理来取代公开暴力，并不断生产着自我监管的、孤立和温顺的主体。

三、“主体意识”与“臣服”——与弗洛伊德的对话

弗洛伊德发现人的主体和自我意识并不是统一的和理智健全的，人的主体是由理性和疯狂两方面组成。那个先验的理性的“灵魂”对本我（id）充满敌意并试图压抑和禁闭本能。福柯犀利地指出弗洛伊德的精神分析仍是以“健全的理性”为出发点的，他认为人的主体完全是由权力的操作而形成的，并没有“健全理性”的先验标准。在他的《癫狂与文明》中，福柯对疯狂史做系谱学研究，认为在历史上曾一度把疯子当作智者和哲人，但后来理性与疯癫相互参与的关系破裂了，疯人才被放逐了，成了社会中的异类，并且被禁闭起来。在这一漫长的过程中，自我的理性被逐渐确立并由现代医学体制规范下来。

古典时期对疯人的禁闭只是直接控制其身体，而现代社会的医疗体制和精神病治疗技术志在改变疯人的意识，弗洛伊德精神分析理论的基本诉求就是要改变意识，以期“恢复”不加反思的正常理性。在福柯看来，现代权力在治疗疯人的过程中甚至比拘押疯人的身体更压抑和更彻底。他在《疯癫与文明》中描述了一个巴黎展览疯人的场景，巴黎人买票观看疯子的怪异兽性的表演，他们“犹如在镜中一样在疯子那里看到了他自己即将来临的垮掉”①。但这些神志健全的人对疯人的围观并未深深地困扰疯人，他们仍自由地生活在疯狂的精神世界中。而图克和皮内尔的医院对疯人的“解放”和治疗，却是在疯癫（madness）这个理性的另一面“丧失了它自鸣得意的自由本质，它开始对它所知道的真理负有责任；它将自己禁锢在一个无限的自我指涉的观察中，它最终深陷到变为它自己的对象的耻辱中”②。恰恰是从这里福柯开始建构他的主体意识理论。

---

① Michel Foucault, *Madness and Civilization*, New York: Vintage Books, 1973, p.248.

② Michel Foucault, *Madness and Civilization*, New York: Vintage Books, 1973, p.265.

与尼采的内心悔恨的方式颇为相似，福柯强调疯人院对病人持续不断的观察或“凝视”(gaze)，使“病人的自由不断地受到承认有罪的威胁”①，病人由此产生内疚和自我限制。圆形监狱和疯人院是现代社会权力运作的基本模式，匿名的单向“凝视”产生了内心自我监管的主体意识。“人认识并承担了权力控制的责任，并使权力自动地施加于自己身上，他将自己刻写于权力关系之中，在这个权力关系中，他同时扮演两个角色——权力主体和权力对象，他成为他自己臣服的根源。”②

阿尔图塞在分析现代资本主义社会人的主体意识问题时，指出个人是在被当作自由主体时而对其不断追问的，也只有如此，人才能自愿地接受他的臣服。这时，意识形态不断地从个人中招募主体并把他们转化为被不断追问的主体，在这种情况下，个人之于主体永远是抽象的和候选的，因而“个人”只不过是空洞的概念而已。而在科学话语中，“主体”是永远缺席的，我们可以在科学的意识形态中发现主体，但在科学本身中根本没有主体。福柯也同样认为现代资本主义社会的规约权力所产生的后果就是产生了抽象的个人主义。由于“权力变得越来越匿名和有效，它的运作也就变得越来越个人化”③，个人不是权力的对立物，而是它带来的后果。但与阿尔图塞不同的是，福柯不认为知识是无主体的，他认为知识的获得是以规约权力为基础的，通过各种加强知识积累的权力工具和手段，人们在不平等的施者与受者之间的交互中获得知识。知识话语即是在一条权力话语链中循环和往复着的、从不停留在这里或那里的、也不在任何人手中的权力，它在社会网中发挥着作用，而个人或各个主体只不过是这种权力的载体。福柯的主体是由权力建构出来的，它既行使着权力又同时臣服于权力，并且组成了社会基本单位。人文主义传统被福柯消解了，启蒙思想中的主体意识被简约为载体(agent)，作者和人死了，这是继尼采的“上帝死了”之后对现代主义思潮的又一次致命的一击。

在他的《性意识史》中，福柯从另一个维度上揭示权力与主体性的共谋关系，他形象地称现代资本主义社会的权力建构为“被色情化的权力活动”，进

---

① Michel Foucault, *Madness and Civilization*, New York: Vintage Books, 1973, p.250.

② Michel Foucault, *Madness and Civilization*, New York: Vintage Books, 1973, pp.202-203.

③ Michel Foucault, *Madness and Civilization*, New York: Vintage Books, 1973, p.193.

一步以细腻的系谱方式揭示了现代社会中碎片化的身体往往是由性话语幻觉般地统一起来。性话语是通过“性的部署”来完成一个性的神话：即性乃是一个具有反叛力的、与权力不共戴天的、并且是权力所无力驯服的自由解放冲动。这个神话是弗洛伊德主义以来不断建构的所谓性压抑和升华的爱欲美学，已成为现代社会的自由意识形态，而性实际上不过是生理上的局部肉体功能和感官快感而已。作为政治和社会革命之重要组成部分的性解放观念，是现代社会权力对性进行部署中的最深思熟虑的环节，它构成了奴役我们的重要话语权力。

四、结语：超越性的思想实践

对于西方思想史的三个重要主题：知识、权力和主体，福柯坚持认为它们是历史的而不是普遍的。这三个主题在不同的历史条件下，在不同的权力—存在关系中，总是通过其历史的独特性来表现出变动不居的面貌，它们不是历史地发生变化而是与历史一起变化着。[①] 在福柯那里，一切都在变化过程中，一切都一定会变化的：知识的变化和形式关系的变化；权力的独特性与势力关系的变化；变动不居的主体性与褶皱的变化或主体意识的变化。[②] 所以德勒兹在他的《福柯》一书中指出，福柯不是研究精神状态的历史，而是研究思想条件的历史；在不同的思想条件下所表现出来的是具有思想的存在、陈述和语言的结构；他不研究制度史，而是研究制度的条件史，即在制度的条件下，制度在社会领域层面上融合势力差别的关系；他不研究私生活史，而是研究在私生活的条件下，自我关系如何建构了私生活。[③] 围绕着知识、权力和主体这三个思想史上的核心问题，福柯把它们放入历史语境中，先把它们历史化，再从身体和实践活动的历史中分析和透视问题。他力图将问题还原到在实践中生成思想的那些活生生的历史，也就是在身体与权力相互作用时，思想和观念产生

① Gilles Deleuze, *Foucault*, Minneapolis: University of Minnesota Press, 1986, p.114.

② Gilles Deleuze, *Foucault*, Minneapolis: University of Minnesota Press, 1986, p.115–116.

③ Gilles Deleuze, *Foucault*, Minneapolis: University of Minnesota Press, 1986, p.116.

的那一初始时刻。思想既不是先天的也不是后天的,它基于权力而表达某种特殊性,它表达了建立于乱置的特殊物之间的权力关系,又在历史偶然的形形色色势力关系中产生其规定性。① 福柯在历史和实践的话语中继续着对传统形而上学的批判。

作为一个对启蒙现代性的批评思想家,福柯在反对二元对立的理性逻辑的同时,并不试图把一个被一分为二的理性再次统一起来。他认为对现代性的工具理性的总体化描述是把复杂多样的现代性简单化了。他从不同层面的微观权力、被遗忘的历史碎片和偶然的历史变故的角度来审视人类的思想史,这使得他对现代性的批判既彻底、深刻,又同时使他的理论缺乏对思想的整体把握,而且理论内部缺乏自恰性和前后统一性。但是,也正是在社会权力的细节部分和思想历史的破碎之处,问题的源初性和本真性才能被把捉,也许正是在这个意义上,福柯超越了形而上学的概念和对象方式所产生的与问题本身的疏离,并直接影响了后来所谓新历史主义的研究。

(本文原载《中文》杂志 2005 年第 1 期。)

① Gilles Deleuze, *Foucault*, Minneapolis:University of Minnesota Press,1986,p.117.

时间性的终结与后现代文化症候

全球一体化所导致的平面文化是今天人们关注的一个重要课题,无论你在世界上的任何一个角落,都不可能不被卷入全球消费文化的大潮中来。各式各样的世界品牌和时尚,同步上映的好莱坞大片和白领文化,使我们恍惚置身于无差别的世界大都市的五光十色之中。但是当这种普适的、无文化特殊性和历史性的消费文化在世界各地蔓延时,我们是否可以理所当然地认为全球一体化是世界发展的趋势?现代性逻辑所带来的后果必然是福山所谓的"历史的终结"吗?难道文学艺术也会跟随现代商品的逻辑,成为取消文化主体和作者的消费文化?要回答这样的终极性问题,我们必须探究全球化文化背后的基础性问题,在哲学的层面上讨论现代性在文化艺术上所带来的后果。杰姆逊在他的全球化研究中,继续德国浪漫派对时间性讨论的传统,为我们提供了一个有启发性的视角,可以让我们在梳理现代主义、后现代艺术的特征时,从历史和社会的角度出发来理解全球化的文化逻辑。

一

2003 年夏,杰姆逊(Fredric Jameson)在美国《批评研究》(*Critical Inquiry*)第 29 期发表一篇在英语文学界颇具影响的文章《时间性的终结?》,它实际上也是杰姆逊在杜克大学所做的专题讲座的题目。在这篇文章中,杰姆逊首先对具有后现代文化症候的当代西方文学艺术提出了一系列十分尖锐的问题:如果说现代主义已经在不久前结束了,那么时间性是不是也要同现代主义一同结束呢？在存在的意义上，空间是否会取代时间？或者，我们至少已经发现时间性变得非人格化了，小说家、诗人也不再费心书写时间了，因为普鲁斯特、伍尔夫和艾略特给当代人留下书写时间的空间已所剩无几了。

紧接着，杰姆逊对现代主义与后现代文化形态的划分提出全新的看法。很多人认为时间统摄着现代主义，而空间统摄着后现代主义，但杰姆逊却发现，这种时代划分的背后有着资本运作（如画廊和建筑的设计等）的痕迹，它关系到“价值的重估”——或者说审美等级的重新排序：在现代主义中，诗性的语言以及所谓审美自足的“纯”艺术设定了艺术理论的标尺；而在后现代主义中（虽然自称并没有什么后现代体系），后现代城市空间的经验、空间化的音乐表演和后现代消费形式，以及脱离了画框的、拒绝阐释的当代艺术形象都成了后现代文化的重要景观。杰姆逊在此又一次发问道：后现代的空间为何会优于现代主义的时间？

杰姆逊开始了历史地回顾各种理论对时间性的不同言说，并且以他一贯的历史唯物主义的眼光关照了西方社会从现代主义向后现代全球文化的发展过程中，时间性如何表达了社会经济关系的转型。首先，时间是关乎内在性的，在时间那里我们可以发现主体、逻辑、私性、知识、自我意识和欲望；而空间是关乎外在性的，我们可以从中看到城市、全球化、他者和自然。① 杰姆逊认为从结构主义肇始，通过历时、共时的两分法将时空统一体朝着向空间化的方向扭曲了。关于现代主义的时间性的分析，流行的观点认为现代主义在作品中力图表现所谓的“不均衡的生存经验”：即在未完成的现代化意义上，乡村与城镇、殖民地与宗主国、前现代与现代之间强烈的、线性的时间落差。而在前现代消失、乡村生活已经蜕变成残留的景观时，或当现代主义取得全面胜利、所有空间开始同质化时，现代主义者就不得不重新思考他们所坚持的时间的差异性了。这时，后现代的一代也就自然地摈弃了为现代主义所魂牵梦绕的时间性了。但杰姆逊提醒说，当帝国主义和殖民主义在制造城市与乡村、殖民地与宗主国之间的差异时，并没有像这种观点所描述的那样，强调在现代主

① Frederic Jameson, “The End of Temporality”, in *Critical Inquiry*, Vol.29 (Summer 2003), The University of Chicago, 2003.

义文化中置时间于空间之上。而与之相对照，后现代的全球文化却是在空间至上或者更准确地说是建立在空间经验的基础上，发展出了有别于传统帝国主义的全新结构。

回顾传统帝国主义世界的内部，殖民地与宗主国之间存在着认知隔绝，殖民地处在宗主国的视野之外。因此，建立在对殖民地的剥削之上的西方繁荣这一事实就被掩盖了，殖民经验在欧洲本土的空间内是不可见的。正是殖民经验的这种抽象性（它与殖民地的现实完全隔绝）才使宗主国建立起内部自洽统一的、文化取向明晰的意义整体，现代主义也因此就被视为在形式上复制了完全抽象化的殖民文化，以及它的活力和意义。

杰姆逊进一步指出，从传统的帝国主义到今天全球化的这一转型过程，正是通信技术飞速发展，跨国网络信息突然超越了殖民地与宗主国之间的空间屏障，殖民地这一事实透明化的后果。经济上的彼此依赖性使得每个存在于这个星球上某个空间内的人，都与其他的空间有着相互合作的关系。这种认知的透明性必然会伴随全球的一体化，也就是全球美国化的到来。全球一体化的后果就是诞生了一种新的扭曲现实的技术：它压抑历史、时间和时间性；它实现了从抽象的现代主义形式向大众的、表象性（representational）的后现代艺术形式的转化。人们往往误认为朝后现代的转向是回归现实主义，但杰姆逊坚持后现代主义决不是真正意义上的现实主义，它仅仅表现现实主义的形象（image）或景观，而不是它的对象（object），而且还进一步把这种形象转化为标志（logo）。新产生的对立关系如个别主体性与跨国财团、银行和金融投资之间的矛盾取代了传统的二元对立范畴，或者换言之，地区性与全球化的对立取代了公共领域与私人领域、特殊性与普遍性，甚至主观与客观的对立两分法。

杰姆逊随后就将所有这些新的文化表征和哲学转向归因于资本主义经济结构的变化，并且用美国当下的经济中的问题来图解这种关系。传统的资本主义经济是以其生产和利润状况来决定繁荣和萧条、股市的涨落、裁员与增员等问题，而新的资本市场（尤以安然公司为典型事例）整个颠覆了传统的经济逻辑，公司的资产和股票的价值似乎不再与产品和市场直接相关，而是通过资本运作、套取银行投资和变卖资产等方式来使股票增值。所以现代主义的形式抽象(formal abstraction)(相当于传统垄断资本的价值),与后现代的形象或标志的不甚明了的抽象(less palpable abstraction of the image or the logo)(相当于今天的安然公司完全独立运作的金融资本)截然分离了。这是一种客体(an object)与对其表述(its expression)的分离,而且表述本身已经自足地成了另一个客体。这种分离直接影响到西方资本主义社会的生活经验,也带来了对时间性的重述。因为资本主义经济危机的循环与股票市场的活力分离了,每一代人随周期轮换往替变化的政治倾向(左与右、激进与保守等)也被打乱了,政治和经济的周期动荡在个体生命历程上留下的印记模糊不清了,历史被大大地削减了——刚刚过去的历史已显得十分遥远,而真正遥远的历史正在被高中历史课本清除了出去。人们对未来也开始了前所未有的清算,福山乐观地宣布历史的终结,人们的生存经验和存在的时间性被"当下"(present)所囚禁。结构主义或后结构主义以技术决定论为依托,共时地认识今天的世界,以符号学的、或曰能指的逻辑(the logic of the signifier)彻底取代了主客关系(或曰关联逻辑 the logic of reference),几千年的西方哲学史因未曾将语言置于中心位置而被结构符号哲学宣布为过时!

当杰姆逊将结构主义置于近代西方思想史的发展脉络之中时,他发现结构主义曾经有意将各种人文主义的探索边缘化,并宣称人文主义的运行范畴,即从异化到经验等在哲学上是站不住脚的,与各种有关主体、意识和自我的意识形态有某种共谋关系的。结构主义的热潮已经过去了,虽然没有留下多少概念层面上的结论,但似乎人类的经验也随之消失了。尔后,现代存在主义又在"当下"的意义上言说一个独特的主体性,它力图说服我们不再眷顾古希腊悲剧所揭示的命运与存在之间的关系。也许恰恰是因为当代社会对死亡的隐匿和医学处理,使存在主义将我们的存在与过去、未来完全斩断成为可能,使"当下"囚禁了我们存在的意义。存在主义取消了时间性这一保障有独特意义自我的形式,而代之以一种"当下"的时间——是匿名的、不再属于任何可辨认的传记性的自我(identifiable biographical self)或个人化的命运(private destiny)。从存在主义到后结构主义,人们胜利地完成了"反主体中心"和将主体性平面统计学化(demographic plebeianization of subjectivity)的历程。

后现代主义去掉时间的个人性,同时实现了一种新的私密性和自由,那就是从过去和将来的桎梏中解放出来的绝对的“当下”。这种绝对的“当下”并不像现代主义那样指涉着永恒,而是指向物化、指向自己的身体。当然,这里杰姆逊所说的身体是个想象性的概念统一体,是德勒兹所谓的“没有器官的身体”(body without organs),而不是“身体”一词的所意指的实在(substance)。身体作为“当下”时间的载体是破碎的、直接感官性的,它宣布了时间性的终结。但吊诡的是,我们却永远无法抵达身体的绝对“当下”,当我们细查了寓言性的身体和它所意指的实在时,却只找到了媒介。杰姆逊发现“时间的终结”根本不可能被表达,晚期资本主义的历史趋势——简约到“当下”和简约为身体,是根本不可能实现的,因为人类不可能退化回动物世界的直接性(the immediacy of animal kingdom)那里去。所以可以得出结论,后现代文化的“当下”和“身体”决不是个道德伦理的问题,而恰恰是晚期资本主义的特殊社会经济结构的时间性表达。

二

《时间性的终结》这篇文章不仅对我们生活其中的纷乱喧哗的现实生活有着极其敏锐的洞悉,而且还带着极其强烈的历史感和终极关怀,对现代主义以来的哲学、审美和艺术思想做出了一个细致完整的分析。杰姆逊将文化、艺术的核心理论问题——时间性,放在一个世界历史、殖民地与宗主国的社会经济关系总和的宏大背景中进行考察。使时间性这个一直在传统美学和艺术理论研究中被技术化处理的问题,一下子扩展成了人类社会的经济、政治和历史在文化领域中的表达时,所凭借的唯一媒介。他确确实实地抓住了文化艺术中的最根本性的问题,并自始至终地以时间性这一视角来贯穿现代主义和后现代文化分析的全过程。

值得一提的是,在他对现代主义的时间性描述中,我们看到了卢卡契的影子,也就是卢卡契的早期作品中所强调的现代小说中的抽象整体性(totality)理论。但很快杰姆逊就将批判的锋芒转向从现代主义过渡到后现代的一个关键契机——结构主义的兴起。正如杰姆逊所揭示的那样,结构主义(以及后结构主义)所做的一个历史性的工作就是将主客关系取消,使能指与所指、话语与对象不再相符合,而却将语言(符号)置于中心的地位。这项工作的后果就是对存在的表述共时化和空间化了,人文主义的诉求过时了,存在被"当下"所囚禁,没有了过去和未来。这种结构主义空间化的影响是十分深远的,在社会科学领域,共时研究已经逐渐成为今天学术研究的普遍方法论,从语言学开始,人类学、社会学、政治学和经济学都已趋向视共时结构研究为学科合法性的尺度。在人文学科中,共时研究也大有重建学科规范的趋势。在文学叙事理论研究中我们看到,为了解决语意和文本含义的确定性,保罗·利科在他的《时间与叙事》中,鼓励摒弃文学批评中的历史主义倾向,在文本中挖掘藏匿在形式、体裁和类型等历史中的无时间性(或曰空间化),并且排除归纳法而尽可能接近演绎程序,以建构语言模型,①以便发现讲述的故事中那个深层的无时性结构②。还有当今如日中天的城市空间研究、结构历史学、语言哲学,更不必说大众传媒中的新闻快餐、电子游戏、去历史化的影视作品(这种影视作品的极品就是像《罗拉快跑》和《杀死比尔》等游戏程序化的制作),所有这些"当下"空间化的倾向都构成了后现代文化的重要表征。例如,我们可以从许多冷战后的好莱坞战争片中看到后现代的美国大众文化如何在历史题材中取消历史性。三年前面市的好莱坞大片《兵临城下》(也译作《拒敌于国门外》(*Enemy at the Gate*))是以苏联卫国战争期间,苏军与纳粹德国的浴血奋战为历史背景的。但是宏大、逼真的战争场面和复杂的历史背景却在这部影片中变成了装饰性的奇观和肤浅的道德判断。一场数百万人参与的、改变了第二次世界大战进程的残酷战争却被这部影片叙述为两个人的战争——一个邪恶的纳粹军官与一个人格正直的(但不一定是政治上正确的)苏联士兵之间的狙击决斗,整个战争史和战争期间的错综复杂关系在这部影片中荡然无存了。更有甚者,《指环王 II》本来完全拍成了一部战争史诗式的影片,但为了避免牵扯历史和战争的复杂背景,影片选择了托尔金 1954 年所著的《指

① Paul Ricoeur, *Time and Narrative*, Vol. 2, Chicago: The University of Chicago Press, 1985, pp.29-30.

② Paul Ricoeur, *Time and Narrative*, Vol. 2, Chicago: The University of Chicago Press, 1985, pp.29-30.

环王》中的无任何历史时间和空间指涉的战争童话，并剔除了原著对第二次世界大战中英伦之战的寓言意义，这样可使观众免去思考历史背景的负担。不仅历史与未来的时间性纵深被取消，而且英雄富罗多在这部传记式的连续影片中没有成长的主体建构过程，这个童话英雄完全是个结构性的、情节功能性的因素。战争奇观和特技情节等非时间性的空洞能指构成了这部影片的全部意义，并加上简单的价值判断：人是至善的，怪兽是邪恶的，他们之间如此泾渭分明，没有任何交叉、暧昧和复杂的可能性。

三

但是，当所有这些表征都被杰姆逊直接归咎于晚期资本主义全球化的经济结构时，我们就不免怀疑，如此无所不包、普遍有效的理论是否会失之简化。带着这个问题我们回到《时间性的终结?》的文本，就会发现杰姆逊总是坚持主观与客观的对应关系，他相信有某种客观的、实在的客体存在于现象的后面，它永远是现象变化发展的最终原因。在这篇文章中，文化艺术就是传统马克思主义意义上的上层建筑，它们是经济基础——社会经济关系总和——之表达，我们要解释后现代的文化现象，就必须首先回到全球资本主义的经济基础结构。但是，当我们做进一步的研究时会发现，今天不断凸显的空间化倾向，有它更为深远的思想渊源和更为深刻的历史背景，我们不能忽视知识和思想发展的自身逻辑，以及它丰富的内涵。在海德格尔的晚期作品中，早已经开始关注在西方的形而上学思想方法中，自始至终都孕育着一种实证化的倾向，这种倾向也包含了杰姆逊用来批判结构主义空间化的思想逻辑，那就是找到一种确定性的、可把握的、静态本质或原因（在杰姆逊这里是经济基础，在结构主义那里是语言结构，而对于德勒兹则是身体）。

这种实证倾向可以一直追溯到柏拉图"观念说"的思想之中，海德格尔认为西方哲学形而上学一直在一条不断把捉"存在者"（Das Seinde）的不归途上走向虚无，而忘却了"存在"（Sein）本身。这种在"存在者层面"（ontish）上谈论时间性问题，必然会使时间空间化，使存在的丰富性和生动性以及人类生存的复杂性和可能性简化为杰姆逊笔下所描述的“当下化”和“人口统计化”(demographic)。人们可能会发问:如果说杰姆逊已经通过历史唯物主义的眼光,有力地论证了人文主义、现代主义、结构和后结构主义以及精神分析等理论都使时间性的言说难以为继,而我们又认为杰姆逊对时间性的历史唯物分析也是“存在者层面”,那么,时间性的问题是否还可以言说?我们如何可能既言说时间性的问题,又能够避免走上空间化(或当下化)的不归之途呢?

要回答这个问题,我们首先再次回到《时间性的终结?》的文本之中,看看时间性这个概念是如何提出的。杰姆逊在总结时间和空间概念时,做了一个两分法:时间是关乎内在性的,与主体性建构直接相关;空间则是关乎外在性的,是言说他者和自然的媒介。在这样的两分法背后有一个启蒙人文思想作为历史背景,在启蒙运动弘扬人类理性的狂飙突进时期,在内在世界与外在现实的激烈冲突中产生了文学的成长主题,这一主题贯穿了从启蒙伤感文学、古典和浪漫主义以及现实主义等欧洲近现代文学艺术史的各个阶段。成长主题之所以能被不断地讲述,它的哲学和美学基础就是时间性,或者换言之,成长的过程就是主体性建构的过程,而这一过程的核心是主人公的主观与客观之间坎坷、漫长的统一历程。如果用卢卡契的语言来表述的话就是:理念与现实之间的最大差异是时间,时间不可逆转地将主体内在世界的一切慢慢地夺走,并将外在世界的异质性的内容强加进来。① 在与外界妥协、学习和“成熟”的漫漫旅途中,主人公“成长”了,主观与客观实现了统一。杰姆逊正是以启蒙人文主义的时间性概念为出发点,讨论了当代文化艺术现象。

在杰姆逊回顾现代主义时,将目光落在西方宗主国对殖民地的认知隔绝之上,当殖民地的现实被掩盖,被放逐到西方文明视域之外时,西方在远离现实之上高高地建立起一套内部自洽的、完全抽象的意义整体。这与卢卡契在他的《小说理论》中所建构的现代小说形式的分析模式——即小说诞生于人与外部现实世界隔绝而变得孤独无助,只能在心灵之中建立起抽象、虚幻的意

---

① Georg Lukacs, *The Theory of the Novel*, Cambridge: The MIT Press, Massachusetts, 1971, p.120.

义整体①——完全是同构的,而时间性正是架在心灵与现实之间深壑上的缥缈易逝的彩虹。唯一不同的是,杰姆逊将作为宗主国的西方社会放在了卢卡契的小说主人公的位置上,而外在现实是殖民地他者的文明,杰姆逊的理论基点完全是西方中心的。现代主义的意义体系是抽象、虚幻的,因为主观(在卢卡契那里是小说的主人公,而在杰姆逊这里是西方现代宗主国文化)与客观(现实世界)之间的媒介——时间性——是想象的。既然现代主义的想象性意义整体难以为继,结构主义就在主客二元模式中的主观层面上,将心灵中建构的意义体系抛弃,而在语言和符号结构中重新建立起一套意义解释体系。这套体系以符号结构的确定性和实证性为基础,因而必然是共时性的,拒斥时间性所带来的不确定的可能性。杰姆逊犀利地洞察到全球一体化的到来,必然带来文化和精神的平面化和空间化,并以美国影片《生死时速》为例来生动地说明(并不像这部影片的片名所指涉的时间和速度的变化)后现代文化就像这部影片一样,只有身体的当下感官整体,它拒绝任何时间性变化的可能。但当杰姆逊撕下身体的"当下化"这一面纱时,却给我们指认出面纱背后的晚期资本主义经济基础这只可捉到的黑手。在他清理了主观层面的种种虚幻的意义体系之后,却把我们带向了二元模式的另一极——"客观"的经济基础"现实",并在这个实在的(substantial)、可操作的"现实"之上建立起历史唯物的意义体系。

而我们要揭示的时间性却不是静止地躺在主体或客观现实这两极中的任何一极里,相反,它在两极之间的崎岖坎坷、变幻莫测和意义丰富的漫漫长路之中。这种时间性不同于在启蒙人文主义传统中,主体通过成长过程而实现的与客观的统一,也不同于在作品结尾处的主客统一中建立一个自足的、完整的、排他性的意识形态话语,因为这套话语往往掩盖了这一过程中的断裂和突变;我们这里所研究的时间性正是在那裂隙之处,福柯在《何为启蒙?》之中所谓启蒙的那种"绽出"(Ausgang)的状态;②正是海德格尔所谓的此在独特的可

---

① Georg Lukacs, *The Theory of the Novel*, Cambridge: The MIT Press, Massachusetts, 1971, pp. 103-104.

② Paul Rabinow(eds.), *What is Enlightenment? The Foucault Reader*, New York, 1984, p.34.

能性和历史的存在之中；也正是伯格森的不可通约的、彼此渗透的绵延（duree）之中。杰姆逊的结论是正确的，人类不可能回到无过去和无未来的动物的当下性中，但是我们不应仅仅在社会经济结构中寻找时间性的表达，“思”与人类精神性的存在才是时间性的真正家园，强力意志的对自身的确定与超越才是时间性的表达。强力意志不断地确认自己的价值，同时又不断地突破这种确定性而进入更高的价值，这种确定性与超越性之间的动态张力才是存在（sein）的状态，是时间性本身，它生成着不可预测和控制的新意义。当然，这些不确定的因素使人感到不安，但是也正是这些难以用已确立价值的话语来言说的变数，才使艺术作品更生动和丰富；也更能将活生生存在带到我们面前，它能揭掉固定概念和流行观念的面纱，展示给我们一个本真的世界。

与全球一体化相伴随的消费文化，带有自由、民主等一切现代理性的标识，并且看似为现代科技、经济和制度的衍生物。它虽具有现代文明的形式，但却抹杀了文明的主体和核心——人的意义。人类以前所未有的效率生产着现代文明所必须的物质基础，但在这架巨大生产线上，人不会成为产品，不会成为自己的造物。在各种利益和生产的关系所编织的社会中，人的社会化不可能以牺牲主体的特殊性和丰富性为代价，人在社会中通过实践与现实的统一是时间性的，人类存在的意义和现代文明的发展也必然以表达意义的时间性为基础。

（本文原载《文艺评论》2004 年第 6 期。）

第二编

中外学科与学术之道

反思外国文学的学科定位

一、外国文学与广义的文学：目标决定学科内涵

翻阅国内研究外国文学学科的各类著述，行文基本是先回顾、梳理一番学科史，所有涉及国外文献译介的活动统统归入外国文学。结果学科史竟能追溯到秦汉之际，古往今来的涉外交流都算外国文学。空泛之谈，难以理清学科的边界和方法，更说不明研究目标。也有旁征博引的，从中国古代诗学到西方文论，从研究方法到成果形态，兼议文学流派或思潮评论等，林林总总，莫衷一是。其实，倒不如从我们的学科现状入手，考察近几十年大家身体力行的学术实践，由此反思学科的困境、推及未来。我们当下的现实是，与外国文学相关的研究与教学活动，在国内隶属于两个机构：一是"中国语言文学"一级学科下的外国文学，机构设在高校中文院系；二是"外国语言文学"一级学科下、外语系的外国文学，两种"外国文学"有何异同？

高玉有篇论文《论两种外国文学》专论此事，认为中文学科下的外国文学以翻译成中文的文本为依据，而外语学科则采用原文。因翻译不能忠实传达原意，所以"原语外国文学更靠近原语文学，译语文学更接近本土文学"①。其结论不言自明，外语类的外国文学"原汁原味"，故坚实可信，中文系的外国文学隔靴搔痒，深入不下去。此认识停留在20世纪80年代的特殊语境里，当时门户顿开，国人迫切希望了解西方先进知识，停滞多年的西方语言教学被重新

① 高玉：《论两种外国文学》，《外国文学研究》2001年第4期。

提上日程，尤其英语学习成为对外开放的桥梁。外语教学与翻译一时成为外语类学科的首要任务，通晓外语即把握通向未来的“金钥匙”。但全球一体化的今天，“中文系只懂翻译作品，外语系才接触原文”这一前提不成立了。尤其通用外语类，无论经济、法律、哲学、历史或艺术各学科，无一不参照英、法、日、德语原著从事教学与研究。大语种如英语系，也早已不再固守英国英语，教学和研究涉及英语以外的理论和作品。当后现代理论成一时之风尚，英语专业广泛使用从法、德翻译的英译本。学科之辨，怎能从外语习得这个层面入手？

从哪个角度破解两个具有中国特色的“外国文学”学科呢？不妨先考察外国文学是如何被一分为二的。曾艳兵在《外国文学学科的困境与出路》一文中指出，1949 年以前，国文系学生只修中国文学，外文系学生只修外国国别文学，直到 1952 年高校“院系调整”，教育部规定师范类高校中文系，须设外国文学为必修课，外国文学从此进入中文系。① 其实，民国时期北大中文门（系）也有过欧洲文学史课，并非泾渭分明，姑且接受他后面的判断，院系调整让外国文学进入中文系。那么，在 1997 年国务院与国家教育委员会则以颁布《授予博士、硕士学位和培养研究生的学科、专业目录》的形式，确立比较文学与世界文学为中文一级学科下的二级学科，以之代替中文系的外国文学。② 还有一种说法，郭秀媛在《外国文学学科内涵、特征及意义》一文中说，1999 年 10 月，中文学科教学指导委员会召开年会，规定外国文学为中文学科的主干课程。③ 也就是说，从 1952 年中文系加开外国文学课程，到 1997 年教委确定“比较文学与世界文学”为中文二级学科，外国文学分割完成，中文与外文一级学科下均设外国文学，只是外文系按国别文学分类。

首先梳理一下中文学科下的外国文学理念，它可以上溯到晚清《钦定京师大学堂章程》。据温华考证，张之洞设计“中国文学门时，给西国文学留下

---

① 参见曾艳兵：《外国文学学科的困境与出路》，《天津师范大学学报》2008 年第 1 期。

② 参见国务院学位委员会办公室、教育部研究生工作办公室：《学位与研究生教育文件选编》，高等教育出版社 1999 年版。

③ 参见郭秀媛：《外国文学学科内涵、特征及意义》，《外国文学研究》2000 年第 2 期。

一席之地”。[①] 民国期间，辜鸿铭在北大教授“英语文学门”课程（1914年）、周作人开“欧洲文学史”课程（1917年），目标同样是透过外国文学滋养母语文学。虽然“中国文门”与“外国文门”已是平行的系别，但教学理念属文学本体范畴。后来特别是周氏兄弟与胡适等，想借外国文学改造中国文学，推进白话，提升现代文学水平。另一源头是1926年清华成立西洋文学系，其宗旨是：“不分国家民族，将整个西方文学从古至今，看做一个整体……要求学生学习文学史和全部西方国家文学。”[②]这与当下中国的外语类国别文学的思路大相径庭，如今我们以语种划界分科，而并非将国别文学放在广义文学的框架内考察。早在三四十年代，有不少学者讨论中国文学与外国文学应该合流，外国文学因中国文学而生，其自身并无文学本体之外的独立意义。[③] 乐黛云先生在九十年代力主中文学科下设比较文学，率先在北大中文系内建比较文学与世界文学研究所，或许在呼应民国的理念。但实际上，新中国的外国文学已经具备了文学本体之外的独立含义。

聂珍钊在《外国文学就是比较文学》一文中，也认为单一国别文学是不完整的，会造成“重语言轻文学的倾向”[④]。他以美国和欧洲的比较文学为参照，坚持比较文学只是一种方法；外国文学与比较文学不是对立的，相反，多语种外国文学须融为一体，外国文学本质上就是比较文学。[⑤] 聂珍钊的核心观点是各国别文学应汇聚一体，就上升为比较文学，但有个学科盲点。他参照的是欧美高校的母语文学系，比如美国大学的英语系，等同于我们的中文系，它教授母语（英语）文学的同时，也开设法国、俄国、德语文学，一般用母语（英语）译本。不少大学还在英语系内设比较文学专业，甚至开中国文学或电影的课程。其目标显然为丰富母语文化，开阔学生视野，陶冶文学修养，训练艺术敏感，滋养本民族文学的土壤，属文学本体论范畴。在这个意义上，聂珍钊的结论是正确的，但忽略了一个对比维度，即新中国的外语学科模仿的是苏联模

① 参见温华：《“外国文学”课程设置与学科发展》，《中国图书评论》2011年第10期。
② 温华：《“外国文学”课程设置与学科发展》，《中国图书评论》2011年第10期。
③ 参见温华：《“外国文学”课程设置与学科发展》，《中国图书评论》2011年第10期。
④ 聂珍钊：《外国文学就是比较文学》，《外国文学研究》2000年第4期。
⑤ 参见聂珍钊：《外国文学就是比较文学》，《外国文学研究》2000年第4期。

式,乃冷战产物。与之相对应,美国高校也在“冷战”背景下创立一个逻辑相似的学科——“区域研究”(Area Studies)。这两个学科都服务于外交政策、研究对方国情、学习对方语言。随着冷战的终结,地球两边的相对应这两个学科的功能几乎同时也发生了演变。没有全球视野与历史纵深的考察,无法澄清我们的外语学科到底是什么。

如果在1997年之前,中文一级学科还未设立比较文学之时,我们既可以横向比较欧美的比较文学,也可以纵论民国与当下如何薪火相传。但现状是两个一级学科下分别设立了“比较”与“国别”文学的二级学科,学科不该彼此重叠,而须各有定位,凸显自己的特色。学科考察也不止于“应然”层面,即外国文学应该是什么,还须有实然层面,即新中国的外语学科已走过60多年,实践中已发展出一套独立的视角与方法,特别是西方文学的研究已初具规模。以此为据做学科的历史考证,就发现中国的外语类国别文学与美国区域研究下的国别文学更接近。因为,我们的外语类国别文学,不以服务母语文学为第一要义,而将对象国文学作客体,研究者与之保持距离,从外部做对象性考察,要求全面掌握对象国的知识,视角不同于广义文学,国别意识重于文学意识。美国高校的外语学科虽不像中国整齐划一归入“外国语学院”,其机构设置千差万别,但核心理念有可比之处。它的对象国一般分为两大类:一类是德、意、法、西等语系,属西方文明核心国家,被视为文化内部,不像国别研究,更像母语文化的扩展版,因为西方文化是一个整体,西欧与美国血脉相连。另一类则是西方外部研究,即所谓“区域研究”,包括东亚、俄罗斯、阿拉伯、非洲等地区,对“他者”的处理方式是对象性的,与之保持距离,即赛义德所说的东方主义逻辑。美国区域研究与我们的外语系恰成映照。

由于区域研究的文学课与英语系的比较文学课目的不同,不从属母语文学,与广义文学有区别,更接近区域研究的其他方向,都是为培养对象国专家,例如东亚系、斯拉夫系、阿拉伯系等,培养的是汉学专家、俄国专家、阿拉伯专家,毕业后从事与对象国家有关的工作。与之相似,我们的外语专业毕业生,也一般从事涉外工作,当翻译、去新华社、外交部、外文出版社、外企或当外语系教师等。而母语文学的毕业生,无论中美都一样会成为作家、记者、编辑、语文教师、文秘等。外语专业或区域研究培养“外国通”,而不只研究一般文学,所谓“重语言轻文学”的现象在中美这两个学科里都有，因其方法与母语文学截然不同：透过国别文学洞悉对象国的文化心理、精神内核、民族品格或情感结构，服从于国别研究的大框架。国别文学与区域研究不仅在目标和方法上耦合，也有历史渊源的可比性。我们通过回溯中国的外国文学学科史，来说明这一点。

二、回顾外国文学学科史

据温华考证，外国文学概念首次付诸教育实践的时间是 1914 年，辜鸿铭在北大英语文学门类名义下教授英文诗。① 后来又有周作人 1917 年 9 月在北大教授“欧洲文学史”，课程设置在国文门下，②相当于后来中文系的外国文学课。北大英文门很快从国文门独立出来，单成一科③，后来又有清华的外文系。民国时期无论国文系还是外文系都秉承同样的文学本体观，认为按国别划分文学是“畸形的”和非学科性的，④无论中国文学还是外国文学，目标同样为文学内部研究。这与新中国的外语教学理念不同，除了北大的西洋文学系继承了些许民国传统，总体来说，外国文学观在 1949 年后断裂了。

1949 年前夕，全国各类高校共 205 所，但专业外语学院并不多，外语系大多设在综合高校内，只有极少外语专科学校（多为教会背景）。一共有 67 所大学设外语系或独立的外语专科学校，⑤外语专业点共有 62 个。⑥ 新中国创建的外语类专业院校，改写了这个学科的内涵。从 1949 年转向学习苏联，新中国起初建起 4 所俄语专业学校；1952 年又增建 7 所俄文学校，并在 19 所高

① 参见温华：《“外国文学”课程设置与学科发展》，《中国图书评论》2011 年第 10 期。

② 参见温华：《“外国文学”课程设置与学科发展》，《中国图书评论》2011 年第 10 期。

③ 参见邱志红：《从辜鸿铭在北大任教始末看北大“英文门”时期的师生状况》，《中国社会科学院近代史所青年学术论坛》（2008 年卷），社会科学文献出版社 2009 年版，第 114 页。

④ 参见温华：《“外国文学”课程设置与学科发展》，《中国图书评论》2011 年第 10 期。

⑤ 参见李传松、许宝发：《中国近现代外语教育史》，上海外语教育出版社 2006 年版，第 179 页。

⑥ 参见付克：《中国外语教育史》，上海外语教育出版社 1986 年版，第 65—66 页。

校内设俄文系科。① 当时与苏联合作密切,急需大量俄语人才,时任中央编译局局长的师哲主抓俄语人才培养,不断扩充规模,我们熟知的"外语类院校"正是在此基础上渐成体系,新中国外语教育的架构初露端倪。同时,为疏离西方阵营,大幅削减英语教学点至 8 个,法语和德语教学点各剩下 3 个。② 据 1954 年政务院颁布《关于全国俄文教学工作的指示》,明确俄文专科的目标:培养翻译干部占 70%,俄文师资占 30%,学制 3—4 年。③ 政府以政令的方式申明外语专业的培养目的:培养实用型外语人才,为新中国外交和建设服务,外国文学尚无暇列入教育日程。在 1956 年,赫鲁晓夫公开批判斯大林,中苏关系逐渐恶化,我国外语教学再次转向,慢慢恢复了西方语言,折射出外交总方针的调整。

到 20 世纪 60 年代,中国外语教学的方向定为"一高二全",即教学质量要高,语种要全。周恩来于 1962 年 3 月亲自批复《关于北京外国语学院专业设置计划》,提出 5 种语言为通用语——英、法、西、俄、阿拉伯语,并在几年内逐步增加至 15 种外语。④ 这一时期外语教学的环境稍显宽松,文学赏析配合语言教学的方法出现。以英语为例,据北京外国语大学著名教授胡文仲先生回忆,1963 年王佐良先生与几位北外教授开设"英国文学史"和"文学选读"课,不是专业方向,供学生选修,目的为辅助语言教学。虽尚无独立的学科意义,但文学终于粉墨登场。"文化大革命"前夕的 1965 年,英语文学课被指传播西方资产阶级思想,便戛然而止,直到改革开放后才恢复。1978 年改革开放全面展开,英语教学紧迫地提上日程,当时英语专业既无大纲、又无教材,于是上海召开第一次英语教材会,探讨国外教材引进与国内教材编写问题。1980 年 11 月,又在青岛召开全国高校外语专业教材编审委员会,王佐良在会上制订高等院校外语专业教材编审的工作原则。同年,他提议搞英语文学研究生课程,博士点也随后提上日程。至此,外国文学学科才以官方确认

① 参见付克:《中国外语教育史》,上海外语教育出版社 1986 年版,第 68—69 页。

② 参见付克:《中国外语教育史》,上海外语教育出版社 1986 年版,第 71 页。

③ 参见付克:《中国外语教育史》,上海外语教育出版社 1986 年版,第 69 页。

④ 李传松、许宝发:《中国近现代外语教育史》,上海外语教育出版社 2006 年版,第 359—360 页。

的形式成立。

1981 年实施学位制度，国务院批准首批博士和硕士学位授予单位，英语语言文学博士点 5 个：北大、北外、南大、社科院、中山大学。还有法语、德语、印度语博士点。新时期外语界发展最迅猛的是语言教学，外语教材的编写与研究成绩骄人，师资规模日益扩大。与之相关的学术是应用语言学，焦点在“二语习得”研究。国家教委、教育部也一直重视提高外语水平，服务于改革开放与国家建设的需要。这期间，外语界从未停止对外语教学目标与方法的反思，以 1984 年中国外语教学研究会常务理事深圳会议为例，与会者当时最焦虑外语专业的学生就业难。会上讨论了学科与机构建制上的弊病：外语系以语言和文学为主，学生没有专业特长，走上工作岗位后不得不从头学一门专业；而有专业背景的公外学生，外语又不过关，外语与专业脱节。有人提出应对的意见：1950 年代按苏联模式创办的外语学院，必须升级改造成综合性文科大学，或在现有外语系的基础上，增加若干专业（也即“复合型教学”），最终升格为文学院、商学院或政法学院。① 会上也有不同意见，有人警告说不要操之过急，外语学院的优势在培养外语高端人才，“看家本领”绝不能丢，外语学院只须传授一点点语言学和文学知识，能辅助外语教学就足够了，还谈不上专业化或“单打一”；该用全部精力打好语言基础，千万别落得“画虎不成反类犬”，外语没学好，专业又不通；与其研习专业，不如翻译几本世界名著。②

这次会上的观点交锋很具典型性，是贯穿外语界发展历程的两条基本思路，后来的情况没有超出其范围。20 世纪 90 年代，外语学院纷纷升格为大学，建起了复合型专业院系，如商学院、法学院、新闻学院等，或在外语系设复合型专业方向。同时，反对专业化的意见也依然强劲，重外语基础训练、语言优先一直被视为外语院校的特色和传统，毕业生没有专业特长也依然是外语院校发展的瓶颈。1984 年，只有一点超出外语教学会的意料之外，支持专业

① 四川外国语学院高等教育研究所主编：《中国外语教育要事录》，外语教学与研究出版社 1993 年版，第 274—275 页。

② 四川外国语学院高等教育研究所主编：《中国外语教育要事录》，外语教学与研究出版社 1993 年版，第 276 页。

化的学者原本寄希望于外语系升为文学院，结果却是中文系升成文学院，在中文一级学科下建“比较文学与世界文学”二级学科，名正言顺搞起外国文学来。新中国外语专业演进的轨迹说明，外语学科下的外国文学没有继承清末、民国时期的外国文学理念，而是借鉴了苏联服务“冷战”国际政治格局需要的思路，在外交方针指导下，培养外交或涉外人才。

改革开放的“新时期”，外语专业调整到服务于开放搞活的方向上来，才出现外语需要专业化的诉求：学生掌握一门外语的同时，再学一个职业技能，满足市场经济的需要。必须指出，这种讨论并非学科建设，而为解决本科生的就业困难。无论“专业化”的支持者或反对者，都未涉及学科研究。但如今高校对科研的要求不断提高，学科建设与学术研究成为评价高等教育的标尺。大势所趋，外语专业下的国别文学不得不明确定位。但今天的外语专业既未挣脱 50 年代的苏联模式，也未超越 80 年代的功能思维，这才使“二语习得”与国别文学界限不明，学科意识不强，症结并非聂珍钊所谓“外国文学与比较文学对立”，才出现“重语言轻文学的倾向”。与比较文学相比，它反而有较强的学科自觉，一方面学科成立晚（1997 年），初衷恰恰参照了西方国家母语文学的比较文学与民国时期的外国文学；另一方面同仁在专业期刊上不断讨论学科定位问题。对照外语界的失语状态，主要因为几十年的教学实践没有系统梳理，旧的参照系已经失效，新的参照系错误锁定在对象国的母语文学，结果国别文学的对象性研究特色尽失，亦步亦趋随他人俯仰，成果没特色，又搭建不起自己的学术平台，长期处在行政化色彩浓厚的氛围里。

如果重新思考参照系统，考察一下美国的区域研究，会发现冷战后的美区域研究与中国外语界面临的困境类似。区域研究从 19 世纪末开始，随着美国国际影响力的提升，两次世界大战和冷战、越战，美国政府借高校的平台，深深介入这个学科的建设，投入大量资金，此学科也为美国战略、外交和情报工作贡献巨大。当两大阵营的对立消解，政府支持的热情降低，学术的自然规律越来越主导了学科发展。渐渐从语言、政经、国情逐渐转向人文、社会、艺术等跨学科研究。特别是随着 20 世纪八九十年代外国留学生大量涌入美国，使该学科的师资与课题发生结构性变化。全球经济一体化，也影响到国际区域研究的格局，即因国际商务的需求，更强调外语和国别文化的教学，而忽略文学研究，这与中国的外语专业有诸多呼应之处。以此为参照，辨析我们的国别文学方法论，有助于梳理学科定位与内涵。

三、学科的目标不同决定方法不同

黄宝生先生撰文《外国文学研究方法谈》，认为既可以用中国文学的方法研究外国文学，也可以外国文学的方法研究中国文学，两者本质相同，区别只在表现形态上。[①] 整篇立论有一条隐含的前提，即处理外国文学与母语文学的方法相同。他在一个广义的文学框架内，辨析中外文学理论、流派的嬗变，所谓中国文学方法就是古代文艺思想、《文心雕龙》之类，外国文学方法即西方文学理论、后现代、后殖民理论等。这种观点很典型，翻阅一篇篇论文，一涉及外国文学方法论，便介绍国外前沿理论或最新视角。如果是讨论广义的文学方法，这当然对题，但具体到中国语境下的外国语言文学一级学科，如此泛论就隔靴搔痒了。其实，大家对外语学科下的国别文学与母语文学的期待不一样，研究与教学的方法也不会相同。外语学科以对象国的语言文学为考察对象，方法是“对象性”的。要想说明什么是对象性，就得对比母语文学的“认同性”。母语文学重在继承与认同，无论学习或研究均在自身文化传统的内部，宏观目的是延续与继承民族文学，激活其活力、更新其形态，丰富共同体的文化遗产。由于生长在同一个文化体系内，问题意识早已浸透到集体的无意识里，研究的前提往往是自明的，毋庸赘言课题的大背景，大家已心领神会。而外国文学的研究者身处对象之外冷眼旁观，所有问题要从背景介绍开始，还要求研究者全面学习和把握对象国的历史、文化、风俗和社会状况，才具备资质。虽然个体研究的角度各异，积累的对象国“前知识”也各有侧重，但每当提出任何一个问题时，仍须还原其本来的文化与思想语境，一定要掌握其语言，认识其文化逻辑，把握历史的整体脉络。不然，即使在

---

① 黄宝生：《外国文学研究方法谈》，《外国文学评论》1994 年第 3 期。

同行间也无法有效沟通。以前中国外语界往往使用统一教材,灌输雷同的对象国知识,以奠定相通的知识背景,但这无异于管中窥豹,在全球化的今天难以为继。

举一实例来说明认同性与对象性在外国文学接受上的分别。有一部苏联小说《钢铁是怎样炼成的》,自 20 世纪 40 年代译介到中国,曾对几代中国人产生过深远影响,一代代读者被主人公的钢铁意志所感染,成为中国人励志的楷模。很多作家自称曾从中获得过灵感,启发了母语创作。对 20 世纪四五十年代出生的读者来说,这本书对心灵的塑造甚或超过母语文学。一部外国小说深深嵌入中国文学内部,但如果你问读者对其历史背景了解多少,比如十月革命后乌克兰与俄罗斯扑朔迷离的关系、德国的干涉、波兰入侵、苏波战争等大背景,恐怕没有多少人知道。恰恰因历史与民族意识的种种缠绕,才使这部作品更厚重。但奥斯托洛夫斯基的“铁粉”们并不深究小说背后的纵深,只要心灵慰藉,或从事创作时有所借鉴就够了。但一位俄罗斯文学的研究者,便不能满足于读懂原文、欣赏故事,还须研究作品展示出的历史画卷,深入到苏联文学内部,透过小说的经验性叙事,理解俄罗斯文化的全貌,甚至推及今天的俄乌冲突。

从这个实例看出,虽面对同一文本,因学科背景不同,视角、方法和期待大相径庭。中国文学下的比较文学与世界文学,期待从别国文学寻找普遍意义,他山之石为我所用,其目标是文学共性。外文系则关注对象国文化的特殊性,强调与本国的差异,尽力系统展示对象国知识的复杂性与微妙处,以之为镜鉴反观自身。它是专门化的、“小圈子”的学问,不但要外语程度高,还要求研究者深入到对象国的学术传统与思想脉络内部,以他者的特殊性中启示母文化,故与广义的文学本质上不同。因此,黄宝生所认为的只要对象是文学,方法就没啥两样;或高玉强调的语言不同而结果不一样。两者都只抓住外在形式,而忽略学科在特定的语境里会有不同的目标。中国的外国文学已走过一个世纪的历程,如果从两种外国文学的视角差异出发,在学科实践与操作层面剖析“对象性”与“认同性”两种研究方法,或许可以突破长期以来纠缠在外语习得与文艺理论之间的辩驳。

四、外语学科下的外国文学主体意识

1986年,国家教委曾组织力量,研究外语类研究生学科与业务描述,算是一次定义学科的尝试。翌年颁布《授予博士和硕士学位的学科、专业目录》(修订草案),对英美文学研究方向做如下描述:“文学史研究、所学语言国家的文学研究、作家作品研究、文艺理论研究等。”①从行文看,教委规定外国文学以国别文学为对象,但观察外语类院校的教学与科研实际,仍存在外语与文学不分、学术与培训不分、教学与科研不分、研究型高校与普通高校不分的痼疾。② 外语专业大多最焦虑“国家部委、国有企业、外经贸公司、部队和教育部门对于单一外语类毕业生的需求量已经降至零”③,所以必须出台应对方案,即外语与职业专长相结合。上海外国语学院最早提出外语复合型人才培养,其他外语院校纷纷跟进,外语系开设新闻、法律、商务、旅游等职业性专业。三十多年的实践证明,学生分配就业确实好转,复合型培养的实用性很强。以外语为专业,附带研修一两门职业性专业,一专多能,学生的就业选择大大增加。这是本科职业教育的发展之路,但重点研究性大学如何在本科教学之上,从事外国文学研究呢?

所谓“外语专业”,其实没有明确的学科指向,既非语言学,又非文学,乃培养外语人才的苏东模式。一旦研究生教学与科研提上日程,此专业的弊端就无法回避。外语类院校的科研困境日益突出,教学人员从事科研一直是老大难。除了编撰教材外,外语师资很少有原创性成果。外语院校的本科毕业生也遇到新问题,以前他们大多直接就业,如今优秀学生会选择出国留学或升至综合大学深造。除外语优势外,没受过良好的学科训练,与综合性大学毕业

---

① 李传松、许宝发:《中国近现代外语教育史》,上海外语教育出版社2006年版,第376页。

② 参见徐烈炯:《外语系怎么办?》,《外语教育往事谈》,上海外语教育出版社2005年版,第254—256页。

③ 参见李传松、许宝发:《中国近现代外语教育史》,上海外语教育出版社2006年版,第464页。

生相比，缺乏后劲。复合型培养虽跨上职业学科，却荒疏了基础学科。基础学科需要多年的积淀与探索，而非一蹴而就。作为短平快的粗放模式，复合型教育的师资是仓促上马，培养方式更像职业培训，科研难有建树。学生毕业后发现优势仍在外语，所谓专业往往临时抱佛脚。外国文学的境遇也大致如此，外语院系关注语言胜过文学，文学似绿叶配红花，增加些语感，滋养些品位。文学专业的师生最后还是利用外语优势，翻译文学作品或理论著作，甘为中文系的外国文学当中介。

但近年来，教育部考核高校的科研业绩，迫使教师在教学、翻译之余著书立说。观察外语院系的科研成果，往往以介绍对象国（西方居多）的文学状况为主，追踪海外动态乃科研主流。我们的外语界缺乏自主的问题意识，一律向外看，在国外寻找学术前沿，这是莫大的误区。真问题产生于自己的生活世界，中国外语界应该与共同体内部的同仁对话，而不是一门心思与对象国交流。国家间学术视域存有视差，观察视角、问题意识各不相同。表面上对象相同，而实际上遮蔽了深层的差异。比如中国学者研究德国文学，虽然与德国大学德语系有相同的对象，但主体身处不同的时空，针对一个对象却解读相异，关切也必不一样，因生活经验规定了研究意识与进入的路径。人文学科不同于自然科学，没有超越时空的普遍意义，只能在身处自家园地与同行交流，才能创生共享的视域。国别研究时刻有“对象性”意识，置身对象之外观察“外国”客体，发表论文、开学术会议、从事教学交流，扎根自己的学术土壤，逐渐搭建起对话平台，塑造专业学科。

美国的“中国学”是个很好的例证，历经百年，一部部经典著作奠定了学科规范。虽然“冷战”中与中国隔绝，而汉学家很少顾及中国大陆的人文研究动态，仍在“区域研究”的框架内自成体系，问题意识在美国，以自身的学术传统为方法，既观照美国主流学术，又另辟蹊径，研究独特且深刻。其成果不仅影响本国学术的发展，后冷战时代还启发了中国大陆的国学研究。北大、清华、北外均有学者专门研究海外汉学，西方汉学给中国思想界注入了新活力。如果我们的外国文学自主意识不够，目标不明，一味模仿西方，紧追“国际前沿”，恐难有建树，甚至会沦为西方学术的原始材料输出国或技术加工厂。

五、工作语言的两难

在外语教学中，听、说、读、写、译几环节，属写作最让教师头疼。学生各项技能尚提高显著，唯写作仍一塌糊涂。外语院系一般强调学期作业、学位论文一律用外语，教师以外语授课，创造好的语言氛围，事实证明行之有效。但如将文学做学科专业，与外语习得分开考量，这种方式的弊病就凸显了。外语教师一般以为语言与文学密不可分，彼此促进。在本科阶段的确如此，本科以习得为要义，语言与文学水乳交融，外语与专业相得益彰。一旦升至研究生阶段，对学生的要求不仅是学知识，还要独立研究，让他们进入学术的生产环节，困境便由此而生。

我们的外国文学研究大都以母语为工作语言，无论专业期刊、学术会议，还是研究交流，均用中文。学位办要求研究生在读期间发表论文，教师评职称也需要著书立说，中文写作发表显然更现实。从研究的实际出发，为让本地同行共享成果，交流媒介也只能是母语。但硕士、博士研究生常抱怨不会用中文写论文，因为本科和研究生阶段的学术写作是外文，母语训练的积累不够，外文写作的水平又不高。结果毕业后既不会写也不愿写，这直接造成外语师资科研能力低下。另外，学生用外语写学期或学位论文，有时会查阅国内专业期刊，当有意引用国内学者的观点时，却不得不将中文译成外文，一个好观点经母语译成外语，又转回给母语读者，读者在脑子里再转译成中文，内容在翻译的旅行中被抽空。所以，学生索性不查中文文献，只引外文成果，其后果是国内学术无所寄托，花精力研究出的成果却不受同行重视，没有援引，源动力尽失。看专业期刊上大量论文为完成量化指标而写作，为发表而发表。结果学术论文越来越空洞，有大量模仿、“组装”的所谓成果。没话找话、没有表达欲则硬着头皮说话。像末路科举，重形式、乏内容，学术八股盛行，专业期刊水平令人堪忧。

评价研究生论文时，大家标准不一。有的教师看重外语表达能力或外语的准确，有人则关心专业研究能力，两者兼优的学生很少，学生无所适从。教师授课说外语,学生讨论讲外语,非母语则担心出错,课上常透露表演气氛,或练口语之嫌,专业难以深究。再对照美国的区域研究,由于是非西方语言,美国学生一般需要长期的语言准备,所以外语课与专业课区别开来。教语言的老师一般聘外国移民,教专业的教师则一律讲英语,论文也是英语写作。这样一来,教语言只关注外语水平,教专业则避免学生因外语参差不齐而影响深入专业知识。其关键是不奢望打鱼顺便得熊掌。但法、德、西、意等西方国家语言系,美国教师和学生则一律用外语,营造一个"小外国"。所以,我们是参照西方内部还是外部研究,是个值得深思的问题。

应该指出,中美间有不可比的因素。英语乃世界通用语,中文为区域性语言,美国学生做区域研究,以英语写作直接进入知识生产的世界体系,而中文局限在中文文化圈内。但还需引入另一参照维度,即欧洲高校的外语系如何处理专业与外语习得?以德国大学英语系为例,各高校的设置非常相近,概括共有四个教学方向:一是实用语言,任课教师的语言背景为母语英语;二是语言学;三是文学(其中包括文化研究和媒体研究),这两方向倚重有专业造诣的教师,不看重母语是否为英语;四是TEFL(Teaching English as a Foreign Language),培养外语师资。所有英语系学生必选前三个方向的课程,想成为外语教师的则加选第四类课。按培养目标来安排师资,设计课程,"实用语言"就是纯粹的语言训练,而TEFL又带有鲜明的职业教育色彩。而中国的英语专业,让精读课程既训练语言技能,又附带人文熏陶,再加上通识教育的色彩,目标不如德国明确。

另外,德国大学的英语系,授课、作业和论文一律用英语。德、英同属一个语系,亲缘性强,学生学习英语的周期不长。另外,英语系在德国学界很边缘,据说这个圈子里常发表的学者不过两百人,对主流文化影响不大。不像中国学界和思想界对西方影响期许甚高,外国文学从不边缘。中国学术是个庞大的独立体系,有一整套独到的文化逻辑与思想关切。所以,一方面担心外语专业习惯写中文而荒疏外语写作能力;另一方面又要兼顾外语界的学术贡献,两者很难兼得。

结　语

花如此篇幅辨析学科的历史和定位,并非鼓吹学者须调整个人志趣,去迎合学科要求。学科绝非学术的高境界,而是进门的低门槛,无非一套学术分工与培养的机制或规则。它只与机构性的研究与培养规划相关,即预期出什么类型的人才、生产怎样的成果、如何提供学术平台等。作为一套功利性管理法则,学科只对学术低端有规约作用,不妨碍高端的原创与超越。

另外,学科讨论不直接关涉文学本体论,而关注外部学术制度与学科史,涉及机构、规范、边界等问题。其领域在"间性地带",即研究主体与他者,以及机构与成果之间的关系。国内各种专业刊物发表了大量相关论文,但不少混淆了文学本体与外部之间的界限。讨论学科问题往往述及批评理论、文本分析,甚至审美标准,结果学科本身反被淹没了。中国的外国文学有自身特点,不详述外语教育历程,便无法厘清学科的内在肌理、演变逻辑,以及本土经验,因为两者实在难分难解。宽泛地从公理逆推学科范式,华而不实,揭不开种种似是而非的话语遮蔽。所以,学科讨论应该落实到日常操作层面,包括课程设置、教学实践、研究工作、学术交流,以及政策法规等方方面面。

长期以来,学科建设一直由行政机构主导,按国家建设需要和总体规划设计。无视这一中国特色,以学理妄断,不得要领。经历半个多世纪学术实践,特别是改革开放30多年,中国学术已长足发展,渐渐与行政指令脱钩,学术共同体初露端倪,研究平台日臻完善,学科建设不再捉襟见肘,疲于应付现实的需要,到了有余裕思考学术自身规律、从学术内部追问学科内涵的时候了。这需要学者个体的自省,也需要同行之间的交流。虽然人各有志,个人在自己的园地里不墨守规范,自由跨越学术藩篱,但他也是学科共同体的一员,想获得别人认可,不得不与他人互动,形成共识。所以,提倡"跨学科"与没有学科意识不是一回事。学科意识淡薄,研究必无章法,难与同行对话,成果也难成立。学科发展成熟,学者自然融会贯通,跨学科则水到渠成。这之间没有捷径,不必明知学科不健全却诈称跨越学科。

外国文学在中国仍需进一步定义与细化，才能从外语教学中剥离出来。过去行政机构按国家建设需要建立起外语教学体系，未来学科发展之路，却只能由专业学者自己完成。通过期刊、学术会议各抒己见，长期辩论，才能一点点勾勒出学科形态。学术的生命在民间，在日常学术实践之中，也在研讨与论文写作之中。没有现成的他山之石可资利用，也不能靠权威认定以求正果。

（鸣谢胡文仲教授提供珍贵的历史资料，以及德国伍珀塔尔大学 Sandra Heinen 教授慷慨介绍德国大学英语专业概况，也感谢洛阳解放军外国语学院温华教授提供早期历史资料和宝贵意见。）

（本文原载《外国文学》2015 年第 5 期。）

学术史中的亚洲研究

从20世纪80年代以来，中国大陆赴美留学生越来越多。除了研究自然科学的之外，搞人文社科的有相当比例的人数进入到"亚洲研究"（Asian Studies）领域。这一专业在美国特别兴盛，无论是规模、资源，还是奖学金与从业人员数，其他西方国家的相关专业都望尘莫及。二十多年来，大陆背景的学者渐渐成为这个学科的中间力量，在美国"亚洲研究"领域风头正劲的学者，不少是当年从大陆出来留学的后起之秀，在教学和研究方面均成绩骄人。但如果要问"亚洲研究"学科是如何创建和发展的，那就未必有多少人知道了。芝加哥大学的著名历史学家布鲁斯·卡明斯（Bruce Cumings）出版了一部专著《美国与东亚的关系——视差效应》（*Parallax Visions*：*Making Sense of American-East Asian Relations*），在梳理"亚洲研究"学科史时，发现的史实让人大跌眼镜。他说"亚洲研究"是冷战的产物，与美国国家安全与情报工作紧密相关。卡明斯的史料分析非常严谨、扎实，收集了大量档案和翔实的数据，极力避免"阴谋论"式的结论，对冷战时期情报部门与美国著名大学之间的交往，描述得细致入微，娓娓道来。"亚洲研究"的学术史在他的笔下呈现出完整和立体的全貌。

第二次世界大战之前，美国的"亚洲研究"实际上就是后殖民理论家爱德华·萨义德（Edward W.Said）所批判的"东方学"（Oriental Studies）。这个学科以几个世纪以来传教士在东方布道和游历积累下的知识为基础，借助欧洲"语文学"（Philology）的方法来认知东方，利玛窦堪称"汉学"（Sinology）研究的鼻祖。经过漫长的系统化过程，它演变为一整套知识体系。如果说"东方学”在欧洲国家还有些影响的话,那么在1945年前的美国,它却偏僻冷清,很少有人问津。

第二次世界大战爆发后,美国政府着手组建战略情报局(OSS),即美国中央情报局(CIA)的前身。战略情报局局长威廉·多诺万(William Donovan)与戴维斯(John Paton Davis)以及后来名噪一时的乔治·凯南(George F. Kennan)等人,把大量政府和基金会的资金注入美国大学,实施所谓的“区域研究”(Area Studies)项目,即学习敌人的语言,分析敌方的国情。“亚洲研究”就是其中一个区域。战后冷战的铁幕落下,美苏两个超级大国竞相垄断世界,“区域研究”更如日中天,大量公共和私人资源一下子涌入到这个学科里来,目的是共同对付当前大敌——苏联。因此,斯拉夫研究(Slavic Studies)是重中之重。1946年美国战略情报局索性将俄国分部移到哥伦比亚大学,后演变为哥大的“俄国研究所”(Russian Institute)。1947年卡耐基基金会又资助哈佛大学74万美元建立“俄国研究所”。更大的手笔是福特基金会,在1953年到1966年间,福特斥资2亿7千万美元在34所大学资助开设“区域与语言研究”专业。[①] 十几年间,不知多少学者得益于福特提供的奖学金,学习“遥远”国家的“生僻”外语,了解了异域文化和外国国情。

更深入的研究发现,政府和基金会对学术的渗透,不仅改变了学科生态,而且也对研究方法和对象产生了深远影响。政府对情报工作的需要和基金会对社会主义阵营内部政治的兴趣,使“区域研究”从语言文化转向针对共产党国家政权和意识形态的研究,议题集中到“政治发展”“自由民主”和“现代化”等问题上,因此确立了斯拉夫和亚洲研究的基本学术范式。另外,如仅界定“区域研究”这个学科也成了问题。第二次世界大战前,东方学是传统人文学科。1945年后,从国家战略需要考虑,研究方向就转向了社会科学领域,大量资源把众多社会科学学者带入到“区域研究”,这样一来弱小偏冷的东方学一下子膨胀起来。原来那些正统汉学家、日本学家、印度学家,一方面受益于政府、基金会的财政支持,另一方面被扑面而来的社

① Bruce, Cumings, *Parallax Visions: Making Sense of American-East Asian Relations*, Durham and London: Duke University Press, 1999, p.180.

科新生力量冲击到学术边缘,他们只好在亚洲系默默地教授语言和文化。而社科研究带来的最大变化是,因为对象庞杂,方法多样,特别是政经方面的课题,更要求很强的理论性,这样使这个领域一下子呈现出明显的跨学科特征。“区域研究”奠基人之一威廉·芬顿(William Nelson Fenton)曾写道:“第二次世界大战”期间学院与政府在战略上的合作,预示了传统的学科界限已经难以为继了。美国的“亚洲研究”和“区域研究”与其他领域一样,是学科交叉最普遍的地方,因此,当下学术界流行跨学科研究时,美国亚洲研究的学者最为热心。

“区域研究”总有“热点”国别,而且也会随政治气候变幻莫测。以“亚洲研究”为例,在冷战时,中国、越南和朝鲜算作共产主义的一极,日本和亲西方的亚洲国家是另一极,在两极间比较现代化和政经发展最热门。日本理所当然地被当成现代社会发展的样板,是“亚洲研究”的重心。到 20 世纪 90 年代,美国政府对冷战疆界安全的关注弱化了,五角大楼对共产主义研究也兴趣大减。“共产主义问题”变成了“后共产主义问题”。而此时美国跨国企业空前活跃起来,迫切需要全球市场和利润分析。于是通过基金会赞助大学研究中国改革开放的市场与前景,中国变成了热点。当下,美国媒体炒作印度崛起,印度又开始成为“新宠”。

长期以来,美国政府一直不愿公开“区域研究”复杂的渊源,想维护学术研究客观与公正的声誉。而卡明斯却搜集到不少材料显示,在冷战期间,卡耐基基金会与政府之间的往来文件中,一直强调“区域研究”的情报功能。哈佛大学和哥伦比亚大学俄国研究的学者,常年从事中情局(CIA)和联邦调查局(FBI)指定的项目研究。当年哈佛大学校长科南特(James B.Conant)曾充当与情报部门之间的协调人。哥伦比亚大学俄国研究中心主任莫斯利(Philip Mosely),擅长在 CIA 和福特基金会之间周旋。还有个例子,就是 20 世纪 50 年代康奈尔大学与中情局合作开发脑神经技术,用于审讯和逼供战俘。根据这段历史,好莱坞曾推出轰动一时的电影《满洲候选人》,成为美国电影史上的经典。

“区域研究”的学科史确实向美国公众提出一个颇为尴尬的问题:没有谁像美国大学那样提倡学术自由和独立的精神,一再标榜学院与政治权力分庭抗礼，难道大学象牙塔中的求知与求真使命，也被金钱和政治玩于股掌之中？现在翻开《知识考古学》，才发现福柯犀利的洞察让人钦佩：在貌似中立的知识和追求普遍真理意志的背后，充满了权力的博弈与操纵。

（本文原载《中国教育报》2009 年 7 月 12 日。）

学术思想与正道

一、“子曰”成了玩笑

有位华人朋友,他十岁的女儿在纽约上小学,不会中文。突然有段时间,回家开口闭口:“子曰”(Confucius Says)。每句话都带这句口头禅,子曰:冰箱里的牛奶没了,子曰:今天不上课之类。父母问她缘由,原来一天学校老师提到孔子,美国学生不约而同把头转向她,好像只有华裔学生怀揣偏方秘籍,能破解孔子的神思妙语。下课后,同学们问她各种问题,都是中餐馆付账时赠送的“幸运签语饼”(Fortune Cookie)夹的纸条上的话。那些箴言体的“人生智慧”与中国文化何干?却让华人身份与中餐馆难分难解。就像70年代美国人看李小龙电影,见到街上的中国游客,便觉得身上有功夫,其实心里并不当真。十岁女孩本能地拿“子曰”开玩笑,化解说不清道不明的身份焦虑。

德国哲学家雅斯贝斯在20世纪40年代提出“轴心时代”的世界图景,公元前800—前200年之间,出现了人类文明的奠基者:孔子、老子、苏格拉底、柏拉图、亚里士多德、以赛亚等,他们比肩而立。可美国课堂上老师讲到柏拉图、亚里士多德时,没见谁去请教希腊裔学生,大家脑子里想的是艰深的知识体系、人类智慧起源之类。难道儒家、道家思想与古希腊哲学不一样具有普遍意义?自古以来,中国古代思想一直影响着各文明的发展进程,只是近代以来有些中国人把它抛弃了。在海外则是华人的标签,像一件偶然穿出去的唐装。中国春节唐人街放鞭炮、舞狮子、弹古筝、练书法之类,都不过为后现代多元文化的筵席上添一道别致的小菜。如此“走出去”,怕不尽如人意。

二、所谓“中国热”

全球化时代到来，大家欢欣鼓舞。不同文化和思想日趋融合，西方出现了中文热、中国文化热、中国学热等，孔子学院门口聚拢着一张张年轻求知的笑脸。但有多少人真被中国思想所感化，像我们学习西方那样向中国取经？恐怕更多人是为了与中国做生意、增加就业机会吧，我们的吸引力仍在市场与消费。

冷静思考一下“乘全球化的东风，让中国文化走出去”的口号，所谓“全球化”是指冷战后经济全球一体化，对中国人来说，更多意味着 2001 年加入 WTO 后的新环境。但我要说，文化全球化早已开始，西方之外的“他者”世界，早就被逐渐纳入西方文明的体系之中。远在西亚的奥斯曼帝国，自 19 世纪下半叶开始坦齐马特改革，广袤的伊斯兰世界开始接受西方文化的洗礼。东亚的大清帝国，19 世纪末开始百日维新、立宪运动、废科举，中华文明内部裂变，传统经史之学失却合法性。一战之后，阿拉伯现代民族主义兴起、二战后亚非民族独立，各古老文化纷纷告别自己的传统，西风强劲了一个多世纪，西方现代性席卷了整个世界。

自从新文化运动中喊出“德先生”与“赛先生”，西学东渐，中国传统学术已渐渐隐退，代之以一套现代型知识。儒家经典和道家哲学被置于古代思想、古文献或古代史的学科下，成为历史类的冷僻专业。传统思想与现代中国人的生活脱节了，虽地位依然崇高，却不指导日常经验。我们极力提升自己到现代文明的高度，将传统视作“吃人”文化，落后荒蛮。只有破掉旧习俗，才能塑造现代新人。今天我们津津乐道的中国热，乃冷战后，东、西阵营壁垒拆除，经济一体化要求各国开放边境，西方开始反思现代性霸权，后殖民理论悄然兴起，我们才随国际潮流重访中华传统。如果我们不是相信中国传统与古希腊、古希伯来的思想一样具有世界性普遍意义，而热衷于展示“舌尖中国”“书法中国”之类的“元素”，那么中华文明的“内功”与软实力，无望嵌入全球知识传播的主流之中。

三、汉学家的启示

既然期待中国传统思想走出去，专家学者纷纷提议，翻译全套儒家、道家经典，拨款成立中华外译基金，通过各种宣传渠道弘扬中国文化。可是，激活中国传统靠翻译几本书，很难功德圆满。古代思想不因语种而有局限，而因其概念、论证和知识体系与现代学术不兼容，需要的不仅是语言翻译，更要有学术转译。“转译”须在思想层面，而非传播媒介可以胜任。

仁、义、礼、智、信、恕、忠、孝、道、自然、无为等儒道的核心概念，英语翻译早已广泛接受，约定俗成，但思想仍未深入人心。我们国学专家们钩沉考据，一样没有激活传统学术。对比一下古希腊和古希伯来思想传统，两千多年来，从古罗马教父哲学时代到经院哲学，从文艺复兴到启蒙，从德国古典哲学到现代哲学，西方学术从未停止过对古代思想的重新阐释、更新和改造，随日新月异的历史变迁，西方思想针对新现实，不断赋予传统以新意义。不仅从古至今线索一直未断，而且内在生命力与时俱进。而中国传统一直封闭在自在自为的本土体系内，一旦受到外部冲击，信心丧失，便全盘放弃。在西方知识成为普遍范式的今天，中国思想必须在现代体系内被重新阐释，从现代生活经验中赋予其新意，才能获得生命力，重新进入我们的生活与思考，上升为人类共享的普遍知识。

与我们的国学研究相比，西方汉学家在中国传统思想的更新上，作出极有意义的探索。狄百瑞（William Theodore de Bary）、史景迁（Jonathan D.Spence）、史华慈（Benjamin I.Swartz）、葛瑞汉（Angus Charles Graham）、郝大维（David L. Hall）、安乐哲（Roger T. Ames）、费正清（John King Fairbank）等，分别在文明史、中国史、思想史、中国古代哲学、政治学方面，开拓出可以继续深耕的学术园地。他们不仅在字面上翻译儒释道的核心概念，而且沉入传统学术体系之内，把概念和思路带出来，植入现代知识框架里，使之能与西方学术话语通约，既反思现代学术的盲点与遮蔽，又给西方学术共同体提供了新能量。

初读史华慈和郝大维、安乐哲的作品，感觉离经叛道，与中国传统大相径庭,完全是一套陌生的体系言说中国思想,与我们熟悉的阐释有天壤之别。但经历数年的国内外教学实践,我渐渐体会到,无论欧美还是中国的青年学子,从汉学路径进入中国传统思想,没有陌生感和神秘感,与他们既有的知识储备匹配,无须克服时间的阻隔。而我们自家的国学专家,严谨者喜欢做墨守师法的章句训诂,宁愿当卫道的守陵人,盯住古代思想不让其复活;放纵者则驰骋心志,狂禅臆说,要么把儒道贬低成养生之术,要么抬高为治国安邦的神道。业余者最赶时髦,搞国学典籍大数据、文化节、外国人讲中文大赛之类,到处推销中国符号。难怪五四先贤要打倒孔家店,因为他们既痛恨头巾气极重的腐儒,又不齿借道统变戏法的小人,当然最伤心的是中国人心灵的封闭,意不在打倒孔子思想本身。

汉学家的国学不过隔岸观火,从文本到文本,从抽象到抽象的思辨。而我们生于斯长于斯,切身感受巨变的中国大地,学术优势远非汉学家可比。汉娜·阿伦特在《论革命》一书中曾说:"思想不会是新的,只有实践,将思想应用到生活中,才会创造生机勃勃的新思想。"生活在传统与现代的碰撞之中,我们最深切地体会现代对国人的意味。如能重新将传统思想引入生活,使之指导日常伦理,学术成绩一定超过汉学,反省现代学术之弊也贡献更大。但这需要开放的心态,还要能从经验里汲取思想的原创,之后中国学术才会影响世界,而不是只凑个"中外文化交流"的热闹。

四、他人的目光

当下流行一种不良的学术风气,罔顾生活经验,不认真对待文化遗产,只一味盯着别人如何看待自己,关心的并非继承与发扬,而只焦虑西方是否承认自己的文化地位。子曰:"不患人之不己知,患不知人也"。(《论语·学而》)焦虑的不该是别人不了解自己,而是自己不理解别人。我们现在既不了解自己,也不理解别人,才一门心思揣摩别人的看法,心中没底,患得患失,失魂落魄。移情别人的眼睛反观自己,西方关注的问题,便是我的热点。我们发明了一个堂而皇之的学术标准,叫紧跟"国际学术前沿"。在急速转型的社会,价值重塑让我们陷入杰姆逊(Fredric Jameson)所谓的“他人导向社会”,文化自主性缺失殆尽。

今天重访中国传统文化,不为博取他人好奇,也非向别人证明自己,而是出于自身需要,认识自己是谁,让传统给生活带来新意义,给研究注入新活力,以图建构新的知识范式。有自信、有活力的民族,无一不是对自己的过去了然于胸,对他人的经历充满好奇。三十年前,西学在中国大行其道,西方已不仅是船坚炮利,其价值观更深入人心。但我们未必通晓西学,因为只想从先进文化学一技一能,以便走捷径,图速成,落得东施效颦。如今国学如日中天,孔子一度被视为万恶之源,被贬称“孔老二”,现在被再次抬入神坛,顶礼膜拜。但有多少人读《论语》? 几个习《老》《庄》? 都忙不迭地供牌位,拉大旗作虎皮,经营“孔家铺子”,趁风头收渔人之利。如果学术不为立门户,纷争辩驳,也不为求名利,相互倾轧,而是对世界的好奇,为人情物理的通达,就不会有如此多声势浩大的热潮或运动,也不会如此反复无常。该到了对西学深挖细掘的时候了,如果剖析西方文明演进的理路和逻辑,与母语文化相互映照,便有真知灼见,“学贯中西”乃必由之路。

“学贯中西”属老生常谈,做西学哪还有精力搞国学? 搞国学的又根本搞不了西学。门户之见也偏执,学术壁垒也森严。懂古文的不懂外语,懂外语的不屑国学,见识全在“技”的层面。子曰:“君子不器”。(《论语·为政》)但匠人的工具性专长如今最吃香,学一技之长,可走遍天下,急功近利的实用文化,距古人情操甚远。

其实,思想在其根源处是相通的。中国古代思想与古希腊、古希伯来遥相呼应,虽未曾彼此交流,但人性相通,遭遇的困境也相似,一定生出遥相呼应的思考。只不过解决问题的路径不同,后来渐行渐远罢了。既有声气相通的问题意识,又存殊途同归的解决方法,东西思想需要碰撞,彼此补充。所以,中西之学并非两种学问,中西贯通自然而然。重访中华文化,让沉睡的思想勃然而兴,针对现代学术的弊端,匡扶矫正才是正途。如不把中西之学对立起来,而诚心汇神于两者的文脉肌理,那么贯通相距不远,中国文化走出去也不只是句口号了。

(本文原载《北京青年报》2015 年 7 月 10 日。)

从“燕京学堂”思考中国学术的国际化

“燕京学堂”沸沸扬扬，媒体一见北大有事，准煽风点火，清静的学府被炒成大众的文化娱乐。芝麻大点的事，也是媒体事件。听听北大学生悲情抗议：还我静园，这方草坪承载着北大精神，我们弹吉他、说情话、仰望星空。这里饱蓄北大的记忆、如歌的青春，保卫静园！如果校方息事宁人，另选个地址，或开放草坪依旧，或不如冷处理一段时间，估计一片乌云散尽，没多大点儿事。一年到头有多少热点？几件事能留下丁点儿痕迹？这是校内分歧，与外人何干？但不知这回触动了社会的哪根神经？

一

读北大教授高峰枫《谁的“燕京学堂”?》，两次提问让人联想一些题外话。“北大自北大，燕京自燕京”（引自高文），一个自清朝建校，便是国立京师大学堂；另一个是私立美国长老会的教会大学。北大占用燕京校址，后者早被撤销。何缘为燕京“招魂”？另一个问题，北大有全国最强的中文系、历史系、哲学系，中文、中哲、中国史各科建制齐全，为何叠床架屋，大张旗鼓再搞“中国学”？

什么是“中国学”？谁都说不清。似乎接续西方汉学、日本中国学或美国区域研究的学术脉络，倒也未必非得明确皈依哪个门派，但肯定不在中国本土学术脉络上，不然北大三个人文系顺手接管了。“中国学”与中文、历史、哲学等学科的方法不同，它把“中国”对象化，像人类学做田野调查观察土著一样。

我们自己的人文学,以继承或反思中国传统为主,这与英美国家的英语系、历史系对待本国文化的方式一样。既然燕京学堂对接海外"中国学",须移情到外人视角中,想象自己是费正清、竹内好、顾彬,以冷眼旁观中国。这需要相当的想象力与自我异化的能耐,土生土长,浸淫于中国文化的学者,架势拿捏得恰到好处,不易。现如今中国高校不差钱,风闻北大间或延聘西方汉学家来京,用英语给外国学生讲中国文化,可保证原汁原味,避免"中国学"洋泾浜化。

虽说苦心孤诣,若让欧、美、日去研究他们的"中国学",我们不掺和,本可省去种种麻烦。赛义德说,亚洲研究之类的学科,不关乎对象国,只处理自身与对象之间的关系,着眼点在西方内部。这也没啥稀奇,我们的外国语言文学一样如此,本该从自身关切出发去研究对象国。北大的创意,是把东方学移植到东方本土,怕会"见光死"。凡事怕倒过来想,假如哈佛大学乐意,北大派些英语系教授赴哈佛,在它的英语系外另设"海外英语系",教师从中国请,学生是华人,上课用中文教英语文学,哈佛做何感想?国人怕也嘘声一片:坑人呀,谁还费那么大劲送孩子上哈佛?学术造假到美国了。

如此说来,北大中文系还算厚道,没有挑另设"中国学"的理,只抱怨占用了北大的"Harvard Yard"(哈佛老校区遗迹铜像周围中国游人如织,静园故雅称 Peking Yard)。这样比附有何道理?人家强,我们弱,岂有对等之理?中文系怎比海外"中国学"?一门心思想与人家列坐抗礼,根底是义和团的脾气,不识相,不理性,不服必然规律。罗马帝国疆域辽阔,拉丁语便是欧洲学术通用语。新一波全球化(西化)浪潮已冲击百年,英美两个帝国前后相继,气势汹汹,远过历史上任何扩张性文明。中国的教会学校,是新型帝国文明的远东前哨。20 世纪 50 年代取缔它们,不过一时之逆流。如没有二战后形成的两大阵营,如中国没在东方阵营的荫蔽下,若非美国为首的联合国军搞不定小小的朝鲜半岛,无暇顾及教会产业,谅你不敢下此狠手。汉学家修中国史,当笔涉西方侨民遭逐、教会学校被废,每每扼腕唏嘘。冷战一结束,全球沉浸在携手共赢的一个梦想中,不断有人呼吁给传教士正名,恢复教会学校名誉。重启"燕京"之名,为人心所向也未可知。

二

当下流行的评判对错的标准:不论事之功效,只问美国之有无。每与人家争辩,我处心积虑罗列一堆论据,结果人家一语定音:这类事在美国如此这般。一言九鼎,在座无不服膺。按此逻辑,我试问:怎么就不能开设“中国学”呢?美国不也有 American Studies 吗?人家不也研究“美国学”吗?

深究“美国学”的学科史,便知两边的初衷不同。在 19 世纪末 20 世纪初,美国愈发意识到自己的独特性,好事者不满美国学院继承欧洲学术传统,于是挖掘美国精神内核,从本国的主体视角,重新审视西方文明。两次大战后,美国一跃为头号强国,重新修史的冲动愈难遏制。20 世纪 50 年代,“美国学”正式建制,发展出“神话与象征”(Myth and Symbol)的系统方法论,弘扬美国文学巨匠如爱默生、梭罗、霍桑等,打造西方文明之外的“美国文明”。学科突出的是美国文化的独特性。

反观燕京学堂“中国学”的目标,主要是中国学术与西方接轨,避免本土知识的“不兼容性”(直说:太土)。聘汉学家按“国际规范”来华授课,带动中国学界走向“世界”(地理位置不详,但别当真以为世界各国,绝大多数国家被忽略不计,只有美国加一二富国撑起“国际”或“世界”的语义)。更重要的,外国学生来华深造,可设身处地了解中国,同情我们国情之难,给多一点时间融入“世界”。也可提升中国高校的国际地位,高等教育国际化的一个重要指标是国际学生。为吸引国际学生,只能学美国的“中国学”,以英文授课,交英文论文。

美国以母语教育无可厚非,我们教中国文化怎么用外语呢?

西方人学汉语太难,如果只提供人文院系现有的中文课程,没有多少外国学生跟得上,谁还会来华求学呢?

西方人学中文确实难,中西分属两个不同文明体系,印欧语与汉语之间又没有亲缘关系,思维方式南辕北辙,学对方语言一定不容易。可对中国人也一样难呀!多少中国留学生涌到欧美,没见谁给中国学生开小灶,上中文课。更没听说哪位东亚系的留学生提交中文论文。

要求同等待遇的脾气又来了，实际情况是学外语的动力不同。中国大城市的幼儿园小班就开始教英语了，小孩中国话还没说利落呢，牙牙学起了英语。还愁将来的英语水平？英语是国际通用语，帝国的语言，西人哪有一样的动力学中文？

美国人用英语学中国文学，我们学英语文学却禁用中文，在家里搞不平等。中国高校的英语语言文学方向，学生曾一度从本科到博士一律英文做论文，文献、索引也随之源自英语世界，原汁原味才正宗。于是研究的问题意识在国外，本土学术圈没有讨论平台，也无独立于英语世界的学术关切。所以，最高目标是追逐“国际前沿”，结果东抄西凑，无所建树。研究生答辩时，教授们不厌其烦地挑剔论文的语法、拼写错误，博士论文权当英语大作文。有人戏称中国外语类研究生教育是：上完大四上大五，接着大六、大七、大八……多亏北大外语学院早觉悟，要求博士论文用中文，其他学校才跟进。

这么一比，还得佩服美国的中国研究。人家自始至终坚持自己的学术视域，在借鉴中国大陆和台湾的成果之上，仍未偏离独立的立场，以“亚洲研究协会”(AAS)为交流平台的共同体内，中国研究学者相互切磋、促进，成果显著，虽然在美属边缘学科，如今却反过来影响中国大陆和台湾主流学界。我们的外语界并不边缘，原创性的学术成果却乏善可陈。只知译介、照搬，求知动力何来？30多年延宕在“麦斯特的学习时代”不能自拔，为何总进入不了“漫游时代”？

三

比来比去，无非还是“美国有无”的标尺，支持“燕京”也罢，反对也罢，逻辑一致——向美国看齐。这才是我们真正的困境：不凭自己想要什么，只眼盯别人如何行事；别人的眼光规定我们的行为，他人的看法，塑造我们的形象。自晚清落后挨打，一步步迷失天下图景的坐标，惶惶然向异邦寻图存之道。从此落魄失魂，耳目不能自主，只想给人留下“印象”。

奥运开幕式大搞“印象中国”，不查自己有什么文化，一心琢磨西方想象的中国情调。结果外宾大饱眼福，印证固有的偏见。我们也欣赏异域情趣的自我，还惊喜地“发现中国”。新闻报道改革开放取得的成就，一定援引外电，冷暖不自知，倒好像外国人是政绩的受益者。“讲好中国故事，中国文化走出去”，打造“国际形象”，一套套说辞包装自己，表演性文化从国家意识形态渗透到百姓日常伦理。家长拼孩子升学、留洋，有多少是为子女深造，多少是给自己“挣脸”？国外疯狂购物，竟被吹成“为国争光的爱国之旅”。北大排名本无可争议，非在国际排名榜上争“世界一流大学”，结果被“燕京”闹得惶惶不可终日。搞人文的，成果该让同仁分享，可校方非要求在国外发表，才算货真价实。结果，读者与作者万里相隔，没交集，更无对话。论文既不为探讨问题，难免东拼西凑，组装一件，形式大于内容，发表高于一切。笛卡尔说“我思故我在”。我们说：你承认，我才在。

四

目睹几十年之怪现状，燕京学堂算什么？随大流而已，无特立独行之举。“燕京”本无事，众人借题发挥。李零教授说，燕京是一滴水，折射一个时代的焦虑。我这局外人也跟着凑趣，说怪话，诛心而论，还是天朝子民不甘在“西化”大潮里做小伏低的封建余孽。一谈中国文化，触及信仰系统，总不能像清谈“知识”一样淡定。其实，大家生活其中，现实比牢骚话惊心触目，这些大实话谁不知道？不过雅人不愿闻，智者不屑讲罢了。

（本文原载《读书》2014 年第 9 期。）

黑格尔历史哲学的知识谱系

在黑格尔哲学中，有关历史和国家的思想占有非常重要的地位，也同时是黑格尔哲学对近代以来的政治理论贡献最大的部分。黑格尔对国家理论的建构一方面是德国政治思想发展的继续，但更重要的是黑格尔基于他本人对德国历史的理解，以及对他所处的时代面临的德国命运的问题而提出的思想方案。虽然黑格尔哲学一直宣称自己是一个综合历史上所有哲学，是超越当下时代和历史空间的集大成的哲学体系，并认为自己是真理的全体，哲学史终结于黑格尔哲学，但实际上，这个思想体系十分鲜明地反映出黑格尔本人独到的对历史发展的体认和对德意志民族命运的复杂感情，并且是基于十分现实的问题对欧洲哲学史和思想史所做的梳理和发展。黑格尔的政治和历史思想体系是在他 1807 年出版的第一部著作《精神现象学》中建构起来的，他既要清算启蒙哲学中所存在的问题，又要完善和发展德国理性哲学的传统，并同时要试图满足自法国大革命以来欧洲大陆所面临的各种问题对哲学提出的新要求。我们在这里首先介绍一下黑格尔的国家思想，然后对这些思想发生的历史背景和它们所针对的问题做一下分析，从思想产生的历史过程来检查黑格尔的国家理论中所存在的问题。

一、黑格尔对卢梭的《社会契约论》的批判

黑格尔在他的《精神现象学》中对启蒙以来的工具理性的空洞进行了深刻的揭示。他首先对卢梭的社会契约论和康德的先验唯理论作了系统的剖析。

卢梭在《社会契约论》中开宗明义:“人是生而自由的,但却无往不在枷锁中。自以为是其他人的主人的人,反而比其他人更是奴隶。”①在自然社会中,人的天赋自由被专制所压迫,而在契约社会中,社会成员通过让渡自己的权利给社会整体而失去一些自由来换得增强自己行动的力量。他认为社会作为一个整体是专制的,但他又说个人还是保有自己的权利。卢梭讨论了种种保障,这些保障为了使主权者(或社会整体)对其成员和成员对主权者分别履行各自义务。但他也意识到“每个个人作为人来说,可以具有个别的意志,而与他作为公民所具有的公共意志相反或者不同”②。为了不使个人“只享受公民权利,而不愿意进臣民的义务”③致使政治共同体的毁灭,“为了使社会公约不致于成为一纸空文,……全体都要迫使他服从公共意志。这恰好就是说,人们要迫使他自由”④。但在这里我们就面临一个问题,即公共意志的尺度是什么?公共意志又是如何产生的?公共意志与个别意志关系仅仅表现为对立和矛盾的一面吗?

卢梭在解决这个问题时,认为公共意志是共同体的“真实”意志,由主权人格(即社会)来体现的公共意志。解决个人自由与公共意志(社会)之间的矛盾是要把自然的人改造为社会的人或“道德人”,这里“道德人”是指从自然的人经过法定的“人”发展到一个更高尚或更伟大的自我概念的过程。他论述道:“论社会状态。——由自然状态进入社会状态,人类便产生了非常引人注目的变化;在他们的行为中正义代替了本能,而他们的行动也就被赋予了前所未有的道德性。唯有当义务的呼声代替了生理的冲动,权利代替了嗜欲的时候,以前只知道关怀一己的人类才发现自己不得不按照另外的原则行事,并且在听从自己的欲望之前,先要请教自己的理性。……对于从此使得他永远脱离自然状态,使他从一个愚昧的、狭隘的动物变成一个理智的人,从而具有人性的那个幸福的时刻,他一定会感恩不尽的。”⑤卢梭着重强调要区别“仅仅

① [法]雅克·卢梭:《社会契约论》,何兆武译,商务印书馆2005年版,第8页。

② [法]雅克·卢梭:《社会契约论》,何兆武译,商务印书馆2005年版,第28—29页。

③ [法]雅克·卢梭:《社会契约论》,何兆武译,商务印书馆2005年版,第28—29页。

④ [法]雅克·卢梭:《社会契约论》,何兆武译,商务印书馆2005年版,第28—29页。

⑤ [法]雅克·卢梭:《社会契约论》,何兆武译,商务印书馆2005年版,第87页。

以个人的力量为其界限的自然的自由,与被公议所约束的社会的自由"。他把个人的自然欲望与人的理性以及共同体的目标截然对立起来。

黑格尔发现卢梭的社会契约中,通过改造社会和人使社会与个人的欲望统一,即通过片面否定个人自然的状态来实现个人与公共意志的统一,而卢梭的社会与"善"我的一致是抽象的和未加阐明的。黑格尔强调:"自由的概念不应从每个人偶然的自由意志的意义上去理解,而应按理性意志即自在自为的意志这个意义上去理解。不要把公共意志看作表现出来的若干个人意志的总和,……否则这个命题就是正确的:'凡是少数人不得不服从多数人的地方,就没有自由'。"①黑格尔进一步强调,启蒙的逻辑认为的"利己"就是"利他"是浅薄的功利理性,最大多数人的最大的幸福或最大欲望满足的功利主义并不能说明个人之间的欲望冲突的矛盾已得到解决。他认为,启蒙运动与它所反对的宗教思想是一样空洞的,他在《精神现象学》中指出:"而纯粹识见(启蒙思想),最初是没有内容的,并且勿宁可以说它纯然是内容的消失;但是,他通过它对它的否定物的否定运动,将使自己实现出来并将取得一种内容。"②启蒙的对立物也并不是传统宗教思想,黑格尔认为启蒙并不是以从普遍的意识中分离孤立出来的个别性方面——欺骗人的教士阶层和压迫人的专制暴君这两者的意志——为它的行动的直接对象;"它的行动所直接指向的对象,勿宁是并没个别化为自为存在的那种无意志的识见,毋宁是有理性的自我意识的那种虽然具体存在于群众之中却还没有在群众中已形成为概念的概念。……恶意的国王是以一般群众的无概念意识为它的基地和素材,——自为存在一般地以简单的意识为它的实体。"③在黑格尔看来,卢梭的自由原则虽然给予了人类无限的力量,但也使人类把自己看成是无限的和普遍的,这就促成了向康德哲学的过渡,康德哲学按一种理论的观点把这个普遍的原则作为它的基础。④ 这样一来就把认识引向它本身的自由,这也就是黑格尔在他

① [德]黑格尔:《哲学史讲演录》第3卷,贺麟、王太庆译,商务印书馆1959年版,第477页。

② [德]黑格尔:《精神现象学》下册,贺麟、王玖兴译,商务印书馆1979年版,第82页。

③ [德]黑格尔:《精神现象学》下册,贺麟、王玖兴译,商务印书馆1979年版,第83页。

④ 参见[德]黑格尔:《哲学史讲演录》第3卷,贺麟、王太庆译,商务印书馆1959年版,第479页。

的《精神现象学》批判的"纯粹识见"。黑格尔认为康德的理性和普遍的自我是空洞抽象的自我，它是建立在否定自然特殊的自我基础之上的，人在自己的意识中把自由当作完全绝对的东西。康德避免回答普遍理性的动机如何与自然感性的动机，或"神圣的立法者"如何能与道德和自然会先天的一致。

二、黑格尔对康德道德哲学的批判

黑格尔在解决个人自由与社会公意的关系问题或特殊性与普遍性的矛盾时，跳出了启蒙思想框架中这些矛盾的简单的对立关系，而是以辩证的观点来说明问题。黑格尔以深邃的思辨向我们指出，从来没有纯粹和本质的自然欲望和封闭的自由精神，以非历史的、纯粹逻辑简约的方法来研究人类精神是徒劳无意的，它只能把精神的性质割裂，使其支离破碎而永难自圆其说。因为人类精神从来都是在历史之中的，我们不能在研究个人精神时，以此刻为起点或以此刻为终点，人的精神永远与其历史的发展密不可分，从来不曾出现过抽象的天赋自由的精神，虽然我们承认精神是可以超越当时社会的。黑格尔在《精神现象学》中用大量的篇幅描述从古希腊到近代人类精神发展的漫长历史，人的自我意识是从古代简单的精神生活方式经历漫长的人类历史逐渐发展到近代自我反思的较高精神形式。所以启蒙的有关人的抽象和先验的天赋自由精神既不能说明过去和未来，也不能说明当下。

同时，自我意识既是基于个人的自然欲望也是包含他者欲望的混合意识。黑格尔以一个主仆的寓言来阐释自我意识的产生是以他人的欲望为欲望的，他人的承认是自我意识的先决条件。"自由的精神"并不能解释其自身，也不能单独存在，除非在由许多自我组成的一个实际的制度中，它的目的是不能确定的；它必须按照一种涉及他人的有秩序的生活的关系来表现自己，否则就不能存在。① 黑格尔强调在康德的道德哲学中，理性或自我意识直接来源于意识自身，因而是自鸣的。康德把自然从理性中抽空掉，让理性与自然脱

---

① 参见[英]鲍桑葵：《关于国家的哲学理论》，汪淑钧译，商务印书馆2010年版，第248页。

节,只剩下有形式无内容的空洞理性。黑格尔认为理性或自我意识不仅是自然形成的,还是历史建构的。启蒙主义所信奉的人的自然倾向和自然德行与人类共同利益的天然相符只不过是抽象的虚构,黑格尔认为人在近代市场社会中是以利己倾向为主导的,个体的自然欲望与共同体之间的统一要从利己主义产生和形成的历史空间中去追溯,自我意识是在社会空间中的个体之间彼此相互承认之中历史地建构起来的,单从人的自然欲望、自然感情或纯粹理性中的任何单一的角度来考察自我与共同体的关系都是无根据的。黑格尔认为自我意识是可以通过一种中介而外化并与公共意识统一起来,这个中介即是自我意识按照一定的秩序生活在其中的、作为社会和国家来表现自己的那个实际的组织结构(国家),这个组织结构是自我意识真实而确定地行动的一种必要的形式。随着国家中已知的精神继续向前发展,一个特定的社会会趋于腐朽衰败,而现实是永恒的,它会作为绝对精神在艺术、宗教和哲学中供人类体验,这就是黑格尔在《精神现象学》中对客观精神所做的探讨。

三、黑格尔的国家理论

(一)权利与法律

黑格尔在对社会与国家结构分析时,把社会看作一种生活形式,一个多方面满足人性多种需要的多种功能的存在物;而权利或法律可以在最广泛的意义上理解为意志在一个现实世界中的全部表现——这个世界是自由的全部条件的实体,是实现了的自由的王国,即由精神本身产生的作为第二本性的精神世界。①

在启蒙主义中人的权利是所谓天赋权利(natural right),它是神圣和先天的绝对权利,它是以人类天然具有的"善"的美德为基础的。人的意志认为凡

① 参见[英]鲍桑葵:《关于国家的哲学理论》,汪淑钧译,商务印书馆 2010 年版,第 249—251 页。

是可以实现其自己原则的即是“善”，对于不能实现它自己原则的东西，它就不认可。这种逻辑推到极端时，就在历史上曾通过斯多葛学派和某些形式的基督教意识（新教意识）表现出来，在哲学上则是通过康德关于善良意志的学说表现出来的。它集中体现在一句名言中：在这个世界内外，除了善良意志，再也想不出还有什么可以毫无保留地称之为善（康德语）。① 至于财产所有权，法律似乎是必然地要维护人天然地对这个世界的“合法”占有。启蒙思想并未能对人的天赋权利是如何可能的作出说明。

而黑格尔则从自我意识的形成开始讨论财产占有的前提，世界上各种事物为我们占有是自我意志的表达。事物并没有它们自己的意志，它们之所以成为我们生活的组成部分是由于我们意志的判断；正是因为我们对外部事物的判断，意志才第一次成为物质世界中的一个事实，财产才是第一个实际存在的自由。② 而法律在财产的意义上来说，是在它的最低的意义上以文字表达了我们占有我们生活在其中的这个世界的各种事物的规则，这就是这个世界从单纯物质变为精神工具的第一个或最低限度的变化。③ 所以财产是意志的物质对应物，契约是属于人们对物的欲望的分配界限达成的协议，私人财产所标志的是个人存在的条件。人对物的欲望从本质上来说是相互竞争和相互对立的，因此把社会契约与国家成员以理性为基础所表达的共同的人性需要相混淆，是启蒙主义契约论的致命伤。“社会契约的思想同中世纪把政府的权力和职责当作私人财产的思想是同一类型的混乱。”④这种思想的发展是把法律的所有权原则奉为最高和绝对的原则，并把法律与历史条件和实践完全割裂开，孤立绝对地认为法律是超越时空的，与文化、习俗和社会状况无关的神圣不可侵犯的厉律。黑格尔认为这种思想只片面地强调人最基本单一的物质需求，因而它是浅薄和绝对的，比古代社会权力中那种法律与习俗和宗教感情不分“原始”状况还要片面绝对。⑤ 而与这种绝对法权相对照的是历史上通过

---

① 参见［英］鲍桑葵：《关于国家的哲学理论》，汪淑钧译，商务印书馆 2010 年版，第254 页。
② 参见［英］鲍桑葵：《关于国家的哲学理论》，汪淑钧译，商务印书馆 2010 年版，第252 页。
③ 参见［英］鲍桑葵：《关于国家的哲学理论》，汪淑钧译，商务印书馆 2010 年版，第252 页。
④ ［英］鲍桑葵：《关于国家的哲学理论》，汪淑钧译，商务印书馆 2010 年版，第 253 页。
⑤ 参见［英］鲍桑葵：《关于国家的哲学理论》，汪淑钧译，商务印书馆 2010 年版，第354 页。

斯多葛派和基督教新教意识所表达出来的自我良心和"纯粹识见"说，即以良心中的"善"为标准来决定是否接受社会规范。黑格尔敏锐地指出，这种纯粹识见或纯意志根本没有现实的对象，它与任何具体的行动无关，因而只是自我麻痹的虚无。黑格尔认为权利与法律的合法性要在它们发生的历史空间中去寻找，法律从来不会脱离产生它的社会状况、习俗和道德精神等因素而成为永恒绝对的、超越当下社会精神和普遍意志的至高原则。同时个人的意志也不可能是高于他所处的社会历史环境的、至善和纯粹的意志。所谓"美德"或"义务"在任何情况下都是社会关系所要求的——即把普遍的意志体系和个人的生活要求联系在一起。① 美德与德行的观念往往指社会生活中的特殊关系，而不适用于国家统一体成员中的普遍关系。

但是个人意志与共同意志的矛盾确实是人类思想史中的一大困境，即人类自我意识和个人欲望不可能是不受共同体约束的、任意的和不负责任的浮士德式的存在；但同时一个有理智的人又只能默认符合他的意志的事情，因为他的意志肯定了他的本性要他追求的目标，只有主观意识才是使自由成为现实的唯一土壤。② 为解决这个知识困境，黑格尔首先借用古希腊的各个共同体中法律与习俗之间，以及古希腊人的责任与个人意志之间是如何实现完美统一的这一思想资源，来解决现代社会个人的自然"纯意志"与社会的普遍精神之间的关系问题；然后进一步讨论现代民族国家中的社会、政治结构：从家庭、阶级到国家政治体制的分析来揭示出现代国家是如何在实践中统一特殊的意志与普遍的意志的，以及如何体现共同体的公共意志和客观精神的。

（二）道德与国家

黑格尔用表达"道德生活"或伦理习俗的德语词"Sittlichkeit"与表示道德观念的"Moralitat"相对立和比照，前者是指古希腊人的那种未曾反思的、各种社会角色的人各行其责的、自然真实的伦理生活。在这种古希腊式的共同体生活的内部，法律、习俗、信仰和感情尚未彼此分离开来，城邦的首脑们是通过

① 参见[英]鲍桑葵：《关于国家的哲学理论》，汪淑钧译，商务印书馆 2010 年版，第259 页。

② 参见[英]鲍桑葵：《关于国家的哲学理论》，汪淑钧译，商务印书馆 2010 年版，第256 页。

宣布战争状态来使共同体的成员们从这种生活的自然状态进入社会状态的。后者,即与之相对的道德观念(Moralitat)这是指罗马社会以来那种主要以外在于习俗、信仰与感情的法律来维系共同体成员的抽象认同的公共空间。在这个公共空间中,人的社会身份是由法律确立的,并依据法律承担法权的责任和义务,因而人们对社会共同体的认同也尽于法律规定的范围。这种经过反思了的、否定具体的现实生存对象的和形式的主体性在黑格尔看来是斯多葛主义在社会生活中的具体表现。黑格尔并不简单地肯定或赞扬上述两种社会中的一种社会状态,而否定或贬损另一种社会状态,他要解决的是个人的自然存在与普遍的纯意志的关系问题。

黑格尔认为社会道德准则体现在一个民族的生活习惯和外部行为中,它是一个国家的面貌的基础;而每一个人都是以一定的方式作为社会道德生活的一部分保有自己肉体的自然存在。① 道德生活的种种准则和传统都是像日、月、山、河以及所有自然物一样确实、客观和理所当然。人类是不知不觉地按照它们来生活的,它们构成了个体或群体的自然本性。但人类必须具有反思的道德,或者说人类必须是自觉地追求自己的目标才能实现其精神的完整性。这是因为人是有理智的,人有超越本能来反思自己的欲望与共同体普遍的目标的一致性与差异性,知道顺应共同目标可使自己的与之相联系的意志得到保障,并通过对共同体的有系统的目的理解,即对个体和社会生活的多种目的和多样要求的理解并用语言来阐明各种要求的含义,在一个体制化的社会系统中(即国家)修正个别的感性认识,从而使个人特殊的意志普遍化。人因此从偶然的直觉判断上升到理性客观的真理,在一个具体的社会制度和社会实践中,个人的特殊意志必将发展到非我的普遍意志,这个就是国家的客观精神的实现过程。个人的自然存在从来不可能与反思的和普遍的“纯粹识见”分割开来进行片面地分析,而须将两者放在一个具体的历史空间和社会系统中彼此联系地阐述,“就像把行星运动同引力定律联系起来一样”②。

那么,黑格尔又是如何把特殊意志普遍化的过程放在历史中的社会系统

① 参见[英]鲍桑葵:《关于国家的哲学理论》,汪淑钧译,商务印书馆 2010 年版,第258 页。

② [英]鲍桑葵:《关于国家的哲学理论》,汪淑钧译,商务印书馆 2010 年版,第 258 页。

内论述的呢？他实际上是选择了基督教世界中公民的精神和行为的三个相互联系和相互补充的方面：家庭、资产阶级社会和国家开始他的分析的，而这三方面实质上是一个完整而不可分割的政治社会的组织结构，也是黑格尔的客观精神的不同的状态和意向。①

1. 家庭

家庭在社会的范畴内最接近自然，但同时它又是进入了反思意识的并负载着共同意志的最基本的社会单位，它构成了社会和国家的自然基础。家庭首先反映了社会关系的自然基础，是自然感情以爱的形式在父母之间和儿女与父母之间的体现。同时它也具有社会的一面，它不仅仅依靠感情也不仅仅依靠契约，更是以明确的语言（作为普遍标志的语言）向社会宣告它承认社会所期许的普遍的义务。② 家庭使现代民族国家的理智、明确的法律和精确的计划中仍保留着少许自然亲情，它也是个人自然本性的避风港。但另一方面，现代家庭又胜过任何一种仅以自然感情、血缘和仁慈为纽带的共同体形式——如氏族或部落，它体现着国家的整体意志和客观精神。家庭中的两个家长承担起对子女身心培育并教育他们对国家尽责，而国家反过来也对以双亲家长与子女为单位的家庭通过授予遗产权的方式来保护家庭不受氏族的干涉。

家庭很自然的是一个经济单位，它们既是世界自然物的主要占有者，同时又是一个感情统一体，但却没有明确的思想诉求。家庭更容易成为一个道德统一体，在这一方面它们与共同体的普遍精神有着紧密地相互影响和相互作用的关系。

2. 资产阶级社会（市民社会）

在黑格尔看来，资产阶级社会（市民社会）的成员正是家庭单位的首脑，资产阶级社会是许多家庭的集合体，这些家庭生活在一个巨大的工业体系中，每个人都必须在那里找到工作，所以这个社会所关心的是一些虽然有限却很

---

① 参见［英］鲍桑葵：《关于国家的哲学理论》，汪淑钧译，商务印书馆 2010 年版，第 259—260 页。

② 参见［英］鲍桑葵：《关于国家的哲学理论》，汪淑钧译，商务印书馆 2010 年版，第 260—261 页。

明确的目标、计划和自身利益。①

资产阶级社会(市民社会)的政治诉求及其意识形态都是现代国家所必需的,这个阶级社会的成员的生活不再像传统社会成员那样由出身来决定,他被迫面对经济的需求。他不得不放弃自己的自然本性并按照这个阶级社会的目标来重新塑造自己以适应它的要求,以期获得在这个社会中一个确定的位置,从而也就使自己依附于一个提供工作机会的阶级。② 这样一来,现代社会的教育和文化也就意味着使人从自己的人性中解放出来以接受一项普遍的任务,这也就是黑格尔所谓的"异化",即"自我意识抛弃了自己的个性,从而创造了它的世界,并把这个世界当作一个异己的世界来看待,以致它现在必须加以占有"③。在资产阶级社会中,每个人对另一个人都是异己的,这种在异化条件下的意识分裂性在黑格尔看来是历史发展的必要过程。异化过程发展到它的极点时就会爆发革命、恐怖和毁灭,到此自我异化的精神也就被推上了其对立面的顶点并发现了自身。以拿破仑法典为基础的现代国家就出现了,异化被扬弃了,专横为法制所代替,道德精神形成了。

3. 国家

在黑格尔的体系中,古希腊城邦国家是他的国家理论的历史资源,而家庭和国家构成了他的国家体系的两个极点,阶级社会在这个体系中是没有独立地位的,它只是这两极中间的过渡。黑格尔以古希腊城邦国家中的两条法则,即人的、世间的法则和神的、冥国的法则为线索来建构他的现代国家理论。人的法则就是经个体意识反思产生的,以国家的形式强制的,对个人的权利和财产进行规定的法律制度,它可避免使个人的利益凌驾于公共福利之上。而神的法则与此相反,它不是由个人意识所产生,而是由外界规定的并为个体意识所接受的伦理,而家庭正是伦理的载体。

所以,在黑格尔的现代国家中,法律制度是对人的权利和关系的公平合理而又清晰明确的解释。根据这种解释,各种特定的需要和工作的经济制度开

① 参见[英]鲍桑葵:《关于国家的哲学理论》,汪淑钧译,商务印书馆 2010 年版,第263 页。

② 参见[英]鲍桑葵:《关于国家的哲学理论》,汪淑钧译,商务印书馆 2010 年版,第264 页。

③ [德]黑格尔:《黑格尔全集》第 2 卷,刘立群译,商务印书馆 2014 年版,第 160—161 页。

始接近于一种原则的一致，它使特殊的私人利益开始接近于具有普遍性（在国家中形成了等级，公民作为等级或阶层中的一员与同等级的人取得一致，他的特殊利益事实上就变成了共同利益。①），并具有扫除因特殊利益所具有的意外性而可能给共同利益造成障碍的权利和责任。具体到国家的体制中，代表各个阶级的立法机关或国会根据社团和资产阶级社会的意见为寻求符合共同利益的解决而立法和执法。

家庭是国家的第一基础，国家是要尽其所能来使这个基础牢固。黑格尔认为，在现代国家中，家庭感情和个人利益都不受干涉，并且得到了最大限度的加强；由于国家公民具有如此广阔的活动空间，现代国家才有巨大的力量和深度；它是典型的精神和理性的本质，它的完善就是它的每一个部分和每一个因素的完善；作为最高权力，国家一方面要对个人生活、家庭和经济生活等领域保持一种外在的必要性态度，另一方面国家又是这些生活方式的内在的明确目的；它坚决要求普遍的目的和人类的特殊利益达到和谐一致，它是公共意志或真实意志的化身，它也是合理概念的化身和理性的符号。②

在黑格尔的哲学体系中，世界精神继续着它的征途，它将超越国家阶段的客观精神而登上最高阶段——绝对精神，也就是以黑格尔体系为其形式的科学的哲学。

四、黑格尔国家理论的历史背景和其在今天的意义

（一）思想史背景

对于黑格尔政治和历史的思想所热衷的权力体制和历史的怀旧，流行的批评是：我们从这里看到了黑格尔亲手描绘的理想国家，它基本上就是当时的普鲁士国家，只是加进了一点英国政治的成分。这不是眼界狭窄、理想低下吗？或者说黑格尔是从普鲁士的官僚政治中找到他的理想，等等。马克思批

① 参见［英］鲍桑葵：《关于国家的哲学理论》，汪淑钧译，商务印书馆 2010 年版，第268 页。

② 参见［英］鲍桑葵：《关于国家的哲学理论》，汪淑钧译，商务印书馆 2010 年版，第270 页。

判黑格尔的国家理论是把家庭和市民社会(资产阶级社会)这样的现实主体变成他所虚构出来的某种理念的客体,而真实历史的发展过程被黑格尔看作是逻辑概念的历史再现,因而黑格尔的唯心主义国家理论是“逻辑的泛神论的神秘主义”。马克思进一步指出,在黑格尔那里,家庭、市民社会同国家的关系完全是颠倒的,马克思认为国家不是第一性的,而是家庭和市民社会决定着国家的内容和存在方式,而且,黑格尔国家理论的致命弱点就是他把身处的现实资本主义国家当成了理想的国家等。在这里我们不能忘记马克思所面对的是一个十分强大的不列颠帝国,它已具备了成熟的政治意识和十分发达和完善的自由市场体系,马克思对国家和社会的理解必然与黑格尔有所不同。

我们的确看到在黑格尔的国家理论中存在着深刻的逻辑矛盾和理论问题,黑格尔在批判启蒙理性的武断和空洞的同时,我们发现在他所试图作出的自认为完满自洽的解释中也仍未避免武断和空洞,他没能把抽象形式的历史哲学与现实历史之间作出区别和界定,在黑格尔历史哲学中,形式观念与现实历史缠绕不清,理念和现实是简单必然的彼此印证关系。他也未解释世界精神是如何必然地朝着绝对精神这个最高峰义无反顾地向上攀登的,这里确实有神秘主义色彩。在康德的道德哲学中,普遍性与特殊性是二律背反的对立,是人类理性所不能及的困境。黑格尔试图以辩证法来统一这对矛盾,他以普遍性中包含特殊性来解释二者之间的关系,这是十分有说服力和创造性的,但同时黑格尔也未能对二者如何统一做出完全令人信服的说明,他也只是乐观地相信人类理性必然地会使个体在社会中否定偶然的自然冲动而服从理性的共同意志,而且共同意志必然是理性和客观的,但历史已经证明共同意志并不总是理性的客观精神,个体也往往是违背共同意志而把自己的意志强加于他人。我们在这里看到虽然黑格尔总结和综合了在他之前的各种形而上学的观点,但他对人类生存状态的论述还是十分无力和苍白,这就使他在解决个体生存与社会共同意志之间的矛盾时仍显空洞和武断,这也许是形而上学哲学所不能完成的任务。但我们也得承认黑格尔对近代形而上学哲学的发展带来重要的突破,他提出了人的存在论的问题并试图把这个问题统一到理性的范畴之中。

黑格尔一直是在对自己所面临的现实问题发言并对德国当时的命运作出

判断,他的思想体系基本架构形成于 1807 年 3 月的《精神现象学》,如果我们回顾一下黑格尔在酝酿《精神现象学》时所面临的哲学问题和当时他所处时代的背景,则不难发现他的国家理论是要回答和解决什么样的问题。

黑格尔的客观唯心主义哲学是在费希特继承康德的意识能动性的思想之后继续对德国形而上学思想的进一步发展。费希特断言存在物的基础是主体,是自我,但他超越了康德认为的矛盾是理性所无法跨越的障碍的局限,费希特则认为矛盾是创造性因素,是行动和发展的源泉,自我必然会向其对立面"非我"转化并与"非我"融合,他开始具有了一定的辩证思想。但费希特所讲的思维与存在的同一性乃是以主体作为同一性的体现者,他并未超越康德哲学中主体行动的动因是没有前提的主观唯心主义。黑格尔的好友谢林对思维和存在的同一性却有不同的看法,他认为客体因素是同一性的体现者,他维护行动的原则并把这个原则授予大自然。1801 年,黑格尔坚决地站在谢林一边,写出了他第一篇以自己名字发表的论文《费希特哲学体系与谢林哲学体系的差异》。黑格尔批判了主观唯心主义,认为它否认客体的独立存在,并且与谢林一起不遗余力地攻击康德,认为康德的批判哲学缺乏思想,是一种形式不完备的怀疑论。

到 1802 年,黑格尔开始走出谢林的阴影在他与谢林合办的《哲学评论杂志》上阐述他自己的伦理观点。① 他宣称他找到了人与人关系中所需要的个别与一般的和谐一致,并称伦理就是纯粹民族精神。民族在逻辑上优先于个人,按照自己民族和自己国家的风俗习惯来生活的人才是合乎伦理的。之后,黑格尔发表了《精神现象学》,他把人类知识放入社会历史中,人是历史的产物,个体的发展概括地再现了人类的历史。

(二)现实历史的背景

但是,在现实的历史中,黑格尔在强调民族精神特别是弘扬德国精神的同时,更加崇尚普遍的理性精神,即法国大革命的时代精神,或他所认为的以拿

① 参见[苏]阿尔森·古留加:《黑格尔传》,刘半九、伯幼等译,商务印书馆 1995 年版,第 40—41 页。

破仑为代表的“世界精神”。他的思想体系这两个维度正是黑格尔所处时代的德意志民族的历史境遇，也是黑格尔力图为他的时代和他的民族而设计的未来蓝图。当1789年夏法国大革命的消息传到图宾根时，黑格尔同他的朋友谢林一起参加了种植自由树的活动。虽然他对后来雅各宾派的恐怖行为深为不满，但黑格尔从未改变他对法国革命的肯定态度，并坚持它是一场彻底的社会革命。[①] 他的这种态度在当时的德国知识分子中十分普遍，这是因为十八世纪的德国分裂成许许多多的小邦，工农业极端凋敝，秩序糟不可言，教育落后，没有出版自由，更谈不上什么社会舆论。德国知识分子深受法国革命的震撼并主张以法国革命的精神来改造德国现状，使之走上统一和现代化的道路。黑格尔思想既是十七、十八世纪欧洲哲学理性传统发展的继续，也是当时德国历史状况在精神领域的反映。在黑格尔的国家思想中，虽然普遍性是以特殊性为其基础的，但在两者的统一发展中，普遍性总是最终超越特殊性并上升到绝对精神。从个人到家庭、市民社会、国家，直至科学的哲学，人类是不断否定自然和偶然的属性并最终发展到他的必然性。这与黑格尔的现实的政治态度——即否定德意志的封建邦国而欢迎拿破仑的具有现代国家精神的帝国对德意志的占领——是相一致的。在1806年10月法军占领黑格尔所在的大学城耶那时，我们发现在他给好友尼特哈默尔的信中，黑格尔兴高采烈地写道：“我看到拿破仑皇帝——这个世界精神——在巡视全城。这位伟大人物……骑着马，驰骋全世界，主宰全世界，……见他一面实在令人心旷神怡。”[②]同时，在他的国家理论中，我们也看到他对德意志精神的眷恋和热爱。虽然黑格尔在法军占领耶那期间饱受法国士兵入室骚扰和羞辱，全部家产被洗劫一空，但他还是把德意志的复兴寄托在对古希腊英雄时代的向往和对拿破仑强大帝国的幻想上，黑格尔在魏玛公国知识分子和德意志民族精神这两种相对的特殊性与法国革命和理性精神的普遍性之间的矛盾冲突中建构起普遍国家的乌托邦。

当1812年6月24日拿破仑大军越过俄罗斯边境，长驱直入地跨过维特

---

① 参见［苏］阿尔森·古留加：《黑格尔传》，刘半九、伯幼等译，商务印书馆1995年版，第14页。

② ［苏］阿尔森·古留加：《黑格尔传》，刘半九、伯幼等译，商务印书馆1995年版，第47页。

布斯克和斯摩棱斯克,直逼莫斯科,黑格尔兴奋地关注着他的"世界精神"日内即可扫清欧洲落后的封建主义的最大的堡垒,俄国人就要向法国所代表的客观理性和普遍精神投降了。匪夷所思的事情发生了,俄国人还在继续战斗,要是欧洲其他列强在这种情况下早已求和了(正如黑格尔的主仆寓言那样)。更加不可思议的消息传来了,拿破仑军队土崩瓦解,拿破仑本人落荒逃回法国,这时德国人民掀起了爱国主义的运动,普鲁士和奥地利脱离了法国,最后,被黑格尔寄予厚望的拿破仑皇帝退位了,欧洲封建王权复辟了。

在拿破仑失败后,郁郁寡欢的黑格尔仍确信军事胜利并不能倒转历史的车轮,反动派的耀武扬威无法阻挡人类前进的步伐。黑格尔有强烈的历史必然性的观念,他在考察历史事件时,赋予具体事件以主观的政治意义,而有意忽略与他的观念相矛盾的因素——把它们称为历史非本质的偶然,然后得出若干普遍的理论结论。而以这样的历史观去考察历史往往会得出主观预设的、带有鲜明政治目的论的宏大叙事的历史。黑格尔的历史观与他的哲学的基本逻辑密切相关,在他的《逻辑学》中,他明确地指出,规律不是存在于现象之外,而是直接存在于现象之中,本质和现象的统一构成现实性。但现实性包含着可能性和必然性,我们应该区分现实的可能性和形式的可能性,但黑格尔认为,任何一种抽象的可能性在变化着的条件下都一定能变成一种现实的可能性。因此,必然性就是现实性的组成部分,形式规律必然在现实中实现其本身,理论上的真理和实践上的真理的统一即是精神合乎逻辑的自我发展到达了其顶点,而偶然性研究不是哲学的任务。

(三) 黑格尔哲学对当下的启示

黑格尔的历史政治哲学不仅在他自己的时代,就是到今天人类的历史发展都很难用现实历史检验其可靠性。相反,在历史实践层面,我们很难断言任何历史事件或其发展是某种抽象的形式规律在现实中的实现。特别是人类历史中各种不同的文化和传统是不可能用一种抽象的理性模式来概括的。各种文化、传统和伦理产生了不同的社会现实,很难用任何理性形式范畴来全面解释的文化产物,它们也不可能在黑格尔的哲学体系中与唯一一种欧洲的普遍理性统一起来并朝着一个目标"向前"发展。人类的本能和很多自然属性是不可能被科学进步或形而上学哲学的发展所探索和解释穷尽的，同样的，人类不同的文化和传统远比欧洲的哲学和社会科学所建立的具有鲜明欧洲地域性和时代特点的解释体系要丰富得多。这也是为什么今天的存在主义和后现代理论等新兴哲学试图在与传统形而上学不同的道路上找到新的突破，但黑格尔哲学仍然对人类思想产生了极其深远的影响，它不仅成为西方思想的重要基础，也为东方广为接受，并已成为我们认识世界的一个重要的隐形坐标。

在今天中国流行的代表经济普遍性的全球化浪潮，又是黑格尔主义的历史观在今天的又一个体现。今日中国知识分子普遍关注的经济全球化问题，与黑格尔自己在十八世纪末和十九世纪初所面临的问题有异曲同工之妙，只是在问题的层面上有所不同，中国知识分子今天面临的是西方经济逻辑的普遍性与中国民族国家政治文化逻辑的特殊性之间的矛盾。而正在参与辩论经济全球化在中国合法性的知识分子所采用的论述逻辑仍然是黑格尔式的，即支持全球化的一方要说明经济逻辑的普遍性最终会统一政治文化的特殊性，而反对一方则认为民族国家的政治普遍性将高于经济普遍性。这两种观点的共同逻辑是黑格尔式的普遍性最终要统一特殊性、形式理性必将实现于现实历史的必然历史观。这种历史观是走不通的，历史并无一种简化的必然性，人类不同民族的传统和历史是不可能用一套以利益为坐标的计算公式预测其未来的，即使在西方也不是从开始就以这种所谓自鸣的理性为它文明的尺度的，古希腊的力量与荣耀仍然是今天西方思想的重要资源。中国古代文明中有一整套自足完整的关乎人类生存的价值体系，它曾给一个伟大的民族一个辉煌和骄傲的历史，而整个人类历史的伟大和绚丽正是因为由不同的文明给它带来的丰富性和肯定的偶然性。

（本文原载《新批评文丛》第 7 辑，山西古籍出版社 2004 年版。）

小说形式中的时间结构

我也说过，我们是在时间经过时度量时间。如果有人问，你怎样知道呢？我将回答说：我知道，因为我是在度量时间；不存在的东西，我们不能度量，而过去和将来都不存在。但现在的时间没有体积，我们怎样度量呢？它在经过之时我们进行度量，过去后便不能度量了，因为没有度量的可能。

可是度量时间，应在一定的空间中度量？我们说一倍、两倍、相等，或作类似的比例，都是指时间的长度。我们在哪一种空间中度量目前经过的时间呢？是否在它所自来的将来中？但将来尚未存在，无从度量。是否在它经过的现在？现在没有长度，亦无从度量。是否在它所趋向的过去？过去已不存在，也无从度量。

奥古斯丁，《忏悔录》卷十一，二十一节

文学是时间的艺术（保罗·利科语），时间的问题对于文学、特别是对于小说而言是一个最根本性的问题，但是对于这个问题的系统研究却是非常晚近的事。巴赫金（M.M.Bakhtin）是曾对小说的时空问题较早地做过系统研究的理论家之一，他在《小说的时间形式和时空体形式》的论文中曾说过世界各国对文学艺术的时间和空间形式的研究才刚刚开始，并预测在将来这方面的研究会大大地充实。[①] 而他本人很可能是在 1925 年夏听过 A.A.乌赫托姆斯基的有关生物学中时空体问题的报告后，才着手系统建构他的文学时空理论。在巴赫金生活的时代前后，伴随着结构语言学的兴起，俄国形式主义和法国结

① 参见《巴赫金全集》第三卷，河北教育出版社 1998 年版，第 276 页。

构主义有了长足的发展,对文体和叙事的系统的研究已逐步形成完整的学科,叙事学对小说时间结构的研究主要集中在叙事时间与故事时间之间的关系上,而这是巴赫金所不能认同的所谓“技术化”的研究,巴赫金的研究主要是致力于对时间问题的哲学阐释。与他形成呼应的理论家如卢卡契(Goerg Lukacs)和德国的奥尔巴赫(Erich Auerbach)分别在《小说理论》(*The Theory of the Novel*)和《模仿论》(*Mimesis*)中从哲学美学的角度探讨了时间问题(虽然他们并未像巴赫金那样把时间作为主题来讨论)。随着小说从传统的情节编排(或亚里士多德意义上的行动的模仿)到20世纪讲述复杂内心世界的现代主义作品,特别是意识流小说的诞生,虚构中的时间塑造成为越来越迫切的主题,小说理论界开始出现有关小说的时间形式的专著,有影响的作品如A.A.门迪洛夫的《时间与小说》(A.A.Mendilow,*Time and the Novel*,1952年)、包罗·利科的《时间与叙事》(Paul Ricoeur,*Time and narrative*,1984年)、H.R.尧斯的《马塞尔·普鲁斯特的〈追忆似水年华〉中的时间和回忆》(Hans Robert Jauss,*Zeit und Erinnerung in "Marcel Prousts A la Recherche du Temps Perdu"*,1955年)和约翰·格雷厄姆的《在伍尔芙小说中的时间》(John Graham,*Time in the Novels of Virginia Woolf*,1970年收在《弗吉尼娅·伍尔芙评论》中)等都试图建构系统的时间理论来理解小说和它的本质,还有大量的文学理论、叙事理论和美学专著从不同侧面论及时间的问题。

但对于这个关乎小说根本性问题的时间结构,人们仅仅是刚刚开始他们的研究。不应忘记时间的问题在哲学领域已经历了漫长的探索之路,从中世纪奥古斯丁提出在心灵中测量时间,经过康德的时空经验观、黑格尔的时间的实体化概念,到伯格森和海德格尔有关时间的生存论研究,人类对自身沉浸于其中的“时时刻刻”不断产生新的认识和理解。小说中的时间结构问题,是一个既要理解哲学意义上的时间,又要领会小说自身的规律和叙事手段的综合领域,对这个问题的探讨需要更加广博的知识和深入细致的准备。我们应该意识到,在小说理论界中较早提出时间和空间体系的巴赫金,尽管他一再强调时间问题比空间更为首要,但他仍然固守新康德主义的时间观,未能在美学层面上区别时间与空间,却以外在空间的方式来理解时间形式。这正是伯格森(Henri Bergson)批判康德的所谓对时间的“外在化”和“当前化”的经验理解,并认为这是康德所犯的“最大错误”。[①]

小说中的时间表现是区别小说形式与古典散文虚构的标志性问题，伊恩·P.瓦特（Ian P.Watt）在他的《小说的兴起》（*The Rise of the Novel*）中认为，小说形式（我们现在所理解的小说概念）兴起于十八世纪的欧洲小说，以笛福、菲尔丁等人的作品为代表，而卢卡契则认为，在中世纪但丁的史诗中就已蕴含了小说的元素和趋向。[②] 法国的一些批评家甚至认为十九世纪的法国小说开小说形式之先河，然而，在理论上有一个问题是几乎所有批评家都已形成共识的，就是近代小说与传统散文叙事的根本不同之处是小说叙述中对时间的表现。小说分配给时间尺度打破了运用无时间的故事来反映不变的道德真理的较早的文学传统，[③]把个性化的叙事置于特殊的时间和空间中来表现不可通约和不可重复的意识瞬间，代替了古典主义用巧合、偶然的情节跌宕来表现永恒主题的“说教故事”。任何文学作品都是理念的表述，古典作品趋向于将理念从时空的环境中分离出来，以实现普遍性的、崇高和永恒的主题。古典悲剧的三一律、莎士比亚戏剧的历史观等都使作品的价值脱离时空的特殊性，而永久地适用所有的历史和文化环境，作品成为载道和说教的利器。而小说形式表现了时空某一点上的特殊存在，经验的个性化和鲜活性使普遍的理念因在时空的环境中而特殊起来，它成了不可置换和不可重复的个人时间。小说所表现的正是“时间经验”（the experience of time）和这种经验的众多性（multiplicity）和复杂性（complexity），每个个体的经验不可能用一种标准化的、可通约的叙述方式来进行表达，这种特殊经验只能植根于时间这一特殊的“标尺”中（这种标尺与空间的尺度截然不同，它不可通约，难以测量或排列），即生命的每个相互渗透的瞬间中。

传统的作品分析和解读的方式往往注重作品的情节和事件，作品的社会、历史内涵，作品内容与现实的对应关系，作者的创作背景和语言文体，等等，而这些问题是所有文字文本所共有的，仅仅沿着这些方向对文学作品、特别是小

---

① 参见［法］亨利·伯格森：《时间与自由意志》，吴士栋译，商务印书馆2002年版。

② Georg Lukacs, *The Theory of the Novel*, Cambridge: The Mit Press, 1971, pp.68-69.

③ 参见［美］伊恩·瓦特：《小说的兴起》，高原、董红钧译，生活·读书·新知三联书店1992年版，第16页。

说进行研究的话，会失掉对文学本质特征的把握，而混淆文学与历史、政治和哲学文本的根本差别，而将文学作品当作历史文献或思想观点来阅读。本文力图说明文学形式是一种将理念置于具体的时空框架中的文本形式，更重要的是特殊的时间表达结构是小说形式兴起的重要基础，从而为小说理论研究提供"时间视角"这一重要的维度。当然如此重大的任务不可能由这样一篇文章来完成，这篇文章只是为将来的一部专著的构思做一个简单的介绍。

一、文学形式与理念的关系问题

在分析小说的时间结构之前，我们首先应该简略地探讨一下更加基础和广泛的问题，即文学形式与其他文类的形式，如哲学著作、政论作品和法律文件等之间的根本区别是什么，也就是为什么我们会认为理念在时间、空间框架中的具体化构成了文学形式的基础，并使这一形式有别于其他文类形式。各种文类均表达不同的理念，在西方古希腊、罗马、中世纪文学作品与其他文类很难分离开来，"文学"(literature)一词事实上涵盖宗教、法律、哲学、政治等几乎所有作品。在基督教统治下的中世纪，说教性的、道德化的内容充斥所有文学作品。只是到了中世纪晚期，作为消遣、娱乐性的作品才初露端倪。中世纪基督教作品中的那种力图将理念从鲜活的素材中抽象出来的努力，以及希冀以永恒崇高的理念来提升和规范人们思想的种种尝试，为新的、充满生机活力的形式所挑战。这种娱乐性的、大众性文艺形式，包括诗歌、戏剧、散文，以"低俗"的语言修辞和生动活泼的形式把理念置于特殊的时间和空间的交叉点上，理念不再是说教性的，而是娱乐性的，理念与具体时空中的事件有机的融为一体，此岸的世俗世界被充分地表现出来，而彼岸的永恒理念为有限的(时间的)、现实的(空间的)事件冲突所蕴含。世界的意义正是通过有限性(时间性)和现实性(空间性)被展示和诠释出来。那么在理论上，文学形式如何有机地把理念置于时空框架之中呢?

首先，我们先厘清与文学形式相关的三个基本概念：形式、内容和材料。

米哈伊尔·巴赫金为我们理解这三个文学基本概念提供了一个清晰的理论框架,我们不妨先展开一下巴赫金对这组概念的理解,以便为我们后面对小说形式与时间关系的讨论提供一个初步的概念前提。

内容不是材料,巴赫金认为材料不能直接进入审美客体,而只是构成内容的技术因素;内容则是“借助于一定的材料获得全方位的艺术外化”①,它是审美客体必不可少的结构因素,与艺术形式相对。与亚里士多德对形式和质料关系的理解相近,巴赫金认为内容与形式相互渗透、不可分割,没有纯粹的内容或形式,而只有有形式的内容和有内容的形式,同时,形式统摄着内容。巴赫金在形式与内容的关系上持辨证的态度,但他显然倾向于形式的自足和主导作用。

内容以认识和伦理为其结构,但并不是直接取自认识世界和伦理行为的现实生活,审美活动截然不同于认识和伦理行为,它的目的不是创造一个新现实;艺术是讴歌、美饰、回忆已有认识和行为的现实世界,创造融合自然与社会的具体、直觉的统一体;关于内容与认识行为的关系问题,巴赫金不能认同文学内容是对现实认识的反映——这一所谓“反映论”观点,他认为认识在作品自身中不可能充分实现,它只能与伦理追求结合在一起才能完成独特的、直觉的统一。②

对于材料问题,巴赫金把它定义为一种自然科学意义上的或语言学意义上的对象物,材料构成艺术创作所必需的技术因素,但不直接进入审美客体,不是艺术整体的组成部分。如果我们以亚里士多德的“质料”与巴赫金的“材料”这两个范畴做比较的话,“材料”显然相当于亚里士多德意义上“质料”的次范畴,是构成因素。如此定义材料,巴赫金主要是针对俄国形式主义、语言学派和心理学派在文学艺术研究领域的技术化、唯名论倾向,即要在审美客体中找到一种像在时间、空间中的物体一样的替代物的倾向。③

那么,文学形式是如何通过内容来具体地实现其自身呢?或者换言之,如果形式在柏拉图那里被表述为形状或本质,在亚里士多德那里被理解为共相

---

① 参见[俄]巴赫金:《哲学美学》,河北教育出版社 1998 年版,第 331 页。

② 参见[俄]巴赫金:《哲学美学》,河北教育出版社 1998 年版,第 337 页。

③ 参见[俄]巴赫金:《哲学美学》,河北教育出版社 1998 年版,第 353 页。

或普遍规律，那么在文学作品中形式如何表现自己，在创作过程中又是如何结构和实现自己呢？巴赫金称这种方式为“孤立”或“隔离”（也译作“具形”），[①]也就是把作品的内容从它与自然界、伦理事件之间的必然联系中脱离出来，同时使被孤立出来的内容不丢失原有的认识及伦理评价，使这个事件中的片段个性化，并使之成为自足的现实。[②] 巴赫金这里的所谓孤立就是对截取出来的内容采取一种积极的价值立场，使其成为一段有开头结尾的、被某种理念统摄的、内部自足的完整叙述。在这个问题上，卢卡契有十分类似的观点，他认为文学形式就是给某个理念以形式，以使其成为现实[③]（当然是虚构的现实）。他进一步认为小说的开头和结尾与自然生命（或历史事件）的开始和结束无关，恰是一套思想或理想规定着这段人生的时间绵延，[④]这段人生道路只不过是被用来揭示某种问题的工具罢了。

我们不难看出，巴赫金对形式、内容和材料的定义虽然清晰明了，但失之武断和简化。这种“科学式”的或哲学式的定义法确实可使问题变得明确和可操作，但它也失去了文学的丰富性和复杂性，这是由于巴赫金所处的历史和外部环境的局限，巴赫金是在俄国形式主义在俄文学界的鼎盛时期创作他的文学理论，当时人们把文学作为科学的对象，用自然科学的方法来研究人文科学大行其道，巴赫金试图抨击这种技术化的教条倾向，但他自己的理论方法在今天看来仍打上了时代的烙印。在这里，我们正是利用巴赫金理论方法中的可操作性，来把这组定义作为进一步理论探索的脚手架。作为一个新康德主义者，巴赫金相信文学形式是外在于内容的，是自足、自由的理念表达，或是一种积极的价值立场，乃为纯主观的东西。但是，卢卡契就不同意文学形式和理念是主观自足的。他认为在荷马时代后，世界永远地失去了它的整体性，生活已被异质的抽象理念（本质）撕破为碎片，小说形式试图在异质的碎片上模仿史诗的整体性和自足性，但这种基于抽象理想和个体情绪的虚幻的统一，是不可能完成的。也就是说理念与现实之间的统一性已一去不返了，唯有史诗性

① 参见［俄］巴赫金：《哲学美学》，河北教育出版社 1998 年版，第 360 页。

② 参见［俄］巴赫金：《哲学美学》，河北教育出版社 1998 年版，第 360 页。

③ Georg Lukacs, *The Theory of the Novel*, Cambridge: The MIT Press, 1971, p.84.

④ Georg Lukacs, *The Theory of the Novel*, Cambridge: The MIT Press, 1971, p.82.

的现实主义作品才能成为文学的未来。他在教育小说和“幻灭小说”(见卢卡契的《小说理论》)中的个体理想与历史进程之间的矛盾和统一中,在巴尔扎克的现实主义小说和托尔斯泰的史诗性的小说的创作中,看到了实现世界整体性的可能。这种以黑格尔的历史观来考察文学的方法,又把文学推向了另一个极端境地——文学沦为历史发展的镜像。

文学作品既不可能是一种主观、自足的理念表达,因而文学形式也不可能是外在于内容的价值立场;同时文学作品也不可能是社会历史的一面镜子,一种被动的、由历史社会决定的言说工具。另外,文学形式也不是卢卡契所认为的,一种抽象理想与历史进程之间矛盾的表现形式(见卢卡契《小说理论》)。所有这些简单、抽象的推理方式无法言说文学的特殊品质,文学的丰富性、复杂性和鲜活性存在于每部作品的具体时空关系中和它们的丰富内涵之中。

二、理念与时空的关系

埃里希·奥尔巴赫(Erich Auerbach)对文学本质的探究却采取了完全不同的路径,他是通过对西方不同时期的经典文本细读的方式,以生动平实的语言(而不是抽象的理论推导)来揭示文学形式与理念和时空的关系问题。在论及文学中的理念问题时,奥尔巴赫不是把作品作为一个抽象的、实体的对象物,或把它们放入一套哲学或美学的理论思想框架中进行分解和剖析,而是直接进入作品的文本之中,在由语言编织的文本世界内部的具体的时空交叉点上呈现一个多彩生动的虚构世界。在他的《模仿论》中,奥尔巴赫从叙述者的视角来谈理念问题,通过对西方文明史上各个阶段代表性作品的文本细读来展现给我们一条文学中的理念和时空模仿的发展线索。

1. 空间问题

在“奥德修斯的伤疤”一章中,奥尔巴赫比较荷马史诗与圣经故事的叙事,荷马对世界的描述是如此的直接,事件的时间、地点、细节、紧密联系的各种人物、行动、目的等都无一疏漏地出现在画面前景，叙述从容悠闲，但少有引人入胜的故事情节，没有讲述人的视角出现。① 对于奥尔巴赫的这一论点，我们也可以在《伊利亚特》和《奥德赛》中找到大量例证，如在《伊利亚特》第十一卷中，阿伽门农出战迎敌，在激战的当口，荷马用30行诗句事无巨细地描写他的披挂：胸甲及其来历，胸甲上的各种装饰，剑及剑鞘上的各种饰物，直至剑上的金钉等（参阅《伊利亚特》第十一卷，第15至46行），这些细节描写大大舒缓了紧张的战斗气氛，大量的客观现在时插入，且主情节与插入情节平均着墨，更使读者几乎忘了前面的故事情节，完全没有高潮的推进。对于插入，奥尔巴赫举的例子是奥德修斯历经磨难返乡后，被女仆欧律克勒娅发现脚上伤疤而认出的故事，荷马在女仆认出伤疤这一紧要关头，插入一段冗长的、独立的、完整的与主情节平行展开的伤疤来历的往事，用与主情节无差别的现在时详述奥德修斯年少时狩猎和被野猪咬伤的过程，主情节的紧张高潮被这段插入延缓、破坏掉了。荷马的这种延缓法显然很难为其后人所理解，歌德和席勒认为这种延缓法只属于史诗而与悲剧截然不同，并认为荷马仅仅是按照事物的本来面目给我们描述事物的平静状态和作用，而只有悲剧作家才会剥夺我们的情感自由、将我们的内心力量集中到唯一的一个方面上。② 奥尔巴赫也认为荷马史诗的描述所指向的是“没有被现状裹胁的、仿佛是绝对存在的东西”③。综合上述观点，我们可以认为荷马对客观现实的描述是直接的和无间隙的，他没有把“绝对存在”抽象到某种视角中以适应叙述者的认知模式。我们进一步也可以说荷马对于传达给他的读者（或听众）什么样的理念或让读者如何理解历史和现实并无兴趣，他只是想取悦读者。而奥尔巴赫的观点是，对于荷马史诗来说，感官生活才是它的最高追求，在战斗与情欲之间，在冒险与险境之间，狩猎、庆宴、赛事和洗浴场面都使我们能够真切地观察到主人公的生活，品味到他们是如何享受自己醇美的、自然

① 参见[德]奥尔巴赫：《模仿论——西方文学中所描绘的现实》，吴麟绶等译，百花文艺出版社2002年版，第11—12页。

② 参见[德]奥尔巴赫：《模仿论——西方文学中所描绘的现实》，吴麟绶等译，百花文艺出版社2002年版，第3、11页。

③ [德]奥尔巴赫：《模仿论——西方文学中所描绘的现实》，吴麟绶等译，百花文艺出版社2002年版，第11页。

的现实生活。[1] 荷马不仅对作品所表达的理念的认识与后来的作者有很大的不同，而且在对作品中的时空上安排有更大的差异。我们再借用奥尔巴赫用荷马史诗与圣经《旧约》文本作对照，来考察一下两个文本之间对时间、空间和理念的处理存在有趣的差别，以便论述理念如何融进特殊的时空中。

奥尔巴赫选取了《旧约》中亚伯拉罕祭子故事中的片段，首先我们看到两文本在处理空间问题上的比照：上帝想试探亚伯拉罕，于是对他说：亚伯拉罕！亚伯拉罕说：我在这儿！如果对比荷马的作品的翔实描述和面面俱到，我们会吃惊地发现《旧约》上的故事的简约和神秘的气氛。我们无法知道上帝站在何处对亚伯拉罕说话，亚伯拉罕又如何听到上帝的问话，上帝对亚伯拉罕的可怕的测试是出于何种打算，文中都未交代。而在《伊利亚特》中，宙斯举办祭奠盛会的地点总是交代得一清二楚，他在与诸神议事的大会上也总有条有理地说明他行为的原委。奥尔巴赫所摘选的这个片段与荷马做对比确实很妙，因为它留给我们巨大的阐释空间。我们都知道，古希腊神话中的神、人两界与后来的基督教的一神观有很大不同。古希腊的众神与尘世的人交往密切、难分难解，众神随时从奥林匹斯山上下来，参与人间事物，甚至直接参加希腊人与特洛伊人之间的战争，雅典娜和阿波罗神竟协助双方的将领肉搏。宙斯也离人间切近，人间尘世与众神仙境没有一条绝对鲜明的界限。而圣经中上帝是神秘莫测的，这是一种沙漠中游牧的犹太人对神想象的方式，上帝并不是存在于他创造的有限时空之中，而是在无时间和空间的永恒之中，上帝在永恒（无时间）的彼岸，而人生活在有限（时间）的尘事，圣经不能也不愿意明确地交代上帝站在何处、如何对亚伯拉罕讲话，甚至连亚伯拉罕的聆听上帝训谕的地点都不做交代，他只是说：我在这儿。这样抽象的空间指向在奥尔巴赫看来并不带有空间意义，而是表明亚伯拉罕与上帝之间的一种道德关系：我在这儿等待你的训谕。[2] 至于亚伯拉罕长途跋涉到达的燔祭地“摩利亚”，奥尔巴赫

① 参见［德］奥尔巴赫：《模仿论——西方文学中所描绘的现实》，吴麟绶等译，百花文艺出版社2002年版，第14页。

② 参见［德］奥尔巴赫：《模仿论——西方文学中所描绘的现实》，吴麟绶等译，百花文艺出版社2002年版，第10页。

也认为没有任何地理意义，还是表达一种道德判断：那是一个庄严的圣地。[①] 而荷马史诗中的地点是纯粹的空间指向，完全是为事件——战事、离别、返回、娱乐、狩猎等的逼真性服务，使阅读产生愉悦，而价值判断或理念并未与空间有机的结合（事实上，荷马甚至对理念的传达也毫无兴趣）。在时间层面上，两个文本的差异也是如此，我们继续循着奥尔巴赫开拓的道路，剖析亚伯拉罕祭子的故事。

2. 时间问题

亚伯拉罕遵从上帝的训谕，踏上漫长寂寞之旅，到摩利亚祭献自己百岁方得的爱子。整个故事前景十分模糊，没有细节描述，几乎没有形容词，很少对话，更没有荷马作品中的外表、动作、服饰、表情等的描写，这一切都被抛入背景中由读者自己想象。《旧约》不像荷马那样为叙述的逼真生动，而笔墨铺张地渲染服饰的华丽和兵刃的珍奇。整个一篇故事略去一切无关紧要的事件和内容，只突出对于行为目的有用的现象，但却强调亚伯拉罕一行"一大清早"上路，"三天"后到达燔祭地点。我们从上下文中不难发现，情节中并没有与"一大清早"和"三天"相对照的其他时间和对应的事件，凸显这两个时间概念并不能达到像荷马史诗中那样以时间来表现事件和行动的巧合、冲突的戏剧性。荷马在处理时间时，仅与行动和事件的发展联系起来，在《伊利亚特》中与特洛伊的战斗持续到夜间，只是表现在夜幕下厮杀的惨烈，这一时刻、那一刹那都是事件的转折或巧合。而在《旧约》中，时间就像奥尔巴赫的分析那样，它们并不是一般地表达某种自然的时间界限，而是道德上的意义：经受如此严酷考验的亚伯拉罕仍刻不容缓地、守时认真地顺从上帝。[②] 而且在我们上面谈到的奥德修斯洗脚被认出的故事中，荷马有关伤疤来历的插入叙述，与主情节的叙述同样用的是客观现在时态，这使得发生在不同时间和空间事件被平行地置于前景中（foreground），我们在上文已提到无差别的叙述不能使叙述者的视角出现；与之相对照的是圣经故事的前景、后景多层次叙述，把那些

---

① 参见［德］奥尔巴赫：《模仿论——西方文学中所描绘的现实》，吴麟绶等译，百花文艺出版社2002年版，第10页。

② 参见［德］奥尔巴赫：《模仿论——西方文学中所描绘的现实》，吴麟绶等译，百花文艺出版社2002年版，第10页。

能阐明价值判断和有助于情节高潮的现象置于前景，而内心、感情等细节放在背景中，①叙述者的叙述仿佛来自一颗个性化的心灵，并通过一双有偏见的眼睛。正是在这里我们涉及了本文的核心问题：奥尔巴赫在圣经故事中发现了心理历程的叙述，这一现代小说（Roman 或英语的 Novel）基本特征的因素（当然，这种心理历程并没有在前景中叙述出来，而是只能通过后来的圣经诠释得到，这仍与现代小说有质的不同。）巴赫金是在文艺复兴早期的拉伯雷小说中发现的（见巴赫金的《教育小说及其在现实主义历史中的意义》），而卢卡契则发现在但丁的史诗中孕育了这种心理与历史有机结合的契机（见卢卡契的 *The Theory of the Novel*）。

西方现代小说（Roman）与悲剧、史诗、罗曼司、骑士小说、田园抒情诗、古代基督教和中世纪的自转（如奥古斯丁的《忏悔录》）等之间的根本区别就在于对人物心理历程的时间表现上，或者说是在心理历程与外部历史的交融、碰撞之中。我们先再回到奥尔巴赫的旧约故事的分析之中，看看他如何在圣经文本阐释时间问题的另一个重要维度——成长问题。奥尔巴赫发现圣经故事中的人物在时间、命运和意识上都更有深度，他们不被局限在需要他们出现的某一个事件之中，这些人物的思想和感情具有错综复杂的多层，因而对作品的整体有广泛影响，不像在《伊利亚特》中，只要阿基琉斯身不在现场，就失去所有对现时的影响。② 也就是说，《旧约》人物的心理、情感构成了作品的整体氛围和基调，而不是以人物的行动、外部事件来结构整个作品。那么，这种心理、情感历程如何能够统摄作品呢？在分析《旧约》故事时，奥尔巴赫说："上帝参与的不仅仅在故事的开头结尾，而且他的参与不仅表现在行为上，也表现在心理上，《旧约全书》中的人物始终处于上帝的强烈干预之下，上帝不仅创造了他们，而且自始至终培育他们，在不摧毁本性的情况之下将他们千锤百炼，把他们造就为青年时期难以预料的人物。"③从这段分析中我们可以看出，圣经

① ［德］奥尔巴赫：《模仿论——西方文学中所描绘的现实》，吴麟绶等译，百花文艺出版社 2002 年版，第 12 页。

② ［德］奥尔巴赫：《模仿论——西方文学中所描绘的现实》，吴麟绶等译，百花文艺出版社 2002 年版，第 12—13 页。

③ ［德］奥尔巴赫：《模仿论——西方文学中所描绘的现实》，吴麟绶等译，百花文艺出版社 2002 年版，第 16、20 页。

人物的心理、情感不是在与外界和他者隔绝的、封闭静止的状态之中，而是在上帝的强烈干预之下；在十九世纪教育小说（Bildungsroman 或译作成长小说）那里，这种干预就是现代历史的滚滚车轮。另外，在外力的干预和塑造之下，还有一个"不摧毁的本性"，这种所谓"本性"或"天性"正是雅克·卢梭在他的《忏悔录》中唯一能为自己辩护的东西。卢梭坚持认为人有先天的"善"的本性，而颓败的世界污染了这一本性。我们可以认为，本性与外部世界的变化发展之间冲突、融合，或基督教文本中人物的心灵承载着上帝的意志等，都使内心世界历经磨难考验，最终实现与时代的步伐相一致（或融入基督的世界历史），这一过程就是西方文学中的成长（人物经验时间的历程）。应该强调的是，这种心灵中的时间经验与外部空间的线性变化有着本质的不同，按照伯格森的时间哲学，空间中的变化是同质的、可分割的、可以媒介测量兑换的数量性变化（见伯格森的《时间与自由意志》）；而心灵的时间经验是性质截然不同的、纯粹多样性的（multiplicity）和先后时间瞬间相互渗透的（impenetrable）的绵延（duration）。[①] 也就是说人物内心的变化成长过程中一个时刻与另一时刻之间，不像外部空间那样线性、因果地推进。实际上，心灵的变化是不可预测的，不可重复和替代的；甚至时间流逝过程的两个不同时刻之间，心灵的体验亦不可附着在外部的两个事件或行动上，以便做分别的表达；心灵的时时刻刻相互渗透、无法分割，从而使现代小说，这一充分表现内心时间的形式有心灵的整体性。这就是为什么古典文学中的情节和故事可以不断地被拆装、组合成新作品，即事件和行动是古典作品的主要构成因素；而现代小说，特别是充分表现时间经验的成长小说和意识流小说很难新编，因为心灵的时间经验统摄着整个作品。需要说明的是，伯格森的时间——绵延（duration）概念，与海德格尔现象学的时间概念有所不同，伯格森所谓的绵延与海德格尔的时间性（Temporality）有某些共通之处，时间性在海德格尔那里是指此在（Dasein）在存在论——生存论意义上存在的基础，换言之，只有作为此在的人存在，才有时间性。而时间（zeit 或 time）在海德格尔那里是指存在者层面（ontical）上的所谓"自然"时间（牛顿意义上的）。我们在本文中讨论的"时间"主要是指

① Henri Bergson, *Time and Free Will*, London: George Allen & Company, Ltd, 1913, p.226.

海德格尔意义上的“时间性”，而我们所谓的“宏大时间”是指海氏的“时间”（或他所称的“流俗的时间概念”）（详见海德格尔的《存在与时间》第67、68节）。总之，时间是现代小说的基本特征和核心问题。

为了具体说明有关成长的时间表现，我们继续借用奥尔巴赫对圣经和荷马史诗的阐释。荷马作品中的人物是没有成长过程的，奥德修斯经历了千辛万苦、长途跋涉十年才返回家乡伊塔卡，漫漫长旅中他经历了无数事件和奇遇，它们完全可以成为展示奥德修斯成长的机会，但作品却没有给任何表述；奥德修斯的衰老被掩盖了，他的妻子佩涅洛佩在这十几年中也丝毫未变；阿伽门农和阿基硫斯出场时年龄也都是先确定好的；纵使荷马作品中出现了年少或年长的表述，时间给人物留下的也仅是纯外表的印记，没有任何个性。[①] 这种时间的表现——生理的健壮、衰老可以适用任何人物。而《旧约》中扫罗王历经坎坷、命运多舛，直到风烛残年，练就了与众不同的个性，堪称上帝选中的典范，比起年轻的大卫有更加深厚丰富的性格。[②] 圣经中的人物多有难以捉摸的内心世界和复杂的人际关系，这种复杂性并不是行动、事件交错的复杂，而是内心层次变化的复杂难测。

我们还可以做类似的比较，中世纪文学、传记、宫廷骑士传奇等基本以展现复杂的情节、事件来结构戏剧性的效果：相逢、分手、找寻、找到等。一个骑士经历无数苦难和冒险痴心不改地追求一位公主，沧海桑田、时过境迁，但从产生恋情到终成眷属的漫长岁月却完全不计入主人公们的生理年龄和情感变化之中。传奇的整个过程既不进入历史时间，也不进入日常生活时间或传记时间之中，他们的感情依旧不变、身体亦不衰老，这一虚空的时间之流未在情节和人物身上留下任何痕迹，开头和结尾之间是超时间的空白。[③] 当然，传奇中也有丰富的时间表述，事实上，每次奇遇都是与其相对应的时间表述相组合而成，如逃跑的时间或行刑前得救的一天、一小时，甚至纷纷秒秒都对命运起

① 参见[德]奥尔巴赫：《模仿论——西方文学中所描绘的现实》，吴麟绶等译，百花文艺出版社2002年版，第19页。

② 参见[德]奥尔巴赫：《模仿论——西方文学中所描绘的现实》，吴麟绶等译，百花文艺出版社2002年版，第19页。

③ 参见《巴赫金全集》，河北教育出版社1998年版，第280—281页。

着决定作用，但传奇的时间是从人物外部纯技术化地组织起来的，是抽象的和机械的。①这样的时间结构完全是为情节服务的，它创造的是偶然性和机遇性，即由命运和上帝主宰一切；而人物在作品中完全是被动的，即使有主动的精神和热情也是抽象的，最终还要服从命运的安排。人在作品中像事件一样地被动、消极、一成不变。与之相对照的是在十八世纪、十九世纪的欧洲小说中，时间、事件和人物有机地联系起来，虽然情节的主要结构并未发生大的变化，但时间进入到了生活、历史、特别是心理之中，主人公内心的时间经验开始与外部历史碰撞、融会了。同时，事件也被卷入到时间和历史之流中，成为因果、目的之链中的各个环节，人物与事件循环运动、上升，历史和人物在结尾处实现某种统一，而不再是机遇与命运，或主人公抽象的意志统摄着事件和历史。

在这里必须要申明的是，用《荷马史诗》和《旧约全书》来比附欧洲古典作品和近代现实主义小说会产生严重的时代倒错，我们引用奥尔巴赫对两个文本的精彩分析是为了具体生动地阐明理念、空间和时间之间的各种关系：《圣经》故事如何表现叙事者的视角和理念，理念又是如何与时空有机地结合起来；而《荷马史诗》中没有视角、缺乏理念，是纯写实的作品。这种文本细读的分析方法为我们的研究提供了一个很好的参照。当然，没有人会否认《荷马史诗》在文体和叙述上蕴含了欧洲古典作品的重要结构因素，《圣经》作为文学文本预示了现实主义在近代产生。我们解决了时间概念在文学理论中的运行规律之后，可以开始我们的正题：小说中的时间结构。

三、小说中的时间结构

十八世纪的欧洲，社会历史的变化随着工业化、城市化的进程愈来愈深刻，生存共同体正在失去它的整体性，城市中的个体失去了与共同体之间的传统的、乡村式的有机联系，形成了新的原子体社会。在文学中，个体内在世界

① 参见《巴赫金全集》，河北教育出版社 1998 年版，第 280—290 页。

中的模仿的、虚幻的统一，架构起一个宏伟的、横跨个体与社会之间深壑的彩虹，这道美丽的彩虹如此缥缈和易逝。

对个体内心世界的模仿早已出现在古代基督教和中世纪的传记文学中，在奥古斯丁的《忏悔录》中，奥古斯丁的人生成长历程构筑在任何人生道路都具备的一些基本因素上，出生、童年、学习、婚嫁和事业等，记录的一生历史都与主人公外部的命运和机缘相关，他的内心世界依然故我，一成不变。就是奥古斯丁处于危机的时刻，心理发生了急剧的变化，但这种变化只是宗教感情的突变，不具有个人性，可用于描写普遍的宗教情感。与此相对照，写于十八世纪晚期的卢梭的《忏悔录》中传记时间发生了根本的变化，在一切时间点所发生的事件均有机地融入到卢梭的一生过程中，不可重复和逆转，传记时间为卢梭逼真的生活体验所充实。在《忏悔录》中，虽然卢梭认为他本人有良好的天性，但在他经历了不同遭遇和学习的过程中，个性和内心世界随着年龄和时间流逝而不断地变化着。对世界的看法、对情感的体验、对事业的追求都因时、因地地转变着，人物性格成为一个变数而直接具有了情节意义。因此，教育小说(成长小说)中的成长问题被提了出来，以区别传统小说中主人公的成长——那种“使主人公在空间中位移，在社会等级的阶梯上活动：他从乞丐变成富翁，从四处漂泊的流浪汉变成名门贵族；主人公距自己的目标——未婚妻、胜利、财富等时而偏远、时而靠近”①。

卢梭极力想展示他的思想、性格、心理的成长、变化过程，以警示年轻后生，并试图解释他的青年时代种种荒唐所为的成因。这是一个非常私性化、个性化的自转，公开所有隐私和秘密，以及揭示一切行为的动机。与华伦夫人不道德但十分真挚的爱情、难以遏止的偷盗习惯等，都旨在揭示一个完整的内心世界的变化而不是世界历史。然而，外部历史却是相对静止的，人的成长并不改变世界，成长教育的成果只是归于个人传记，外部历史仅仅承担学校的功能，主人公对外部历史的反作用并不是卢梭的主要目标，卢梭的《忏悔录》是教育小说中的传记型小说。当然，在卢卡契看来，整个欧洲十八、十九世纪小说的外在形式都是传记，因为它们表现的内心世界大于外部

① 《巴赫金全集》，河北教育出版社 1998 年版，第 229 页。

世界，一切与现实的关系都被抛弃了，内心世界成为了对外部现实价值评判的标准。① 然而，更具有标志性的教育小说是那种成长与历史的形成密不可分的，如歌德的《威廉·麦斯特》、福楼拜的《情感教育》、罗曼·罗兰的《约翰·克里斯朵夫》、托马斯·曼的《魔山》等众多的十八、十九世纪欧洲小说。在这类小说中，人的成长是在真实的历史时间中实现的，与历史必然性和它的未来紧紧结合在一起，成长不再是私事，主人公与世界一同成长，他自身反映着世界本身的历史发展，他积极参与历史，而且也不仅仅在一个时代的内部，而是处在一个时代向另一个时代的转折点上。② 这种教育小说中历史发展与个人成长的双重交互的、黑格尔式的结构，不禁使我们想起圣经故事中的两重结构：一个是上帝造物的意志和最后审判的历史必然性，一个是尘世中的个人尊崇上帝的意志，历经磨难，走向永恒的彼岸的过程。这种相似性不是偶然的，它反映出启蒙思想与基督教神学思想之间的深层联系。

我们已经认识到，当个体失去与世界有机的整体性时，个体的理想就成为抽象的虚幻，伯格森意义上的时间——绵延——使理想与现实之间的古典纽带断裂了、永远地分离了。古典史诗中人与世界之间的整体性的意义体系是如此明确和毋庸置疑，这种意义价值早已脱离了有限（时间）的尘世而归于无限（无时间）的永恒。《荷马史诗》中阿基硫斯和奥德修斯的生命意义早已先验地给定，众神预先安排了所有英雄的命运，他们战斗和返乡的使命也不容质疑或变更，任何内心时间的流逝都无法动摇这永恒的价值，所以时间只能用外在空间的形式来表现：长时间的鏖战和十年的漂泊都与在空间意义上的士兵数量或旅程距离有同等的价值。古希腊悲剧的三一律，完全排除了时间对情节的渗透，抽象的悲剧命运推动着行动、事件向一个固定的方向发展。而十八、十九世纪的小说中，上帝死了，人被永恒和终极的意义和本质抛弃了，人对自己身体的发现，对生命有限的意识，对欲望和尘世快乐的追求使时间成为通向永恒的道路上的万丈深壑，与无情的时间流逝悲壮而毫无希望的抗争成为

① Georg Lukacs, *The Theory of the Novel*, Cambridge: The MIT Press, 1971, p.114.

② 参见《巴赫金全集》，河北教育出版社 1998 年版，第 222—223 页。

现代小说的主题。青春是这场无望战斗的意义和辉煌,强大的时间之流不动声色地、不可逆转地慢慢消耗掉青春的活力、热情和对个人幸福的追求,时间还把与个人的追求相左的气质注入被销蚀的主体之中,这就是为什么时间成为现代欧洲小说情节的构成因素,也是为什么说教育小说主人公的内心斗争乃为抵御时间这一强权的斗争。然而,斗争本身并不是教育小说这种形式对生命意义所做的阐释,现实世界的支离破碎和个体内心世界迷惘、幻灭也使小说这种形式无力整合文本仿真世界的统一,福楼拜的作品可能最好地解释了教育小说形式运作的奥秘。

在《情感教育》中,风华正茂的弗雷德利克・莫罗踌躇满志地从外省赴巴黎上大学,人生开始了,一腔理想、抱负就要在这五光十色的大都会里实现。他想当文学家、哲学家、艺术家和政治活动家,他的妈妈希望他步入仕途,光宗耀祖。他每天早晨都会有一个新设想,但到晚上已化做泡影,他结识社会名流以期平步青云,但发现富裕的大银行家与他交往是贪图他那点遗产。他寻找真正的爱情,但发现社交圈子里的交际花们只想利用他而已。他深爱着画商的妻子阿尔努太太,但因对方恪守妇道而不得。只有纯朴天真的乡下姑娘路易丝真正爱着弗雷德利克,但他却放不下巴黎的交际花们。当最终情场失意,回乡再找路易丝时,却正碰上这位昔日情人与好友戴洛立叶的婚礼。这位一直被他看不起的失败朋友,此时穿着省长的制服。一切希望都幻灭了,一切努力都白费了,遗产也被挥霍殆尽,青春一去不返。当他心灰意冷地回到巴黎,一八四八年的革命正在巴黎的街头巷尾展开,他看到敌对的双方各有他的故友亲朋,双方因政见不同而剑拔弩张。意识到自己也被卷入到历史的大潮之中,个人的时间经验融汇到了历史之中,弗雷德利克的人生境遇成为整个法国历史的组成部分。但是,福楼拜并不到此完满地结束这部小说,他的不同凡响之处正是在于,个人的时间经验与历史的统一并不能使他满意,因为这种简单的统一是把集体的经验作为个人的经验,忽略和掩盖了个人时间的丰富性、特殊性和不可重复性。

在小说的结尾处,弗雷德利克的那位当了省长、娶了他的恋人的朋友——戴洛立叶多年后也落得丢官破产,这位律师朋友试图以一种哲学的方式来解释为什么他们两人都理想破灭、年华虚度:弗雷德利克因为感情太重,没走正路;而他呢,逻辑太多、过分正直(见《情感教育》第 533 页)。① 对世界感性或理性的认识是浪漫派思想论争的主要焦点,然而,无论是感性审美地还是理性思辨地理解我们的世界都无法穷尽它的丰富性。我们的朋友戴洛立叶也不能以这两条思路来厘清他们自己的问题,于是就把失败归咎于机缘、社会环境和自己出生的年代。与浪漫主义作家将幻灭统统归咎于历史和时光一去不返截然不同的是,福楼拜以回忆来实现他的作品的内部统一。在幻灭型(disillusionment,或伤感)作品中,希望是作品的主线,作品预先设置了一个贯穿始终的崇高理想,在理想的实施过程中——即整合和改造外部世界以使它与理想统一,现实不断与理想冲撞,时间正无情地侵蚀着主人公的青春激情,因为理念不可能预先规范变幻无常的时间进程,内心的统一被现实击得粉碎,外部社会是幻灭的根源,因而,作品的价值单方面取向在主人公的奋斗过程中。而福楼拜是在时间进程之后再实现形式与内容统一,福楼拜笔下的人物自始至终处于分裂和彷徨的状态,与这个破碎的世界并无二致。弗雷德利克每天早晨都有个理想,到晚上已经破灭了,东冲西撞、到处碰壁,每次拥抱生活,每次都被生活拒绝。最终,回忆使他破碎的过去与现时的当下统一起来。当然,人物并不能逆时间之流而上,记忆只能是反思性质的和主观的,然而,正是这主观的回溯使得现时的当下包含了过去,弗雷德利克的人生历程才不再是内部割裂的;正是这心灵的记忆使逝去的年华和溜掉的历史变得有意义起来;也正是这一系列生活的挫败和理想的破灭使得他的一生显得圆满;也只有在他记忆里的人生经历中,而不是在他的"现实的"(空间的)一生中,理想与现实的冲突才能被化解。

许多年后,当弗雷德利克已经历了种种爱情,但仍然对初恋不断眷恋,并使他觉得别的爱情都淡泊乏味了,炙热的欲望也熄灭了,美好的感情消失了,岁月蹉跎,精神懒散,感情迟钝的时候,②一个女人在夜幕降临时在他的书房里出现了,是阿尔努太太,他初恋的情人。"在薄暮的昏暗中,他只依稀看见她的眼睛,在罩着她脸孔的黑花边小面纱下闪烁。"③她那张椭圆形的脸蛋,光

① 参见福楼拜:《情感教育》,人民文学出版社 1998 年版,第 533 页。

② 参见福楼拜:《情感教育》,人民文学出版社 1998 年版,第 524 页。

③ 福楼拜:《情感教育》,人民文学出版社 1998 年版,第 525 页。

华红润的肌肤，长长的眉毛，美丽温馨的大眼睛，充满活力的肩胛轮廓，异乎寻常的华丽，[①]她几近完美。但这是弗雷德利克记忆中的阿尔努太太的美丽，而当下他在黑暗中看不清她的脸。他们谈论他们之间的爱情，但内容都是以往岁月中支离破碎的、被当时忽略的琐事，工艺社的晚餐，在圣克卢庆祝她的生日，林荫道上的邂逅……"有时，您的话语又来到我的耳鼓，就好像遥远的回音，又像风儿送来的钟声；而当我在书上读几段关于爱情的描写时，仿佛您就在我的身边。"[②]他们感慨离别了这么多年，爱情依然不减，但是他们当下的情感是构筑在回忆上的，由记忆中的许多碎片支撑着。当阿尔努太太回到亮处，脱掉帽子时，露出了白发，"这对弗雷德利克真是当胸一击"[③]。但为了掩饰自己的失望，他开始对红颜已逝的阿尔努太太倾诉情怀："你对我的魅力就像夏夜的月光"[④]，当然弗雷德利克此时是向记忆中的阿尔努太太倾诉，可当他怀疑现时的阿尔努太太可能是来自我献身的时候，他感到厌恶和一种乱伦的恐怖。这提醒他，他只拥有记忆中的爱情，回忆使他的情感仍然浪漫、青春、纯洁和诗意。书房里的座钟不断地提醒着他们正在一起度过的时光，这段时光与其说是现时的，还不如说是过去的，因为它只与回忆相关。他们找不到任何有关现在的话题，他们尴尬不自在，即使阿尔努太太在读到几段爱情描写时所感到的弗雷德利克的在场，也要比他真的在场美好、诗意得多。弗雷德利克挣扎着阻止这现时对过去的破坏，真实的相会对美好回忆的摧毁。分手的时刻到了，阿尔努太太给了弗雷德利克的前额一个母亲式的吻。"于是一切都完了"[⑤]。我们主人公的世界被连根彻底摧毁了，虽然弗雷德利克不断地经历着事业上的坎坷和爱情的挫折，时光慢慢地剥夺了他所拥有的一切，但对初恋的眷念，对初恋情人刻骨铭心的情感记忆贯穿着他整个生命历程，一切都可以过去，一切都可以改变，但对初恋感情的执着是使弗雷德利克成为他本人的灵魂印记，也是使整个作品前后统一的唯一媒介。现在，岁月把弗雷德利克记忆中

---

① 参见福楼拜：《情感教育》，人民文学出版社 1998 年版，第 324 页。

② 福楼拜：《情感教育》，人民文学出版社 1998 年版，第 527 页。

③ 福楼拜：《情感教育》，人民文学出版社 1998 年版，第 528 页。

④ 福楼拜：《情感教育》，人民文学出版社 1998 年版，第 528 页。

⑤ 福楼拜：《情感教育》，人民文学出版社 1998 年版，第 530 页。

的最美好的情感也剥夺了,他什么都没有了,支撑作品本身的基础也坍塌了,就此结束了。不！弗雷德利克并没有放弃,他与老朋友戴洛立叶继续在记忆中挖掘着他们的青春,以及任何能标识他那颗独特心灵的时时刻刻。那是在他们还未去巴黎这个花花世界前的一段往事,村里搬来了一个没有名誉的土尔其妓女,弗雷德利克和戴洛立叶有一天居然烫好头,手里捧着一大束鲜花到土尔其女人那里,像恋人给未婚妻那样给妓女献花,那妓女笑得直不起腰,而弗雷德利克却窘得脸色苍白,拔腿就跑。也许这才是弗雷德利克,既荒唐又真诚;这才是他的"有生以来的良辰美景"。福楼拜还在回忆中的"良辰美景"里重新整合起整个作品,主人公支离破碎的成长历程和无序的世界在追忆中被统一到义无反顾的时间之流上,而不像浪漫主义小说那样,通过主人公强烈鲜明的个性来统一成长的破碎,以抽象的理念来规范世界的混乱,以抒情来平衡幻灭的绝望。福楼拜的作品孕育了现代主义小说的诞生。

四、结语:时间与回忆

如果我们纵观西方文学史,我们会发现某种规律性,即越是古典的作品,越注重外部情节的冲突和戏剧性,正像亚里士多德在《诗学》里说得那样:悲剧是对行动和生活的模仿,而不是模仿人的。情节是悲剧的根本和灵魂,性格是第二位的。生活的目的是某种行动,而不是品性,由事件组合的情节最能打动人。① 所以古典作品尽量抽空行动的内部时间因素,而着力表现亚里士多德意义上的所谓最打动人心的情节成分:突转和发现。而越晚近的作品则越从外部转向内心,对内心的变化,或者说对时间的体验(伯格森意义上的时间)进行越来越充分的展示。文艺复兴早期的作品如拉伯雷的《巨人传》对内在时间的展示已初露端倪。主人公庞大固埃不仅有惊世骇俗的丰功伟绩,还有成长和性格的变化。到了十九世纪,走在时代前列的福楼拜虽然在整体情节结构上还是以外部时间(或称宏大时间)顺序组织写作,但他的笔锋会长久

① 亚里士多德:《诗学》,商务印书馆1996年版,第64—65页。

地停留在对情节的推动几乎不起作用的日常情景、琐碎小事和内心描写上（如在《包法利夫人》中）。时间成为情节的构成因素，从背景走向了前台。到了二十世纪，作品越来越强调真实地表现人对世界的认识的个人性、主观性，而不是宣称揭示一个普遍客观的真理世界。同时，人们对外部世界的重大转折和人类整体命运也关注少了，不再像过去那样认为它们对每个人的命运起决定性的作用，而倒是日常生活中的时时刻刻包含了生命意义的全部。人们开始怀疑把重大事件按照宏大时间序列排列起来到底是否可以言说这个世界和人类命运。于是，日常的生活和内心的世界成为二十世纪文学的主题。

维吉尼亚·伍尔芙（Virginia Woolf）的小说中，日常生活细节是她的作品的外部情节主线，但这些细节只起到穿针引线的引子作用，引出来的是广博深邃的内心世界。在《到灯塔去》中，一串蛋白石项链、一只折了翅膀的乌鸦、一只蜡烛都引出一束眼光的投射，一阵独特的思索，一种个性化的理解，一个主观的评价。外部情节在整个作品中无足轻重，而内心世界又可包容整个宇宙，时间通过意识的流动贯穿整部作品。但是，在《到灯塔去》中，并不是以一个意识观察世界，而是多个不同的、个性的、主观的意识包围着同一个对象（拉姆齐夫人）各抒己见，通过展示不同的内心和主观世界来力图把握世界的真实。但这种真实最终被一种直觉或意识状态所取代（最后结尾，画家莉莉·布里斯科在多年没有完成的画的中央添了一笔，以终于画出了心中的拉姆齐夫人而结束全书）。

马塞尔·普鲁斯特（Marcel Proust）的《追忆似水年华》也是从生活的琐事引发心灵中的记忆，但这些琐事更具偶然性，偶然注意到的茶杯里旋转的茶花的形状，小甜糕的味道，教堂的尖顶，等等，这些偶然的事都引起记忆再现已经逝去的、与之相关的美好时刻。这种偶然性摆脱了现时性意识对记忆的安排和控制，而呈现回忆的本真性和丰富性。在更多的作品中，回忆和倒叙都是为现时的故事服务的，或是引出一个（或多个）框架故事（frame story），回忆再现的内容受到现时逻辑和整个宏大外部时间的制约和规范。普鲁斯特的不同在于，他从一个独立于任何现时逻辑和秩序的偶然事件出发，以自由驰骋的意识为向导，深入到记忆的深层中，逐层透视记忆中的影像。叙述拨开记忆中时间的层层积淀，呈现给我们那似水的年华中已凝固的、永恒的瞬间。

时间在文学作品中不断变换形式地被表现出来，特别是现代主义小说，时间成为了叙述的主题。从作品中我们看到了人类精神的状况,生命个体失去了精神家园和无家可归的景遇。我们面对不可逆转的时间流逝,希冀在文学作品中使不经意的分分秒秒常驻、永恒。

(王炎:《小说的时间性与现代性》,外语教学与研究出版社2007年版。)

解释学与方法论

解释学(hermeneutics)一词来自希腊文 Hermenia,即为宙斯传递消息的神。因此,这门学科最初是一种有关宗教和经典文献理解和解释的理论或哲学,又译作诠释学或释义学。早期的解释学有两种形式,一种是对法律进行的法学解释,另一种是对圣经和经典文献的神学和文献学解释。在 17 世纪,圣经学研究学者汤恩豪塞尔出版了《圣经解释学或圣经文献解释方法》(1654)一书,从这部书开始,"解释学"一词才得以第一次正式使用。但到 18 世纪为止,从语文学(philology)和神学(theology)成长起来的解释学,作为一个学科仍是零散的,只服务于说教的目的。直到 19 世纪,德国哲学家施莱尔马赫(Schleiermacher)才把解释学作为文化科学的方法论加以特别的研究,使解释学成为一门关于理解和解释的一般学说,从而摆脱了一切教义的偶然和武断的因素。基于深入研究柏拉图和圣经新约的独特体验,施莱尔马赫强调解释学首先应该是一种解释的方法,即寻求一种心理学意义上的理解,以便揭示那些活在文本作者心中的原则或者观念;而解释的目的就是要克服误解,正确理解字里行间中表达出来的作者的原意。

德国哲学家狄尔泰(Wilhelm Dilthey)进一步发展了施莱尔马赫的解释学,狄尔泰的观点是解释的对象主要是人类生活和历史的过程,而不只是考证和注释,所以首先要对生活和历史本身进行探索。他还将解释学当作重视作者的原本创作过程、同时为人文科学提供一个客观性基础的方法论;当然这种基础还不同于自然科学中的所谓"客观性"基础。施莱尔马赫和狄尔泰创立的传统解释学,将理解当作认知的一个辅助手段,并将解释学本身当作一种技巧而非哲学来看待,因此人们也称传统解释学为"狭义解释学"。

解释学在20世纪完成了一种由认识论到本体论的革命,这场革命的中心人物是海德格尔(Martin Heidegger)、伽达默尔(Hans-Georg Gadamer)和利科(Paul Ricoeur)。按照海德格尔的观点,解释学不再是研究我们怎样理解本文、历史或人物传记,而是领悟只有通过理解才能存在的那种存在者的存在方式。理解是"此在"(Dasein)存在的方式,作为存在的人的本质就是理解活动,人是通过理解而存在的。在海德格尔的现象哲学框架内,理解被视为人类生存的根本方式,或者与世界相连的"此在"的各种可能性的抛投。对海氏来说,解释学在看待人类生存时,就如同看待"类似文本者";或者说,我们要揭示人类生存这个充满意义的文本。以这种方式,解释学成了哲学本身。解释学的循环也就涉及解释缘在的存在,而不仅是澄清文本字面的语义。

伽达默尔在海德格尔关于理解或领悟的看法基础上,发展出来一般解释学或"广义解释学",也被称为"哲学解释学"。他认为理解不只是一个方法论问题,其目的也不仅仅为了制定一组解释规则。理解或领悟应被视为人类生存状态的基本特点,因此,解释学是存在论的而不是方法论的,其目标应是去揭示各种理解现象所依据的基本条件。人文科学的对象是我们遗产的一部分,又是历史的一部分;我们已经属于历史,历史语境主导了我们理解的方向。在人文科学中要求独立于历史主体的客观性是不得要领的,因为所有理解一定会带有历史性的偏见,绝不会是纯客观的。没有任何解释可能是最终性的,理解是在解释者和文本之间的不断游动。伽达默尔在《真理和方法》中得出如下结论:"因此,这里展示的解释学不是人文学科的方法论,而是试图超出这些学科方法论的自我意识,去理解人文科学到底是什么,以及什么将它们与我们对于世界的总体经验联系起来。"

利科的哲学解释学试图把存在论、认识论和方法论结合起来,他的工作主要是通过对神话、梦、想象、符号、叙事和思想体系的分析来展开的。解释学揭示了我们如何束缚于前意义的存在论,解释学也证明了前理解先于任何认识论的范畴。我们应该从存在论的层面来提出解释,而这又只能通过对语言、神话、意识形态和无意识的分析来达到。哲学解释学的任务在于提出一个标准,这个标准将为各种解释学的范围确定一个理论的界限,以便对各种冲突的解释进行仲裁。利科的解释学把人本主义哲学、心理学、分析哲学、语言哲学等理论融合在一起,他尤其强调语言的存在论地位,认为语言和世界的关系乃是存在论意义上的关系,我们所能认识的世界只能是语言的世界。正因为人和世界的关系本质上是语言的,因此,解释学不仅被当作人文科学的方法论基础,而且也被当作哲学的一个普遍方法。解释学已成为20世纪的主要哲学思潮之一,它对当代西方哲学和文学理论的发展有着深远的影响。

(本文原载于《国外理论动态》2006年第4期。)

第三编

历史影像中的文化记忆

电影中的历史与见证

一

2006年3月5日，第78届奥斯卡奖落下帷幕，《撞车》《断背山》《卡波特》《辛瑞娜》等作品分获最佳影片、最佳导演、最佳男主角等奖项，而好莱坞著名导演斯皮尔伯格(Steven Spielberg)斥7000万美元巨资拍摄的影片《慕尼黑》(*Munich*，2005年12月)却颗粒无收。据说该片的预算超过《断背山》《撞车》和《卡波特》等影片成本的总和，斯皮尔伯格满怀希望地携该片来夺魁，结果却一败涂地。这是在影响深远的《辛德勒的名单》(*Schindler's List*)获得极大成功的12年之后，斯皮尔伯格再度制作的一部严肃的犹太"历史题材"影片，但是与《辛德勒的名单》的命运截然不同，《慕尼黑》不仅与奥斯卡奖失之交臂，而且在影评界也颇受争议。

美国右翼影评(如 *The American Thinker*)立刻对影片的上映作出反应：斯皮尔伯格在创作《辛德勒的名单》时曾功德无量，他既对新生代的电影观众进行了第二次世界大战屠犹的历史主义教育，又为"犹太复国主义"(Zionism)提供了丰厚的历史话语资源；而新片《慕尼黑》却抵消了他以前的功绩，把以色列清除1972年奥林匹克绑架案幕后罪魁祸首——巴勒斯坦解放组织的行动，描绘成一个以暴易暴的复仇暴行，从而也就肯定了当今世界上的"纳粹幽灵"——"邪恶的"穆斯林圣战(见 *The American Thinker*，*March* 3rd，2006年)。右翼势力在影片上映前就发动了"对《慕尼黑》的战争"(The War on"*Munich*")，号召抵制该片的上映。与此同时，左翼和阿拉伯影评也严词批评《慕尼黑》，认为虽然该片揭示了巴以之间“以眼还眼”的报复行为是循环往复、永无休止的，以色列和美国以暴易暴的反恐行动也不能带来和平，但是斯皮尔伯格的道德追问和政治批判却没有离开犹太复国主义的基本思想框架。一篇左派影评批评道：斯皮尔伯格没有勇气承认巴以冲突和恐怖行动，是因以色列建国并武力抢占巴勒斯坦人的土地而起，更重要的是，影片蕴含了一种道德焦虑，这种焦虑并不是对巴勒斯坦受害者的同情，而是对胜利者道德退化的担忧；其含义恰如其分地由片中理想化的人物——以色列前总理果尔达·梅厄（Golda Meir）对埃及前总统萨达特说过的一段名言中表达了出来：“我们可以宽恕你们杀害我们的儿子，却永远不能宽恕你们驱使我们杀害你们的儿子。”（We can forgive you for killing our sons, but we will never forgive you for making us kill yours.）该评论认为这是犹太复国主义的经典叙事，它只对以色列人的灵魂因与阿拉伯人冲突而堕落，表达了深深的忧愁与悲哀。①

《慕尼黑》在2006年的遭遇与《辛德勒的名单》在1993年的风光反差太大了，《辛德勒的名单》在当时获得各方一致好评，享誉全球，并获当年奥斯卡最佳影片、最佳导演等七项大奖，后来其他各种各样的奖项过百。而《慕尼黑》刚一上映就被批评和谩骂淹没了，很少有哪部政治性的影片会这样两头不讨好。是什么原因使《慕尼黑》如此命运多舛？又是什么原因使一位精明、成功的商业影片大师遭此惨败？

斯皮尔伯格是位自学成才的艺术家，从名不见经传的电视片做起，一步步成为好莱坞大导演。一贯以制作商业片著称的他，执导的商业影片几乎无一例外地获得票房成功。但是，在大量生产梦工厂产品的同时，他一直有个心结无法释怀，那就是他犹太人的身份和犹太民族的历史之间千丝万缕的钩连。在一次采访中，他谈到儿时的记忆影响了他一生的道路。从他记事起，他最怕过圣诞节，因为邻居每家都会点起圣诞树上的彩灯，合家团聚吃圣诞晚餐，孩子们热切地盼望着圣诞礼物。而他家里却一片漆黑，不开灯也不使用任何电器。因为犹太家庭不过圣诞节，而照例在每周的安息日不开火、不使用工具。在圣诞节时，小斯皮尔伯格开始意识到自己与其他孩子的不同。在上小学时，

① Kim Bullimore, “Munich”, in *Green Left Weekly*, February 15, 2006.

他为出生在一个“正统犹太”(Orthodox Jew)家庭而感到羞耻,不好意思请同学到家里来,怕人家看到爷爷总穿着黑长袍、黑礼帽,不时地面对墙角祈祷。[①]在成年时期的奋斗中,他一直感到自己是社会中的他者。应该说《辛德勒的名单》是他身份探索之旅的开始,这部影片花了斯皮尔伯格大量的心血和时间,他不断地穿梭于美国、波兰和以色列之间,收集了大量一手材料,采访了无数犹太幸存者和前德国纳粹人员,历时 10 年才完成了这部历史巨片,但斯皮尔伯格却认为,他用了一生为这部电影作准备。《辛德勒的名单》是斯皮尔伯格对自己身份认同的一种交代。在一次采访中,他对记者说:爷爷、奶奶时常讲述大屠杀的故事,但只在电影制作的过程中,他才真正发现了自己的犹太性(Jewishness);他要制作一部作品可以向家庭和自己确认犹太身份,他还要让子女为作为人类历史上最古老民族的一员而自豪。[②] 斯皮尔伯格与其他离散的,以及在以色列的犹太人一样,都以第二次世界大战屠杀 600 万欧洲犹太人为民族独特的历史记忆。通过这部影片,斯皮尔伯格给凝聚犹太民族的集体无意识一个鲜活的影像,也是通过这部影片,他本人与犹太民族的认同想象建立了一种现实的关联。当然,身份探索的精神之旅并没有就此结束,相隔 12 年之后,斯皮尔伯格在“9·11”事件和美国“反恐”的时代背景下,再次踏上犹太人身份的政治之旅,开始追问犹太民族的历史记忆与个人经验之间的关系。如果说《辛德勒的名单》重构了犹太人的集体记忆,那么《慕尼黑》就是在探究犹太人个体经验与族群历史意识形态之间的冲突与暗合。影片选取一个几乎被大众忘怀的历史事件,这一事件往往被犹太史学家视为国际恐怖主义的开端,它也成为斯皮尔伯格问题意识的新切入点。那么,为什么斯皮尔伯格会从 1972 年奥林匹克恐怖事件入手,继续展开他民族身份与历史记忆的深入思考呢?

---

① Steven Spielberg, “We can't Just Sit Back and Hope”, interview by Dotson Rader, in *Parade Magazine*, March 27, 1994, p.3.

② Steven Spielberg, “We can't Just Sit Back and Hope”, interview by Dotson Rader, in *Parade Magazine*, March 27, 1994, p.6.

二

1972 年,国际奥林匹克运动会在慕尼黑举行。9 月 5 日凌晨 4 点 30 分,八名身穿田径运动衣的巴勒斯坦人,爬过奥林匹克村的铁栅栏,潜入以色列运动员的驻地。虽然当时有运动员看到他们翻越栅栏,却以为是被关在大门外的晚归运动员。这几个阿拉伯恐怖分子先撬开以色列摔跤教练摩舍·温博格(Moshe Weinberg)的房门,与温博格以及其他以色列运动员扭打在一起。温博格和一位举重运动员约瑟法·罗曼诺(Yossef Romano)勇猛地击伤三名闯入者,随后被恐怖分子枪杀。恐怖分子最后抓到九名以色列运动员,捆绑起来作为人质。当日 9 点 30 分,恐怖分子对西德警方宣布他们是"黑色九月组织"(Black September,以色列认为是巴解组织的一个分支),要求以色列释放 200 名阿拉伯囚犯,并让德国提供恐怖分子安全离开的通道。以色列总理梅厄的态度非常坚决:不向恐怖主义妥协! 西德政府决定设计诱杀恐怖人员。德警方与"黑色九月组织"通过紧张的谈判达成协议:警方提供飞机运送人质和恐怖分子到开罗。当晚 10 点 30 分,西德警方用直升机将九名人质和八名恐怖分子运抵北约空军基地(Firstenfeldbruck),假做接转长途客机的机场。这时,早已埋伏在那里的狙击手开始射杀恐怖分子,鲁蒂夫·阿斐夫(Luttif Afif)等五名巴勒斯坦人被当场击毙,一架装载人质的直升机被恐怖分子引爆,其他人质被恐怖分子枪杀,三名恐怖分子被抓获。

第二天,国际奥委会宣布运动会休会 24 小时哀悼 11 名殉难的以色列运动员,之后运动会继续举行。紧接着 10 月 29 日,一架德国汉莎航空公司的班机被劫持,劫持者要求释放三名被捕的恐怖分子,西德政府屈服了,释放了在押的恐怖分子。1976 年,英国广播公司把整个恐怖事件翻拍成一部 100 分钟的影片《慕尼黑 21 小时》(*21 Hours at Munich*),该片用纪实的叙事,将整个事件的大量细节再现出来,但不作任何价值判断,体现了一种 BBC 特有的客观、冷静的纪录片风格,使这部故事片获得了很大的成功。在 2005 年,为了配合斯皮尔伯格的影片《慕尼黑》上映,索尼公司推出《慕尼黑 21 小时》的 DVD

版，再次热销。当然，斯皮尔伯格的新作并没有翻拍这部电视片，而只是以1972年慕尼黑事件作为自己故事的开篇背景，影片《慕尼黑》更像是《慕尼黑21小时》的续集，叙述慕尼黑事件之后的故事。

愤怒的以色列总理梅厄下令给以色列情报部门摩萨德(Mossad)，将恐怖事件背后的元凶绳之以法。一位加拿大作家兼记者乔治·约纳斯(George Jonas)出版了一本畅销书《复仇：一个以色列反恐小组的真实故事》(*Vengeance: The True Story of an Israeli Counter-Terrorist Team*)，并称是根据一位以色列特工阿维夫(Juval Aviv)的回忆，详细记述了摩萨德如何执行梅厄的命令，计划了一个大胆的暗杀行动，代号"上帝的惩罚"(Wrath of God)。该行动是由摩萨德组建几个暗杀行动小组，追杀11名与慕尼黑事件有牵连的巴勒斯坦人(与以色列受害者同样的人数)，其中一个小组从外部招募训练有素的专家，完全在情报部门体制外运作，从民间秘密渠道获得大量资金，以有效支持行动的运转。行动完成时，该小组刺杀了五名与巴解组织有关的人，其他小组干掉了三人，剩下的三人，一个自然死亡，两个被暗杀，但不能肯定是摩萨德所为。以色列政府断然否定这本书的真实性，称阿维夫根本不是暗杀小组的领导，该书实际上是根据一个巴解组织成员的异想天开编撰而成的。托尼·库什纳(Tony Kushner)正是根据这本畅销书为斯皮尔伯格编写了《慕尼黑》的剧本。

三

影片以一个年轻的摩萨德特工阿夫纳(Avner)为主人公，他是战斗英雄兼总理私人保镖的儿子，结婚不久，爱人已经怀上了第一个孩子。他从电视里看到慕尼黑事件，总理梅厄把他召到身边，告诉他"一切已经改变了"("9·11"后布什政府也用了同样的措辞)，希望他执行一项特殊使命。于是，以阿夫纳为首的五人暗杀小组成立了，小组其他四名成员分别是爆破、伪造、清理等方面的专家。他们到罗马、巴黎、塞浦路斯、贝鲁特和雅典等地消灭摩萨德指定的目标。影片叙事有张有弛，节奏把握非常到位。斯皮尔伯格这位特技和镜头运用大师，把刺杀的细节和暴力的恐怖表现得淋漓尽致，极其逼真。人物心理描写与故事的推进保持有机的互动，导演一贯悲天悯人的人道关怀与谋杀机器的冷漠、精确奇异地结合在一起，使影片内部蕴含了巨大的张力，产生独特的美感。该片有好莱坞商业“动作片”的形式，却同时负载着历史、政治和哲学的深刻思考，让人很难将该片归入任何一种电影类型。有影评认为《慕尼黑》不是一部以商业回报为目的的影片，斯皮尔伯格执导这部影片有相当大的勇气，该片超越了他以前作品的政治意识和思想框架。我们也许可以用斯皮尔伯格上一部同主题的影片《辛德勒的名单》作为参照，对《慕尼黑》做文本细读式的分析，看看这部影片到底实现了哪些超越。

虽然《辛德勒的名单》获得了极大的商业成功，斯皮尔伯格甚至用该片的利润建立起几家慈善性质的犹太大屠杀基金会，如“义人基金会”（the Righteous Persons Foundation）；而且还实现了个人的梦想，与朋友合伙建立了自己的制片公司“梦工厂 SKG”（Dream Works SKG）。但是在《辛德勒的名单》制作之初，斯皮尔伯格并没有预期到会有如此的票房回报。他曾回忆说：“在 1982 年买下卡涅利（Thomas Keneally）《辛德勒的名单》的版权时，我并不知道如何拍摄。这是第一部我作为一个人而不是电影制作人来拍摄的片子……我终于意识到，我的人生已经到了这样一个时刻：我不仅仅从电影中索取，而且要往电影里投回一些东西。”[①]斯皮尔伯格制作《辛德勒的名单》时，自己出资拍摄，不期望商业回报，甚至不是为了得奖。他所要“投回的一些东西”，一方面是给犹太民族一个值得骄傲的历史记忆；另一方面，他要给这个古老的民族以“力量”。在一段有趣的采访对话中，斯皮尔伯格提到在上高中时，他拍摄了三部业余影片之后，就开始意识到“电影就是力量（power，或权力）”[②]。因为有一个高中同学，是个不识多少大字的 WASP（白人盎格鲁-萨克逊新教徒）“混混”，平时语言单调匮乏，但骂起斯皮尔伯格来，却有一套套的反犹言论，且花样翻新，颇让少年斯皮尔伯格烦恼。为了战胜自己的怯懦，他邀请这个小无赖扮演一个片中人物。通过镜头发现，不需要语言他就可以

① Steven Spielberg, “We can't Just Sit Back and Hope”, interview by Dotson Rader, in *Parade Magazine*, March 27, 1999, p.7.

② Steven Spielberg, “We can't Just Sit Back and Hope”, interview by Dotson Rader, in *Parade Magazine*, March 27, 1999, p.4.

任意摆布人物,利用电影镜头这个自我反省与自我表达的有效工具,他可以把令人恐惧的人和事轻松地把玩于股掌之中。

在斯皮尔伯格的镜头下,20 世纪 40 年代的波兰犹太人聚集区和奥斯维辛集中营,挤满了表情呆板、行色匆匆、单一色调的犹太人群,与厉声喝喊着命令、任意杀戮犹太人、训练有素的纳粹有着鲜明的对比。影片用黑白胶片,大量运用远景,呈现给观众一个无差别、无个性、无内心活动的纪录片史料式的影像世界。斯皮尔伯格在这部影片中,有强烈的"见证"欲望,他要给那些否认大屠杀的人一个最后的回答:犹太大屠杀确实发生过。① 所以,影片为了追求真实记录的效果,而省略了个性和心理的塑造,按影评家葛瑞格·雷文(Greg Raven)的观点就是:《辛德勒的名单》中所有人物的行为,都缺乏基本的动机。② 片中所有纳粹是脸谱化的,他们只知道杀戮和虐待犹太人,即使能在钢琴上优美地弹奏出莫扎特,或有着完全不同的教育背景,他们也无差别的野蛮和残酷。犹太人也一样脸谱化,盲目顺从,逆来顺受,从不想抗争,还任凭命运摆布。甚至主人公辛德勒也是个苍白的人物,从一个一心只想发战争财的纳粹党徒,突然转变成不惜倾家荡产来拯救犹太人的义者,是什么促成这种戏剧性的变化,观众不甚了了(历史上的辛德勒是卷巨款潜逃的)。③ 斯皮尔伯格的目的在于制作一部没有复杂矛盾也无暧昧不清的"真实电影"(cinema vérité)。大量运用游机拍摄也是为给观众营造一种纪录资料片的效果,这是一部虚构的、着意烘托纪录片氛围的"伪历史片"。而《慕尼黑》则恰恰相反,影片开头索性采用当时的纪录资料片,新闻报道般地交代一下历史背景,然后一开始进入主题叙述,就烘托主人公的心理困惑。如果说《辛德勒的名单》是要观众不存疑虑地相信作品虚构的影像世界,那么《慕尼黑》却要观众与主人公一起思考、怀疑电影镜头"如实"记录下来的历史事件和其背后的含义。所以,《慕尼黑》是一部心理片,一部问题片。该片通过主人公阿夫纳在执行刺杀行动的

---

① Greg Raven, "Review of Schindler's List", in *Journal of Historical Review*, Vol. 14, No. 3, May/June, 1994.

② Greg Raven, "Review of Schindler's List", in *Journal of Historical Review*, Vol. 14, No. 3, May/June, 1994.

③ Greg Raven, "Review of Schindler's List", in *Journal of Historical Review*, Vol. 14, No. 3, May/June, 1994.

过程中，心里产生的矛盾和变化，来探询一个《辛德勒的名单》不肯面对的问题：什么使犹太人成为犹太人？或者说，什么是犹太性？犹太人的灵魂代表着什么？

四

应该说，《辛德勒的名单》有一个明确无误的价值判断，犹太人历经深重的困难之后，必然被拯救。虽然不是依靠犹太人自己的力量，但美国大兵或一个德国纳粹军火商最终会把犹太人带出人间浩劫。整个 3 小时 16 分钟的影片，绝大部分用黑白胶片，只是最后不到 10 分钟的部分是色彩鲜亮的彩色画面。影片的结尾是“辛德勒的犹太人”（The Schindler's Jews），在以色列过上了幸福美满的战后生活，都已子孙满堂，到耶路撒冷的辛德勒墓前，祭奠这位德国义人。一个圆满的劫后余生、光明救赎的人性故事。《慕尼黑》也是以一场所谓“慕尼黑屠杀”（The Munich Massacre）作为开篇，新生的犹太政权决定使用自己强有力的情报机关实施报复性刺杀行动，以告慰受难者和家属。但影片的主人公和行动小组成员，却对使命自始至终怀疑、困惑，人物复杂的心理波动，使这个贯穿影片始终的以色列事业所具有的正义性受到怀疑。特别是在目标被清除后，行动小组没有感到胜利的喜悦，更没有为国效力的神圣感。相反，他们尴尬、困惑，甚至失去了活下去的勇气。在以色列官方给予行动小组高度评价和充分肯定之后，愤怒的主人公阿夫纳却举家离开祖国，迁往纽约的布鲁克林生活。一个犹太民族自我救赎的寓言，却以逃到美国寻找避难所为结局。

这部影片在《辛德勒的名单》之后，继续追问受害者的情感与自己伤痛记忆之间的关系，以及受害之后，加害是否具有合法性和是否正义等问题。显然，《慕尼黑》没有停留在对 1972 年慕尼黑事件和之后的报复的追问上，影片还对犹太人的灵魂做了进一步的拷问：即第二次世界大战期间欧洲六百万犹太人被屠杀，是否可以成为驱逐、屠杀巴勒斯坦人，建立以色列国的充分依据。这是影片《慕尼黑》最深刻、最有勇气的思想探索。它触及犹太人生存现状与历史记忆的互动关系中最敏感的问题：那就是犹太人被屠杀、灭绝的历史，是否可以被当作犹太民族争夺生存空间的道德资源。这一思考在片中通过主人公阿夫纳与母亲的对话展现出来。阿母虽然不清楚儿子在做什么,但作为一个纳粹屠犹的幸存者,凭直觉她支持儿子为国效力。纳粹集中营里的恐怖所塑造出来的冷酷、坚强的个性,使她教诲儿子道:“听够了那些人性善的废话!看看发生在我们自己身上的事就知道人性是什么了:卑劣、残酷。我们一样也可以卑劣、残酷。我们必须去争夺土地,因为没有人会给我们土地。无论过去和现在花了什么代价,我们最终在世界上有了一块自己的地方。”受害者吸收、内化了加害者的逻辑,这也是以以色列第一代领导人本·古里安(Ben Gurion)为代表的犹太复国主义的基本逻辑。这个逻辑造成了半个世纪的动荡、冲突的中东局势,以眼还眼的复仇怪圈吞噬着犹太人和阿拉伯人的生命。但是,阿夫纳从一个追杀巴解成员的刺客,到变成一个被追杀的目标,个人的经历使他难以认同这种报复逻辑。他选择了逃避,移民到美国寻找自由、稳定的生活。但血腥暴力的梦魇一直伴随着他和他的家人,他总觉得被人跟踪,根本无法甩掉过去。同时,在纽约这个繁华喧闹的国际大都市里,他比以往任何时候都更清晰地意识到自己的犹太人身份。他到以色列驻纽约领事馆大闹一番,痛快地发泄了闷在心中的怨气,但之后却又理不清与那新生的犹太国家魂牵梦绕的情感。当摩萨德的头子埃夫兰(Ephraim)到纽约来探望主人公时,他邀请阿夫纳回到父母用双手建立起来的祖国,深情地说:“你父亲病了,母亲会孤独的,回家去吧。”阿夫纳拒绝了,但他真诚地邀请这位老上级,像个老朋友、一个纽约的过客那样到家里吃个饭、叙叙旧。埃夫兰却板起了一副公事公办的面孔,断然拒绝了。这恐怕是所有离散犹太人(Diaspora)的共同经验和处境:一方面只认同自己的犹太身份,而拒绝效忠自己的国籍所在国;另一方面,批评犹太复国主义思想,反对以色列的阿拉伯政策,对以色列怀有复杂、暧昧的情感。因此,他们往往在居住国是他者,对以色列来说也是外人。

五

之所以说斯皮尔伯格超越了以前影片的思想框架,是因为他在《慕尼黑》

中表现出的魄力：把第二次世界大战屠犹的历史与犹太民族的现实处境直接联系起来，通过影像呈现出焦虑与困惑，质疑战后犹太人不加反思的“自鸣”逻辑。欧洲屠犹导致了犹太人在巴勒斯坦复国，然后无保留地依靠美国的庇护实现复国梦想。作为第二代离散的美国犹太移民，斯皮尔伯格对犹太人在世界上的尴尬境况，有着深切的体验。这位制造梦幻影像的大师，曾在每部作品中一以贯之其普遍人性的理想主义价值观。无论是关乎犹太人命运的历史题材，还是科幻、自然灾难的大制作娱乐片，总会有一条固定不变的价值主线：超越民族、文化，甚至星际差别的普遍人性的善，最终会战胜自利、褊狭、敌意的恶，整个人类以共同的人性为基础建设和平的家园。这种被斯皮尔伯格称为“老派的价值观”（old-fashioned values）①，与传统漂泊、离散犹太人的国际主义思想息息相关。但随着年龄的增长，他开始意识到，现实的犹太复国事业已经改变了传统的犹太理想。他把自己的离散犹太人经验和多元文明的冲突，一点点填充到作品的抽象价值判断之中。特别是经历了“9·11”事件，在这个因巴以冲突和美国中东政策而引发的惨剧之后，这位敢于直面现实的艺术家，再次思考犹太人的命运与人类正义的关系。《慕尼黑》虽然从一个具体的恐怖事件入手，却展开了一个有纵深和整体感的大历史：它将第二次世界大战大屠杀、以色列复国、巴以冲突、国际恐怖主义串连起来，形成一个有内在关联的历史线索，在慕尼黑事件的发展中，揭示犹太国家在当代国际政治中的困境。与之相对照的是，《辛德勒的名单》虽然从一个屠杀六百万犹太人的宏大历史入手，却只给观众一个平面的意识形态化叙述：给犹太人的浩劫以再现的影像，以便确证那段历史。

许多影评认为，《慕尼黑》是一部反战的现实政治题材片，影片以一个极具象征意味的纽约“双子塔”的远景镜头做结尾，寓意布什政府的“反恐”战争与以色列的报复刺杀行动相同，只会带来更深的仇恨。但实际上，《慕尼黑》不同于在2005年“热炒”的几部反战政治片，斯皮尔伯格的犹太意识和历史感使这部作品有更深、更复杂的含义。影片主人公是个以色列复国英雄的儿

---

① Greg Raven, “Review of Schindler's List”, in *Journal of Historical Review*, Vol. 14, No. 3, May/June, 1994.

子，一个优秀的摩萨德军官，却在国家使命和个人良知之间徘徊，最后因在两难之间无法抉择而背井离乡。但逃避并没有使他解脱，相反，文化身份与集体历史记忆仍然如影相随，逼迫他回答：他是谁？如何做一个真正的犹太人？犹太性到底是什么？《慕尼黑》没有像亨利·比恩（Henry Bean）的影片《信徒》（*The Believer*，2001年）那样直白地回答这些问题。比恩在《信徒》中塑造了一个表面非常分裂内部却又能统一的人物：丹尼·巴林特（Danny Balint）。他是个狂热的犹太教徒，同时也是个新纳粹主义者。他既认为犹太人是“上帝的选民”，又疯狂地反犹。但他本人并不觉得矛盾，因他有一个极端的种族逻辑：犹太人是高贵的上帝选民，是纯粹的人种，就像雅利安人一样；它的本质就是它的抽象性，即犹太人是无根的，既无土地又无家园；它以其他民族为媒介，通过金融、投机、思想来统治世界；一旦犹太人拥有了土地（像以色列的犹太人那样），也就失去了抽象性和纯粹性，蜕变为与其他民族一样怯懦、愚蠢。丹尼自己之所以既是犹太教徒又是新纳粹，只因为他崇尚犹太人的抽象性，仇恨现代犹太人的现实性，他真正的敌人就是他自己。斯皮尔伯格当然不会在片中用这种思辨言说的方式来讨论犹太问题，他喜欢把人物放入具体的行动中来展示困境：阿夫纳和他的同伴们因同胞被杀而刺杀凶手，结果被追杀得走投无路，却不能放弃报复行动。这也许就是斯皮尔伯格要表达的犹太人的处境，也许是汉娜·阿伦特所说的“人类的状况”（The Human Condition）。

（本文原载《文艺理论与批评》2006年第3期。人大复印报刊资料《影视艺术》2006年第10期全文转载。）

历史记忆的真实再现

一

2007年5月,纽约一年一度的"翠贝卡电影节(Tribeca Film Festival)"上,放映了一部不同寻常的影片——《南京》(*Nanking*)。这部由美国在线(AOL)副总裁泰德·里昂西斯(Ted Leonsis)制片,里昂西斯是在书店里偶尔看到张纯如的书《南京暴行:被遗忘的大屠杀》(*The Rape of Nanking*: *The Forgotten Holocaust of World War II*),就来了灵感,决定出资20万美元制作这部纪录片。他聘请比尔·古登泰格(Bill Guttentag)和丹·史度曼(Dan Sturman)担任导演,该片在纽约放映时,评论界反应很平淡。但美国TINKFilm影业公司还是宣布买下北美放映权,于2007年下半年在院线有限放映。可在大洋的另一端却不那么平静,日本文部科学大臣中山成彬在东京举行记者招待会,称不会对诬蔑日本人为野蛮民族的恶意宣传片视而不见,要斥资200万美元拍摄《南京真相》,给影片《南京》的放映所造成的恶劣影响"消毒"。一小撮日本右翼势力也开始鼓噪:日本军队占领南京时,不过是一场再普通不过的军事行动,根本没有什么特殊的事件发生。

当导演古登泰格和史度曼飞到北京参加《南京》首映时,他们感受到了前所未有的热情回应。首先是官方大开绿灯,剧本顺利通过,在中国每年只进口20部外国影片的紧俏配额中,《南京》在大片《加勒比海盗》和《变形金刚》的轮番轰炸下,见缝插针,小众观赏。在南京,竟出现了热心人慷慨解囊,请千名观众免费观影的"壮举"。还有两家影院主动降低票价到10元,让更多的国人回顾过去，勿忘国耻。两位美国导演与中国观众一起欣赏自己执导的影片，发现影院里的观众早被深深地感染，场面动人，中国之行令他们很难忘。

二

偶然的机会我在北京大学百年讲堂看了《南京》，当时观众席挤得满满的，“座无虚席”不再有修辞意味，巨大的放映厅已经没有一个空位子。不像国产重大题材主旋律影片一般由单位组织观看，这次在北大讲堂看电影的观众，全部自费。影片长 90 分钟，没有像其他纪录片那样依赖旁白，而是选优秀演员扮演当事人直接对着镜头讲述历史。22 名滞留南京的西方人是电影的主角和叙事者，穿插了一些大屠杀幸存者或其后裔的访谈，并配有中央新闻纪录电影制片厂和南京大屠杀遇难同胞纪念馆提供的影像档案资料，作为主叙事的脚注。虽然该片调用了大量翔实、准确的档案史料，但它的叙事风格颇似朗兹曼著名的纪录片《浩劫》(*Shoah*，1985 年)。在《浩劫》这部片子中，朗兹曼(Claude Lanzmann)创造了一种新叙事形式——九个多小时的纪录片完全依赖口述，而拒绝使用任何影像档案资料，因为他认为影像无法再现大屠杀的极端性。同时，这位法裔犹太艺术家提倡一种暴力美学，即整个影片是关于毁灭的，而不涉及拯救或救赎。他坚持用古希伯来词“shoah”(意思是混乱、劫难、毁灭等)作为片名，而反对使用通常的“Holocaust”(大屠杀)。因为“Holocaust”隐含了牲祭的意思，也就暗示了救赎的可能。

但在意义层面上，美国版的《南京》没有步朗兹曼的后尘，而更贴近斯皮尔伯格的大屠杀美学，即把屠杀演绎成一个人性故事。《南京》不是人们所期待的毁灭悲剧，而是一个英雄与拯救的道德剧。就像《辛德勒的名单》一样，这部影片通过拯救英雄的视角，讲述一个城市的陷落、屠城、强奸、劫掠和焚毁。22 名客居南京的欧美传教士、修女、商人、教师凭藉非凡的勇气、惊人的毅力和高尚的基督精神，与残暴的日本占领军周旋，建立安全区，拯救 20 万中国平民和士兵免遭生灵涂炭。

大讲堂里已是一片啜泣声。一个带着孩子的母亲哭成了泪人，还时不时腾出擦眼泪的手捂住小孩的眼睛，小声叨念着：要知道这么惨，就不带你来了。片尾长长的字幕滚动着，没有一个观众起身，像是默哀、像是致敬。当字幕打出："献给张纯如女士"时，大家再也控制不住泣声一片。大讲堂的灯光显得格外刺眼，观众低着头，步履缓慢地离开大厅。我有意听听大家的观后感，有人说："太感人了，人家拍我们的历史，让咱们这么感动，我们自己怎么就拍不出来呢？"另一观众插话："这部电影让我感觉与以前了解的南京大屠杀不太一样，可是又没有看出什么新内容来。"她边上的男友补充道："这部片子是从西方人的角度，整个南京大屠杀变成了几个外国人救出了 20 万中国人的历史。""哦，真是谁讲历史就是谁的历史呀。""谁让中国人拍不出来呢，人家拿走了我们的历史。"

其实，中国大陆也拍过南京大屠杀题材的影片，如 1982 年的纪录片《南京大屠杀》、1987 年的故事片《屠城血证》、1995 年的故事片《南京大屠杀》和 2002 年的故事片《五月八月》等。不能说我们自己没有意愿去拍南京大屠杀电影，只是它们影响不大，没有给人们留下深刻印象。也不能说中国人忘记了国耻，因为官方的纪念活动和爱国主义教育从未间断过，民间也自发收集历史材料、维护受害者权益、跨国诉讼，甚至抗议活动此起彼伏。学校常组织学生观摩大屠杀电影，让青少年记住过去，不忘历史。但如果你提起这些片名，却很少会有人知道。每逢纪念日重提国殇，人们或者带着抵触情绪：觉得这是政治宣传或老生常谈；或马上想到中日关系：日本能否诚心忏悔？是否篡改了历史教科书？右翼势力是否又要抬头？等等。似乎这段历史只与日本关系重大，而与我们自己却相去渐远；好像我们只为了日本才需记住南京。而这段奇耻大辱对民族心理的伤害，集体记忆和心灵创伤对中华民族性格的塑造，却很少有人追究。不要忘记一个民族的自我认同和身份意识，往往是在与其他民族的接触和冲突中、特别是灾难性创伤中，逐渐形成的。日本对珍珠港的一次军事突袭，恐怖组织在"9・11"的一次袭击，改变了美国人对自我与世界关系的认识，也改变了美国文化中的许多核心价值观。犹太民族更是以深重灾难和苦难历程来界定自己的民族性。随着时光的流逝，国家间的关系会时好时坏，终究利益是权衡国际交往、国与国联盟或敌对的杠杆。而历史记忆却是非功利的，会铭刻在文化基因里，慢慢地沉积到民族的血脉之中。

三

我一直想弄明白，国内制作的大屠杀影片与美国人拍摄的《南京》到底有什么不同。在美国讲学时，我曾在一门中国现代史的课上，放过吴子牛的故事片《南京大屠杀》（1995 年）。课上的美国学生当然对这段历史所知甚少，又是很年轻的大学生，所以没有任何先入为主的偏见。学生们开始的反应是太恐怖、太血腥了，有些看不下去。到影片放完时，就只剩下一些有强烈视觉冲击力的残酷画面留在学生的脑子里，他们对影片的整体却没有把握。基于支离破碎的印象，学生们观后感也很肤浅。究其原因，可以与美国拍摄的《南京》作一对比，就会发现后者的叙事如此流畅，线索非常明快、清晰。虽然是一部纪录片，但《南京》的故事性、戏剧效果比吴子牛的故事片《南京大屠杀》（1995）要强得多。虽然视觉素材要比吴子牛的旧作少，但是《南京》通过口述勾勒出更生动、更传神、也更惨痛的场景，让人无法质疑它的真实感，给心灵以强烈的震撼。

在美国版的《南京》中，有一段让所有观众动容的口述。特写长镜头是一位南京的老人，他讲述着儿时的记忆。1937 年冬季的南京城里，就在他面前，日本兵连刺母亲几刀，可她还死死抱住吃奶的小弟弟。日本兵用刺刀把婴儿挑到死人堆里，一身血污的小弟弟却又爬回到奄奄一息的母亲怀里，一个劲地吮吸奶汁。而这时母亲的乳房上，两道深深的刀口冒着血泡。无论多么真实的表演，多么高超的特技，多么精确的画面，都无法企及老人讲述的真实。没有任何一种媒介可以表现出一个刚懂事的男孩，看着眼前亲人在痛苦中慢慢死去，除了用自己弱小的身躯，温暖寒冬中渐渐僵硬的尸体外，不知道还能做什么。老人断断续续、带着浓重南方口音的普通话，打碎了所有观众的心。《南京》成功地通过个人记忆通达历史的真实。

而吴子牛的《南京大屠杀》则力图通过电影媒介，把档案馆里冷冰冰的资料视觉化，让无声的史实说话，让封藏在岁月里的历史复活。所以他的作品面面俱到，把所有重大、典型的历史事件尽收片中。为了言之有据，影片甚至引用资料片和书面档案作佐证，并希望每个画面尽可能恢复历史的原貌，一部故事片看下来更像板着面孔的教科书。作者似乎没能认识到，历史叙述与电影艺术各有自己的叙事规律，不可能指望在摄影棚里拍出视觉化的历史档案，既是审美的，又是实证的。特别是当把电影作为观念载体，让它成为"见证"历史的工具时，电影的艺术魅力就丧失殆尽了。真实再现历史不依靠司法审判所需的无偏见、普遍认可的"铁证"，也不可只取材于平面的集体记忆。相反，它要求主观化的、情感丰富的特殊诠释视角。虽然吴子牛在片中一一列举了惨绝人寰的罪证，可他没有能力将思考推向更高的层面，结果是言辞激烈的控诉反而显得苍白、僵化，缺乏真情实感，影片最后流于宣传口号。也许作者没有深邃的思辨力，驾驭如此沉重的题材。毕竟这段历史太极端了，它挑战了人们认知的极限。

里昂西斯的作品却大不相同，他有一个经验丰富的摄制班子，很善于营造一个高潮性结尾和结论性理念。但《南京》的结尾对中国观众来说，显得过于轻佻，星条旗在空中高高飘扬的镜头，以及 22 个"中国人的辛德勒"的义举，让人观感复杂，难以认同。同时，我们又不能不佩服作者很懂得从谁的视角、谁来叙述以及如何叙述这三要素，在历史影片叙事中的至关重要作用，它们甚至超过了历史材料本身的意义。这部美国电影自始至终从欧美人士的视角出发，借他们的往来书信讲述南京的故事。结果，南京的暴行变成了 22 个义人凭着基督博爱的精神，不顾个人安危，拯救苦难深重的东方人的故事。这时再看一下吴子牛的作品，虽然费尽九牛二虎之力，事无巨细地罗列了大量史实，却唯独没找到一个独特视角，把素材统摄到某个理念上去，实现升华并超越历史。他虽然实现了表面的形式完整，但终究思路散漫、凌乱，没有回味和思考的余地。

美国人拍中国的大屠杀，当然会从冷静的旁观角度，鸟瞰远在东方的灾难。因此，电影《南京》在结尾处把惨绝人寰的浩劫归结为一切战争的丑恶。但是作为受害民族的一员，我实在无法接受这种超然度外的轻描淡写。并不是所有战争都会发生这样大规模的平民杀戮，特别是在 20 世纪 30 年代，世界已经步入现代，日本已经经历了明治维新和工业文明，怎么会用近乎原始的野蛮手段，凌辱、歼杀自己的近邻？无理性地践踏曾长期汲取文化精髓的古老文明？大屠杀的受害一方也不可理喻，一个有几千年文明的古老民族，在遭此奇耻大辱后，仍因政见不同和权力之争，宁愿同室操戈，不愿一致对外，这也不是任何一个受欺辱民族的正常反应。而我们今天面临的尴尬困境是，自己没有找到令人信服地讲述过去的方式，又不甘心接受他人居高临下地代述自己的历史。

四

南京大屠杀已经过去70年，每年我们都有纪念活动，但每年都在重复一些基本史实：发生时间、死亡数字、残忍暴行，铁证如山，不容抵赖。当涵义丰富的历史记忆变成固定的知识，印在课本里，并封存在铅字中时，我们并没有感到历史更真实，相反却丧失了叙事活力和生长性。那么，有没有鲜活地或更"真实"地叙述历史的方式呢？每当读到历史之父希罗多德（Herodotus，公元前484—前430年）创作的《历史》时，我都会慨叹古希腊人讲故事的魅力。该书记载的是波斯帝国与希腊城邦之间的战争，让我印象深刻的是这位古代史家叙事的从容和开放。他从不板着面孔，俨然一位历史的判官，宣称书中所言句句为真，自己的《历史》为"信史"；相反，他把对立双方对一个事件叙述的彼此矛盾，平行呈现出来，让读者从自身的立场和背景出发，自主地判断其真伪。因为记忆从来不是客观的，它牵涉主体的立场。希罗多德自始至终向读者展现着"众声喧哗"般的矛盾记忆。每个讲述者都从自己有限的角度出发，再现着同时也是解读着过去。对于古希腊历史学来说，书写历史并不是追求统一的叙述，而是展开记忆的多样性与丰富性。

另外还有一种与之相悖的方式，即犹太裔德国语文学家奥尔巴赫的观点。他在著名的《摹仿论》第一章分析圣经《旧约》时认为，圣经作者追求的是故事的"客观真实性"（objective truth），或者说是"普遍真实性"——即所有人都须认可的"事实"，而不是叙事的"现实性"（realism）。①《旧约》对历史真实的主

---

① Erich Auerbach, *Mimesis: The Representation of Reality in Western Literature*, Princeton: Princeton University Press, 1953, p.14.

张要远比古希腊作者迫切得多，而且还相当专横、独断，不容置疑。《旧约》不仅要求故事有不容置疑的历史真实性，而且还要求它所建构的神学世界是唯一“真实的世界”（real world）；任何其他秩序和历史均受《圣经》统辖，不容不臣服、反叛，因此圣经的信条旨在征服世人。① 《旧约》实现所谓“历史真实性”的手段，当然不是用实证的方法检验其可信性，也不是感官、色调描写得更为出色，而是因为它的叙述更能反映人物内心的矛盾、外部事件的复杂性，以及行动目的的暧昧性。② 更重要的是，《圣经》作者会根据现实的需要，不断调整和选择记忆的方式和内容。

也许，美国版的《南京》具备了犹太《圣经》叙事的复杂情感和多义历史，但拒绝了古希腊式的“众声喧哗”的多元视角。而吴子牛的《南京大屠杀》却两者都不沾边，一部苍白无力的无趣电影。当下以功利、快捷为价值导向的社会环境中，我们的艺术家看不到历史记忆的阐释性，没有能力在时代变迁、更替中，不断挖掘历史的新意义，让一代代人的思想光芒，照进当下现实。其实，每个民族不仅生活在当下，也生活在过去里。著名犹太哲学家马丁·布伯在一篇分析犹太人和犹太教关系的文章里提到：历史境遇会在一个民族的血脉中深深扎根，决定着这个民族的每一种声调和色彩，是一个民族存在的最深和最强有力的东西。对于犹太人来说，犹太个性不仅仅通过父辈的本性，而且也通过犹太人的命运、苦难和羞辱逐渐形成。③ 60多年过去了，犹太大屠杀仍然活在犹太人的日常生活中。他们不断讨论、研究那段历史，创作大量文学作品，并在大学里开设犹太大屠杀课程。还发表无数学术论文，拍摄大量故事片和纪录片，以及采访幸存者、研究纳粹德国史等。犹太知识分子从历史反省中理解自己的民族，认同犹太人的身份，揭示民族的命运。他们中涌现出了杰出的思想家和政治家：犹太哲学家汉娜·阿伦特把“屠犹”上升到人类生存困境的高度，亚斯贝斯和鲍曼深入探讨了大屠杀与现代性的关系，后现代思想家、

---

① Erich Auerbach, *Mimesis: The Representation of Reality in Western Literature*, Princeton: Princeton University Press, 1953, pp.14-15.

② Erich Auerbach, *Mimesis: The Representation of Reality in Western Literature*, Princeton: Princeton University Press, 1953, p.20.

③ 马丁·布伯：《论犹太教》，刘杰等译，山东大学出版社2002年版，第15页。

犹太裔法国人德里达，则以大屠杀为切入点，分析“悼念”与“宽恕”之间的伦理关系，以色列政治家本·古里安更把“屠犹”与以色列国争夺生存空间的合法性联系起来。第二次世界大战中的“屠犹”已经成为犹太民族现代思想的新开端。

五

反观我们对南京死难者的悼念，会发现有过多短期利益的考量。要知道，日本的道歉或赔偿无法抚慰我们民族的心灵创伤，因为如此巨大的浩劫无法用量化的方式推算如何了结，不能让双方“两清”，彼此不欠。我们更没有资格代表死者，对战犯宽宏大度地说声“原谅”。屈辱首先是关乎自己的，其次才是针对他人的。中国知识分子在20世纪90年代讨论人文精神时，曾不断援引远在欧洲的“屠犹”如何泯灭人性，竟忘了自己的遭遇更刻骨铭心；我们的媒体炒作辛德勒的人道义举时，却不肯自省同胞的劫难。我们虽然不是一个健忘的民族，但却因思维的惰性而不肯费神挖掘自己历史的丰富资源，也就无力把握历史的话语权。新锐导演陆川筹划的《南京！南京！》已经开拍了，希望他的新作能实现历史叙事的突破，让南京大屠杀成为当代中国思想的重要资源。记住过去、悼念死者，是一个古老民族应具有的品质。

（本文原载《外国文学》2008年第1期。人大复印报刊资料《影视艺术》2008年第5期全文转载。）

犹太民族的话语演变与影像观念

“holocaust”（大屠杀）原本是个以希腊语为词源的普通名词，由“holos”（全部）和“kaustos”（烧烤）两部分构成，意思是完全烤熟、献祭给众神的牲肉，后来引申为“大规模屠杀”。在第二次世界大战中，这个词的“H”被大写，并加上了定冠词，成了“The Holocaust”，为“屠犹”历史所专用。这不仅仅是个词语使用上的变化，它关乎影响当代西方文化意义深远的一场运动，用诺曼·G.芬克尔斯坦（Norman G.Finkelstein）的话说，就是蒸蒸日上的“犹太大屠杀产业”（The Holocaust Industry）。这个单词被西方公共领域中关于历史和道德的话语所征用，赋予了排他性，即人类历史上的一切大屠杀，均没有资格享用这一称号。同时，把它塑造成道德标尺，即“The Holocaust”是大屠杀的最高级，其他人类屠杀只能根据规模和邪恶程度，依次向下排序为：genocide，atrocity，massacre 等。南京大屠杀在西方历史档案里，被归入“massacre”级别，英语称为“The Nanking Massacre”。至于如何判定什么规模的屠杀、或怎样的罪行可定义为“genocide”、“atrocity”或“massacre”，众说纷纭，莫衷一是。但犹太大屠杀（The Holocaust）无可争议，它是独一无二的，占据着道德与罪恶评判的制高点。

所谓“独一无二”（uniqueness），犹太历史学家史蒂文·卡茨（Steven Katz）对此有最系统的论述。他在《历史语境中的犹太大屠杀》（*The Holocaust in Historical Context*）一书中，援引浩繁的史料力图证明，历史上没有任何国家制定并实施过灭绝一个种族所有人的政策，也没有任何一场屠杀的人数达到六百万。另一证明是，欧洲人几千年来对犹太人非理性的憎恨，在纳粹德国达到了最高潮，所有这一切都说明犹太大屠杀独一无二。法国著名电影导演朗兹曼(Claude Lanzmann),曾带着他经典的“屠犹”纪录片《浩劫》(*Shoah*)来中国放映。中国观众试图拿南京大屠杀与“屠犹”作比较时,他大为光火,认为南京不过是个策略性战争行为,日本军队为扑灭中国人的抵抗,才用了大屠杀作为恫吓手段。它与犹太大屠杀的极端性、不可理喻和神圣性都无法比拟。朗氏显然套用了纽伦堡审判对罪行判定的原则,即为镇压抵抗而采取的大屠杀或其他残酷手段,应归入“战争罪”(War Crime)中;而以清除整个民族为目的的大屠杀,则归入“反人道罪”(Crime against Humanity)。所以,在他认为只有犹太大屠杀才有资格归入反人道罪。

一、大屠杀的反人道与普遍性

其实,任何一个历史事件都有特殊性和普遍性两个方面,既在具体时空中千差万别,又与其他事件有种种暗合。关键要看谁把其中一面单拿出来,为某种目的着意强调。其实,犹太知识界也不是一贯强调屠犹的独特性。诺维克(Peter Novick)和芬克尔斯坦等犹太学者研究发现,第二次世界大战后的20年间,美国犹太人非但不谈论大屠杀的独特性,相反却很希望主流社会认可它的普遍性。从第二次世界大战结束到20世纪60年代,美国公共传播领域几乎看不到多少有关“屠犹”的文字①,一两部有影响的出版物,如汉娜·阿伦特的《耶路撒冷的埃希曼》(*Eichmann in Jerusalem*:*A Report on the Banality of Evil*,1963年),也只把犹太大屠杀作为专制科层体制下的罪恶,作为牺牲品的犹太人只是偶然被选择的,全书指向现代性功利恶果,以及人类普遍“平庸的恶”(the banality of evil)。

在1961年,埃希曼被审判震动了世界。阿伦特作为《纽约客》(*The New Yorker*)特约评论员到耶路撒冷旁听了审判全过程,收集了大量一手资料。埃希曼在第三帝国时期负责运送犹太人到各集中营,并在1941年希特勒发布最

---

① Norman G.Finkelstein,*The Holocaust Industry*:*Reflections on the Exploitation of Jewish Suffering*,New York:Verso,2000,p.12.

终解决犹太人的命令后，负责有效、快速地屠杀犹太难民。第二次世界大战结束16年后，以色列情报机构摩萨德到阿根廷绑架了逃亡中的埃希曼，在耶路撒冷向全世界公开审判这个纳粹恶魔。各大媒体纷纷派记者到以色列，一方面记录下这一历史时刻，另一方面希望“瞻仰”一下恶魔的“尊容”。结果大家大失所望，埃希曼既不是一个“蓝胡子”（Bluebeard），也不是变态狂，更不是虐待狂，而与大家一样是普通人。他对犹太人没有特别的憎恨，甚至在年轻时还与犹太姑娘谈恋爱，似乎他所做的一切，都是执行命令。这给阿伦特以很大的震撼，她开始思考一个全新的问题，即所谓“平庸的恶”。

阿伦特坚决反对以色列总理本·古里安（Ben Gurion）为代表的犹太复国主义观点，因为复国主义倾向于从历史源头出发，把世代“反犹主义”（anti-Semitism）作为犹太民族生存斗争的对象。因此，埃希曼审判绝不仅仅针对一个个体人物——埃希曼，甚至也不是针对整个第三帝国，而是对几千年的反犹主义的彻底清算。① 正是在这一背景下，耶路撒冷首席法官豪斯纳（Hausner）在开庭致辞时，首先回顾了古埃及法老对希伯来人的迫害和屠杀，然后，再引述希伯来《圣经》中上帝对子民的命令：在汝等血脉里，活下去。上帝对世代犹太人的绝对命令。阿伦特却批评如此陈词滥调让审判失去了应有的意义，原因是纳粹屠犹被神秘化了，不可理喻，无法理解。埃希曼不过是几千年神秘咒语的执行者，无罪可言。因为按照保守的复国主义逻辑，反犹主义不过是早已设定好的历史脉络，大屠杀也只是历史在血迹斑斑的道路上前行的一个标记罢了。② 在如此神秘主义的历史观里，人们不禁要问：为什么所有厄运总要降临到犹太人身上？难道这是绝对精神（the spirit of history）推动历史前行吗？人们就无法理解也不能干预历史吗？

阿伦特已经有了自己的答案，纳粹德国屠杀犹太人、波兰人、吉卜赛人，不是先定历史的必然后果，也不是永远总针对某一个民族的暴行，而是一个现代国家，对人类整体和国际秩序的侵害。这种犯罪绝不是无理性的，但却是没有

---

① Hannah Arendt, *Eichmann in Jerusalem: A Report on the Banality of Evil*, New York: The Viking Press, p.19.

② Hannah Arendt, *Eichmann in Jerusalem: A Report on the Banality of Evil*, New York: The Viking Press, p.19.

先例的。它是一桩新罪,与历史上的反犹、“屠犹”根本不同。阿伦特称之为“行政大屠杀”(administrative massacre),其特点不仅针对外国人或少数民族,而是消灭所有多余的、智商不高或身体羸弱的人。[①] 只有在现代功利主义发展到极端程度,出现了极权政府和科层制度,“清除无用的人”这样冷血的工具理性,才得以实现。现代科层制度从本质上说是“无人统治”(the rule of nobody),即在科层中每一个体都只充当一个环节或小小的“齿轮”,服从着命令或执行着操作规程。他们与现实之间被一层“冷漠”隔膜了,没有思想和情感,对良心的呼唤麻木不仁。现代科层还有可能引发更大的灾难,因为原子时代犯下的罪恶,会让希特勒的大屠杀相形见绌,如同小儿游戏。[②] 阿伦特笔下的人类未来,如此黑暗恐怖,让人不寒而栗。

分析阿伦特的观点,发现千百年来的反犹主义,只给希特勒解决生存空间问题,提供了一个冠冕堂皇的借口。在本质上说,屠犹的深层逻辑在于法西斯专制的极端功利主义。这种说法显然回避了一个不可争辩的事实:西方文明自始至终存在反犹、排犹的文化偏执,反犹主义是欧洲宗教、社会和习俗微妙而复杂的一个部分,这在克劳斯·费舍尔(K.P.Fischer)的《德国反犹史》(*The History Of An Obsession*)中有系统的论述。因此,阿伦特的反思,其实让我们窥见到20世纪50年代和60年代美国犹太人的一个心结,或曰集体无意识:淡化犹太人受难者的身份,模糊犹太与非犹太人(gentiles)之间充满张力的差异,默默融入美国主流社会。许多与阿伦特一样从欧洲移民美国的犹太人,奉行一个潜规则:在家是个犹太人,出门做个普通人。在公共领域尽量避免用犹太教世界观看待事物。所以,战后20年间,犹太人对大屠杀讳莫如深。

对这种沉默,一般流行的解释是:浩劫之后的幸存者心中隐忍巨大创伤,不愿开口触痛刚刚愈合的伤口,才压抑痛苦记忆。但芬克尔斯坦却认为,这20年的沉默是美国犹太人生存的策略。因为,“冷战”初期,美国的中东政策是不遗余力地拉拢阿拉伯国家,冷淡以色列国,希望与阿拉伯世界一起把苏联

---

① Hannah Arendt, *Eichmann in Jerusalem: A Report on the Banality of Evil*, New York: The Viking Press, p.288.

② Hannah Arendt, *Eichmann in Jerusalem: A Report on the Banality of Evil*, New York: The Viking Press, p.273.

挤出世界石油宝库。这期间，美国犹太精英们选择“忘记”犹太大屠杀，不为以色列国拓疆扩土呐喊助威，自己不声不响地融入美国社会，生怕美国人说犹太人是个麻烦，给美国外交制造不和谐的噪音。同时，他们积极配合美国与西德的战略联盟，一道反对社会主义阵营。因此，提及犹太大屠杀时，犹太知识分子不强调基督教社会对犹太人两千多年来的驱逐与迫害，而只谈纳粹法西斯专制的残暴。这样一来，屠犹就被普遍化为一切暴政的罪恶了。20 世纪 50 年代，犹太协会月刊《评论》（*Commentary*）曾预言，希特勒倒台了，斯大林会继续纳粹未竟之业，灭绝苏联和东欧境内的犹太人。

二、大屠杀的犹太性与特殊性

1967 年第三次中东战争（六日战争）后，中东形势出现了逆转，新生的以色列国显示出巨大的军事潜力，重创了阿拉伯联盟，中东格局彻底改变了。美国已经转向以色列一边，把它作为插入中东腹地的利刃，因此毫无保留地支持犹太复国主义。美国犹太人扬眉吐气，不用再担心被怀疑在美、以两国间双重忠诚了。现在，支持以色列就等于支持美国的中东战略，在阿拉伯为美国打前哨。以色列国简直成了美国犹太人的信仰偶像，犹太大屠杀这一历史资源也开始被开发和征用，只要有人胆敢批评以色列屠杀巴勒斯坦人，犹太团体就会告诉他勿忘“屠犹”，反犹的法西斯幽灵依然游荡。谁反对以色列，谁就是反犹主义。不要忘记以色列尚处在阿拉伯世界灭绝种族威胁的包围之中，人们应该站在人道的一边，支持以色列为生存而战。关于“屠犹”的回忆、小说、戏剧、电影和电视节目铺天盖地，充斥着美国大众传媒，“屠犹”的叙述俨然“朝阳工业”，勃然兴起，犹太社群不再沉默了。

中东这场得胜的战争，也改变了美国犹太人的自我体认。从凄惨的上帝弃儿，又自诩为“上帝的选民”。从 20 世纪 60 年代起，美国犹太精英开始讨论起大屠杀的独特性，而且越来越成气候。纳粹大屠杀被赋予了犹太教的启示意义，遇难者的死，被认为是上帝拯救犹太人不可分割的一部分。来源于希腊语的“holocaust”一词，只能意指一个历史事实，却不能表达它的神学内涵。

因此,希伯来词“Shoah”(浩劫)被推举出来,被作为犹太大屠杀的专用词,这样便可让犹太性(Jewishness)把大屠杀紧紧包裹起来,在“独一无二”和“不可比拟”的光环里,高高在上,不容玷污。谁不承认大屠杀的独特性和犹太性,谁就是否认大屠杀。这时,苏联难免又被拉出来当靶子,保守派指责俄国人在娘子谷(Babi Yar)大屠杀遗址修建纪念陵园时,雕塑和碑文上只字不提犹太人,就是否认大屠杀的犹太性,构成了国际反犹的又一事例。① 因此,“屠犹”的独特性,恰恰体现在受难者身份的独特性上,大屠杀是只针对犹太人的邪恶暴力,而非人类精神中普遍存在的阴暗面。② 当然,也有犹太知识分子不同意如此保守的观点,美国犹太教神学院院长肖尔施(Ismar Schorsch)嘲笑这一偏执观点为:一个没有品位的“上帝选民”世俗版。③ 诺维克则批评说,坚持大屠杀的独一无二,与犹太人在屠杀中遭遇的浩劫无关,只与“独一无二”本身相关;把“屠犹”的特殊性单挑出来,而忽略与其他屠杀的共性,是空洞无益的,完全是为了意识形态的目的。④ 法国学者肖蒙(Jean-Michel Chaumont)则把独占大屠杀的执着,比喻为知识界的恐怖主义。⑤ 虽然,要证明屠犹绝对的特殊性是不可能完成的任务,但犹太知识界仍热衷鼓吹“独特”观点,其深层心理恐怕与犹太民族的优越感相关。

第三次中东战争后,以色列跃升为地区超级强权,犹太人替罪羔羊的形象,转变成善战骁勇的英雄。美国犹太人在第二次世界大战之后,也逐渐从弱势群体上升至社会精英。他们富有——犹太人的人均收入是其他美国人的两倍,前40位最有钱的美国人中,犹太人占了16位;聪明——得诺贝尔奖的美国人中,40%是犹太人,美国大学里有20%是犹太裔教授,⑥他们几乎垄断了

---

① Michael Berenbaum, “The Uniqueness and Universality of the Holocaust”, in *Holocaust Religious & Philosophical Implications*. St. Paul, Minnesota: Paragon House, 1989, p.86.

② Michael Berenbaum, “The Uniqueness and Universality of the Holocaust”, in *Holocaust Religious & Philosophical Implications*. St. Paul, Minnesota: Paragon House, 1989, p.92.

③ Finkelstein, *The Holocaust Industry: Reflections on the Exploitation of Jewish Suffering*, New York: Verso, 2000, p.48.

④ Peter Novick, *The Holocaust in American Life*, Boston: A Mariner Book, Houghton Mifflin Company, 1999, p.9.

⑤ Finkelstein, p.47.

⑥ Finkelstein, p.32.

文化和金融产业。犹太人不再是受人歧视的族群，而是成功的象征。在20世纪60年代民权运动中，美国犹太人还与黑人并肩抗争，追求平等权利。但时下黑人和其他少数族裔根本不可能与犹太人并驾齐驱了，即使基督教白人也不敢与犹太人比肩。因此，实质上不是大屠杀独一无二，而是犹太民族独一无二。诺贝尔和平奖得主、犹太作家伊利·威赛尔（Elie Wiesel）沾沾自喜地说：我们的一切都与其他民族不同，正因为犹太民族本体上的特殊性，才酿成几千年的反犹史。在大屠杀中，不仅犹太人的痛苦经历与众不同，犹太民族本身更与众不同。① 这种所谓的“与众不同”，按照内森·珀尔马特（Nathan Perlmutter）的解读，就是犹太人在商业上的成功，招致基督徒的嫉妒和迫害，大屠杀恰好反证了犹太人确为上帝选民。② 当然，使犹太人从其他族群中脱颖而出、鹤立鸡群还不是目的，大屠杀话语的目标指向“道德资本”（moral capital），它让犹太人对其他民族或国家有索偿的权利。③ 最直接的事例是，西方公众认可以色列国可以拥有核武器，而阿拉伯国家却不能。因为，犹太民族几乎曾被灭绝，它的生存权比其他民族更加紧迫。

三、特殊性与普遍性的辩证

“冷战”结束，经济全球化随之到来，犹太大屠杀与许多“文化时尚”一起，渗透到不同文化之中，被当成有普遍教育意义的历史课。好莱坞打造着“大屠杀工业”，营建着“奥斯威辛主题公园”，世界各地观众一起欣赏斯皮尔伯格演绎的大屠杀（《辛德勒的名单》）。“屠犹”不再是20世纪40年代欧洲发生的具体历史，或一种特殊身份的人群惨遭屠戮，而是人类经历的共同苦难，以及对邪恶暴政的一致控诉。在这个国际传媒充斥的世界里，时间、历史和记忆

① Irving Irving Abrahamson (eds.), *Against Silence: The Voice and Vision of Elie Wiesel*, New York: Holocaust Library, 1985, p.153.

② Nathan Perlmutter and Ruth Ann Perlmutter, *The Real Anti-Semitism in America*, New York ARBOR HOUSE, 1982, p.36.

③ Finkelstein, p.47.

变成了完全不同的概念，电影和电视的观众不再通过对共同地域、或亲缘祖先，与过去联系，而可以与从未谋面的人拥有共同文化遗产，甚至可以获得与自己没有地理或血缘关联的历史记忆。① "辛德勒的犹太人"被斯皮尔伯格抽象为一个概念性的"受害者"(victim)，一方面犹太人的民族和政治身份被淡化了；另一方面，煽情的好莱坞经典叙事，又把黑暗的毁灭史转化成人性拯救的故事。受难者变成幸存者(survivor)，结局自然是好莱坞式的"大团圆"(happy ending)。辛德勒作为人性英雄，长眠于冲突不断的耶路撒冷。"辛德勒的犹太人"也永远不忘感恩戴德，带着子孙后代来到基督教、犹太教和伊斯兰教共同的圣地，凭吊这位博爱的义人。

虽然，保守的犹太知识分子指责斯皮尔伯格出卖了大屠杀，把"屠犹"美国化和基督教化了。但是，更多的犹太精英与斯皮尔伯格一样，试图解决长期萦绕大屠杀话语的一个困境：如果要影响美国主流社会并引起世界的关注，就不得不把美国文化掺入大屠杀叙述之中，让美国和世界受众容易认知和理解，最终影响美国的外交政策，并赢得世界人民对犹太人的同情。但负面的后果是，这样会把大屠杀庸俗化、娱乐化，甚至扭曲和玷污它的神圣性。然而，如果只考虑维护大屠杀的纯洁性，就不得不承受遭受世人冷遇的境遇。威赛尔一语道出破解困境的秘诀："屠犹"的普世性便恰恰源于它的独特性。其含义显然是几千年失去家园、四处离散的经验，早酝酿出一种独特的犹太意识——寄希望于超民族或国家道德乌托邦的救赎。这种"弥赛亚"式情结曾以各种形式、借一次次历史机缘，渗透到世界不同文明之中。近两千年前，基督教的兴起，使这种意识传入西方，后经不断演变，深藏于不同名目的信仰、主义和理论之中。近代基督教传教、马克思主义的传播和无政府主义的滥觞，又把"弥赛亚"意识带到东方。"冷战"结束后，经济全球化到来，各种观念、主义、思潮被去政治化漂洗，"弥赛亚"又不失时机地加盟人权斗争的麾下：人权大于主权，普遍人性拯救国家暴政下的百姓。其逻辑是，先预设一个无差别的人性基础，再许诺一个未来西方的救赎，可以把不同文化背景的人群统统吸引到人权、民

① George Lipstitz, *Time Passages: Collective Memory and American Popular Culture*, Minneapolis MN: University of Minnesota Press, 1990, p.5.

主和自由的意识形态框架里。人权战士用火与剑呵护着犹太大屠杀的神圣地位，在不丧失犹太民族主体性的前提下，“屠犹”给世界人道主义提供着丰厚的文化营养。

“后冷战”时代，“屠犹”在国际政治领域扮演着道德法官的角色。1998年，南联盟政府处理科索沃地区阿、塞族纠纷时，被人权组织指责为“种族清洗”(ethnic cleansing)，随后“国际社会”(西方国家)介入，南联盟的“罪行”逐渐升级到“暴行”(atrocity)、“集体屠杀”(genocide)。最后，南联盟总统米洛舍维奇被控步希特勒后尘，搞“类似反犹的大屠杀”(holocaust)。“国际社会”忍无可忍，悍然动用北约军队轰炸南斯拉夫，直至将米氏押入国际法庭审判。被指控搞大屠杀的还有索马里、卢旺达、苏丹达尔富尔等。入侵伊拉克时，美国也不忘给萨达姆安上对库尔德人大屠杀的罪名，像纽伦堡绞死纳粹那样，将伊拉克总统绞杀。“冷战”的均势被打破后，单极的霸权可以将意识形态暴力转化为军事暴力。作为国际正义象征的1945年“纽伦堡国际法庭”(但不是东京国际法庭)，被反复征用，挟持为“历史傀儡”，给美国强权政治背书。

四、与南京大屠杀的比较

反观南京大屠杀，它从未被当成对世界人民有普遍意义的一课，而属于所谓“区域历史”。有关它的言说也有普遍与特殊两个维度。“冷战”期间，南京大屠杀被西方社会遗忘了，中国作为社会主义阵营中的一员，与西方敌对，日本却是美国东亚战略的前哨。日本军国主义大规模屠杀中国人的历史，被深埋在堆积如山的第二次世界大战历史档案最底层，难见天日。在中国大陆，南京大屠杀被写入抗日战争史中的一个章节，或作为列强侵华、百年屈辱的一页。但从未像反思犹太大屠杀那样，把南京提升到存在论的高度，思考中华民族的集体记忆、历史创伤、民族性，以及死亡与宽恕等哲学命题，更没有把30万同胞的死，与现代人类境遇和普遍经验勾连起来。思考大屠杀和重述历史伤痛时，强有力的民族主体没有清晰地表达出来。随着1972年中日邦交正常化，中日关系“蜜月期”里南京大屠杀的记忆淡化了。直到出现日本右翼参拜靖国神社、修改教科书，南京大屠杀的记忆才再次被激活，拍摄了诸如纪录片《南京大屠杀》（1982 年）、故事片《屠城血证》（1987 年）和故事片《南京大屠杀》（1995 年）等电影，兴建了南京大屠杀遇难同胞纪念馆。见证历史，勿忘国耻，揭露日本右翼势力篡改侵华历史的企图，是这次大屠杀宣传的诉求，中日关系才是核心议题。

“后冷战”时代，张纯如创作了《南京暴行：被遗忘的大屠杀》（*The Rape of Nanking*：*The Forgotten Holocaust of World War II*），使“南京”冲出国门，走向世界。这部由美国华人用英文描绘的南京屠城，以美国少数族裔的视角，回顾祖辈痛苦的经历。作者感慨如此血腥的屠杀，却没有在美国历史文献中详细记载。她小时候甚至不知道大屠杀是传说还是历史。经过大量采访、调查、检索档案的工作，她再现给美国社会一个容易理解的“南京“。一开篇，作者就把珍珠港、广岛原子弹、“屠犹”甚至罗马人在迦太基的屠杀，统统放进来作类比，以“屠犹”的话语方式和人性价值标准重塑了“南京大屠杀”。此前，中国学者也已开始尝试在国际视野下观照这场浩劫，一次次与日本学者交流，各种国际研讨会，试图从中日双重视域挖掘“客观的”历史记忆。许多新史料浮出水面，新阐释的可能性也在讨论之中。但中日双方过多地纠缠于史实和细节，深入的思考和有突破性的解读，往往被死亡数字、死难者的身份、战争法和国际法等技术性争论所淹没了。

这期间，对少数族群文化热衷的美国娱乐业，很有眼光地抓住潜力大的题材，又一次把遥远国度的经典，演绎成异国情调的娱乐消费品。“美国在线”（AOL）副总裁泰德·里昂西斯（Ted Leonsis）在书店里偶尔看到张纯如的书，立即着手拍摄了一部独立制片风格的《南京》（*Nanking*）。影片的基调虽也严肃，但它完全是美国版的南京大屠杀。故事以欧美旁观者的视角贯穿始终，凭借他们的往来书信讲述南京，故事空间局限在“安全区”内。结果，南京暴行变成了二十几个西方义人凭基督博爱精神，不顾个人安危，拯救苦难深重的东方人的故事，片尾竟有星条旗在空中飘扬。由此先例之后，2009 年中德合拍的《拉贝日记》就更无顾忌地“殖民”南京大屠杀。中国电影院门前的海报上赫然写着：一个德国人改变了 25 万中国人命运的故事。与美国版的《南京》类似，整个故事聚焦在拉贝等建立的“安全区”内，屠城被缩小到一个由几个义人庇护的狭小空间内，只有四五个西方人才是故事的真正角色，占据着情节的主动地位，在“前景”（foreground）控制和推动着发展。而受害者完全是被动、沉默和被观看的。他们在“背景”（background）之中，只充当人群、数字和血腥奇观，却不能介入故事的发展，完全在影片叙事者的掌控之下。唯一有情节行动力的受害者角色，便是张静初饰演的琅书。她的造型基本符合赛义德在《东方学》里批判的经典东方女性——性感、贤淑、神秘。这个角色只不过用来给一段不相关的英雄救美配戏，一个犹太裔外交官，完成崇高的善举之后，自然要收获一段异国恋情。一部毁灭生命的历史，被改写成了英雄传。

当观众对中国大陆导演陆川寄予厚望时，《南京！南京！》的上映却招致一片批评声。透过这部影片，我们可以看到中国学界和主流媒体一直希望实现的愿望，即将中国大屠杀的叙述国际化。首先，影片引入了施害者日本人的视角，日本兵角川自始至终见证和解读着这场浩劫。其次，旁观者拉贝的认知也左右着故事的进程。最后，中国士兵陆剑雄（刘烨饰演）在影片开始部分，从受害者的角度平衡和补充着施害者的诠释。这种所谓“罗生门”式的结构，目的是以交叉视点和平衡叙事，避免主观、武断的历史理解，使“南京”的叙述普遍化。但是，电影导演显然对重大的历史题材没有驾驭能力，结果“罗生门”式的架构支离破碎，凌乱无章。在影片的后半部分，陆川又求助于斯皮尔伯格的“屠犹”叙事策略，在价值观的层面上，把“南京”普遍化。他同样对“安全区”浓墨重彩，以温情脉脉的人性救赎做结尾。一个光明的尾巴，一个孩子的得救，一位罪人的自绝，廉价地抚慰观众的“视觉创伤”。让一场人间浩劫变得温婉伤感，历史变得平凡琐碎、轻佻渺茫。显然，作者没勇气面对民族沉重的记忆，没能力认知人类非理性的毁灭，只好用煽情的献身，拯救无助的受害者，以缥缈的人性，虚饰黑暗的绝望。

的确，南京大屠杀前所未有地进入公共领域，成为国内舆论的焦点，也引起国际媒体的关注。但是“国际化”的努力，不应该以牺牲叙述主体为代价，中国人自己的记忆，无法简单嫁接到“屠犹”话语的人性谱系之中。它需要更深刻的思考和更有勇气的反思，才能挖掘出独特的生命力量，影响整个人类对现代性困境的思考。只有在南京大屠杀的普遍性与特殊性不断辩证和变化之中,有关它的叙述才能不断生长、充满活力,在新的语境下创造出新意义。这里借用萨义德在《东方学》中引述马克思《路易·波拿巴的雾月十八日》的一句话:“他们无法表述自己,他们就只好被别人表述”。

(本文原载于《艺术评论》2009 年第 6 期,《新华文摘》2009 年第 24 期收录。)

悲情冠军赛的思考

2004年9月，法国电影导演克劳德·朗兹曼（Claude Lanzmann）给北京大学带来了他时长9小时45分的著名电影《浩劫》。第二天，导演和观众在北大的会议室里展开一场对话，导演被问及如何将犹太大屠杀与南京大屠杀相比较。显然，朗兹曼先生对这个问题很恼火，但他的回答令人印象深刻：犹太大屠杀是不可比较的。它是独一无二的、绝对的。它的绝对性使其无法被理解。它在道德上的不可能性使其无法被任何模仿艺术再现。你们的灾难跟我们的不同，是一般性的。南京大屠杀只是日本军队用来摧毁中国人民斗争意志的军事战略。它跟犹太大屠杀的另一项不同点是，它是可被理解、可以再现的。

朗兹曼先生的看法并不是个人之见或特殊的看法。他的观点背后是一场围绕着犹太大屠杀的复杂的哲学讨论。关于再现的不可能性的道德讨论，通过准神学借用，与大屠杀的独一无二性和它作为一项完全不可回溯的他者、一项对历史造成断裂并最终在历史之外的事件的地位联系在一起。① 很多评论赞扬《浩劫》的独一无二性，称这部电影毫不妥协地创造了一种能将屠杀的"无形影像"再现的电影语言。② 这部近10个小时的电影没有试图将屠杀的残酷场景形象化，而是拒绝通过虚构故事或档案式记录直接再现过去。朗兹

---

① Miriam Bratu Hansen, "*Schindler's List* Is Not Shoah: Second Commandment, Popular Modernism, and Public Menory" in Yosefa Loshintzky (eds), *Spielberg's Holocaust: Critical Perspectives on Schindler's List*, Indiana University Press, 1997, p.84.

② Miriam Bratu Hansen, "*Schindler's List* Is Not Shoah: Second Commandment, Popular Modernism, and Public Menory" in Yosefa Loshintzky (eds), *Spielberg's Holocaust: Critical Perspectives on Schindler's List*, Indiana University Press, 1997, p.84.

曼让犹太人、德国人和波兰人在镜头前讲述他们在大屠杀中的经历。电影中包含对各种见证者的采访,让见证者讲述大屠杀骇人听闻的具体细节①。在幸存者证词的声音中,毒气室和装满犹太人的前进中的火车被重建。通过所谓的独一无二性和能够在不伤害对死者的记忆的同时再现事件的美学实践,朗兹曼先生将大屠杀美学的问题基础极端化:非写实的、独一无二的、与外界隔绝的。

如彼得·诺威克(Peter Novick)所说,如果"在德国谈论大屠杀的独一无二性和无可比拟性是为了阻止德国人逃避面对最困难、最痛苦而因此可能最有益的东西"②,"在美国,同样的讨论有着相反的功能:它促使人们逃避道德和历史责任。不断宣称美国对黑人、美国土著或其他人犯下的错误与大屠杀相比相形失色,尽管所说的是事实,却仍是逃避责任的做法。"③

我认为,朗兹曼在北大所做的回答在中国是具有冒犯性的。他的回答并不是为了争取中国对犹太大屠杀的认可,而是一种对优越性的竞争。坚持大屠杀的独一无二性与大屠杀本身无关,而与"独一无二"有关。强调大屠杀的独一无二性而忽视它与其他暴行的相同点,这种做法是空洞的和修辞上的。这只是出于意识形态目的或其他目的。④ 对独特性的宣称是有力的,但在智性上仍是空洞的。

在中国,犹太大屠杀的历史似乎比南京大屠杀更吸引人们的眼球。在1937年南京大屠杀发生之后,对这一事件人们曾经有很长一段时间的沉默。无独有偶,以色列在第二次世界大战后20年内对犹太大屠杀也保持缄默。直到1960年对阿道夫·艾希曼审判时,犹太大屠杀的幸存者才最终有机会在法庭上发出声音,并且带着对犹太民族身份的痛苦的探索获得审判的压倒性胜利。在中国,直到20世纪80年代,南京大屠杀才成为中国公共话语的中心,尤其是在学术圈。一些关于南京大屠杀的电影出现了,如纪录片《南京大屠

---

① Miriam Bratu Hansen,"*Schindler's List* Is Not Shoah:Second Commandment,Popular Modernism,and Public Menory" in Yosefa Loshintzky (eds), *Spielberg's Holocaust*: *Critical Perspectives on Schindler's List*,Indiana University Press,1997,p.84.

② Peter Novick,*Holocaust in American Life*, Houghton Mifflin Co.,1999,p.9.

③ Peter Novick,*Holocaust in American Life*, Houghton Mifflin Co.,1999,p.9.

④ Peter Novick,*Holocaust in American Life*, Houghton Mifflin Co.,1999,p.9.

杀》(1982年)、故事片《屠城血证》(1987年)、故事片《南京大屠杀》(1995年)和故事片《五月八月》(2002年)。拍摄这些电影的目的是为了唤醒人们对国家和民族的历史悲剧的集体记忆,这种记忆对一个群体的民族身份的认同十分重要。但是在中国,受难文化从来不会贯穿始终。这很可能是因为中国政府对敏感而重要的中日关系摇摆不定的态度。关于南京大屠杀的公共话语常常随两国关系的起落而变化。南京大屠杀被再现为一个历史事件,它在历史之中。它作为1937年发生的抗日战争的重要时刻被记忆,在与现在不同的特定环境中产生。南京大屠杀总是从实用主义的角度被用作一种教育工具,以抵制日本篡改第二次世界大战历史的行为。

几乎在南京大屠杀回到媒体的聚光灯下的同时,发生在千里之外的犹太大屠杀也在20世纪80年代被介绍到中国。令人惊奇的是,它吸引了更多中国知识分子的注意。然而直到1993年斯皮尔伯格的《辛德勒的名单》上映时,犹太大屠杀才在中国公共话语中变得更为重要,尤其是在知识分子中和文化中。

上海和南京的学者立刻埋头于20世纪30年代和40年代上海市的纪录中,积极地寻找所谓的“东方辛德勒”——何凤山。作为中国驻维也纳领事参赞,他曾在第二次世界大战中帮助过约2000名欧洲的犹太人。在完全不同的情况下,一个年轻人杜聪放弃了他在瑞士银行报酬优渥的工作,致力于帮助艾滋病人,中央电视台知名节目“人物”也授予他一个带有异国色彩的荣誉称号“东方辛德勒”。[①] 另外,电影《辛德勒的名单》的原声音乐被多家媒体用于2008年四川地震的现场新闻报道中。显然,犹太大屠杀,而非南京大屠杀,已在中国成为一种道德标式。

当然,对于犹太大屠杀在德国或以色列,甚至美国人的意识中占中心地位,这并不奇怪。在美国,犹太大屠杀的幸存者或他们的后裔占美国人口的1%。但在中国,犹太大屠杀发生地与中国边界相隔数千里,而且几乎没有犹太人在中国居住,为什么在这儿犹太大屠杀得到如此多的关注?

我倾向于认为,这是因为斯皮尔伯格这位20世纪90年代流行想象的美

---

① 见2007年5月15日中央电视台“人物”节目。

国殖民者所起的作用。他不仅重塑了美国对第二次世界大战的集体记忆,也重塑了中国对第二次世界大战的集体记忆。犹太大屠杀不再只是犹太人的故事。尽管是犹太人首先在好莱坞再现犹太大屠杀的历史记忆,我们必须提出这样一个疑问:20 世纪后期的中国社会和文化出现了什么样的特征会使大众接受这些电影?

正如 Goerge Lipstitz 指出,时间、历史和记忆在媒体充斥的世界成为质上不同的概念,电影和电视的消费者不再通过对共同的地点或祖先与过去联系,而是与他们从未见面的人们拥有共同的遗产;他们可以获得与自己没有地理或血缘联系的过去的记忆。① 电影《辛德勒的名单》将犹太大屠杀介绍到主流电影当中②,可以被看作犹太大屠杀电影艺术的认识论的断裂。斯皮尔伯格用经典的好莱坞叙事制作了这部电影。他沿用了好莱坞的历史史诗模式,选择个人(非受害者)来作为历史的主角。通过这种做法,他再次肯定了好莱坞经典叙事对历史的心理历史处理方法,个人的故事比公共历史显得更为重要③。此外,电影将犹太大屠杀的纠结转化为简单的黑与白的道德判断。斯皮尔伯格将犹太大屠杀日常化、情感化,与中国城市中产阶级的新兴道德、普遍的人性和中国"以人为本"的观念共鸣。对斯皮尔伯格来说,犹太大屠杀不仅是独一无二的,更是普遍的或全球化的。正如弗兰克·里奇(Frank Rich)所宣称的,"成功的电影将使犹太大屠杀永远保留在世界记忆中"④。美国犹太人的自我理解和自我再现让所有民族都能从中得到教训,是"照亮所有民族的一束光"⑤。犹太大屠杀成为不断被重复的口号"同一个世界,同一个梦想"的想象基础。此外,不同政治立场的个人都可以从犹太大屠杀中找到他

---

① George Lipstitz, *Time Passages: Collective Memory and American Popular Culture*, Minneapolis MN: University of Minnesota Press, 1990, p.5.

② Yosefa Loshintzky (eds), *Spielberg's Holocaust: Critical Perspectives on Schindler's List*, Indiana University Press, 1997, p.3.

③ Miriam Bratu Hansen, "*Schindler's List* Is Not Shoah: Second Commandment, Popular Modernism, and Public Menory" in Yosefa Loshintzky (eds), *Spielberg's Holocaust: Critical Perspectives on Schindler's List*, Indiana University Press, 1997, p.84.

④ Frank Rich, "Extras in the Shadows," in *New York Time Magazine* (May 22, 1994).

⑤ Peter Novick, *Holocaust in American Life*, Houghton Mifflin Co., 1999, p.12.

们希望的教训;它成了道德和意识形态上的罗夏测试(Rosharch Test)。①

中国自由主义者将犹太大屠杀作为抨击共产主义传统的利器:犹太大屠杀的制造者不是纳粹德国而是以 1945 年后的苏维埃集团为代表的各种集权主义。中国新左派利用犹太大屠杀来批判布什政府激进的外交政策。哲学家将犹太大屠杀用于对中国经典的辩论中,使其成为支持荀子性恶论而反对孟子性善论的悲观的世界观的佐证。与之相反,南京大屠杀不存在于中国的知识分子生活中。尽管在 20 世纪 80 年代南京大屠杀已在中国官方话语中制度化、仪式化,南京的记忆仍为人们所逃避,或只作为政府的宣传工具。

南京大屠杀仍被记忆为在遥远的不可跨越的过去所发生的毁灭性事件,而犹太大屠杀却被认为是人性的完全救赎。斯皮尔伯格的电影聚焦英雄的特殊性、非犹太人拯救者和幸存者的奇迹。对在欧洲丧生的六百万犹太人的哀悼在象征意义上转变为对如今生活在美国的五百万犹太人的礼赞。② 在后种族世界,"全球村"的居民更加欢迎南京大屠杀的救赎版。

救赎版的《南京》不久之后就出现在了中国。2007 年,AOL 副总裁泰德·里昂希斯(Ted Leonsis)拍摄了电影《南京》。这部美国版的南京大屠杀电影讲述了一个关于 22 个西方人如何拯救 20 万中国难民生命的动人故事。电影中有一位女性"辛德勒",美国传教士 Minnie Vautrin 女士。一个中国被采访者称她为"中国的观世音菩萨"。电影以美国星条旗在空中飘扬和南京幸存者向西方拯救者致敬为结尾。相对于其他同类题材的电影,中国观众更喜欢这部电影。

尼采在《论道德的谱系》一书中提到奴隶对道德规范的反抗,他认为这开始于犹太教作为基督教的起源。在如今的世界,痛苦和受难被神圣化,被刻画为通向智慧的道路——幸存者成为世俗的圣人而受人崇敬。在 20 世纪 90 年代苏联解体之后,共产主义和资本主义的意识形态两极化结束了。受难文化成为全球化或后共产主义国家西方化不可分割的部分。辛德勒作为父系家长

---

① Peter Novick, *Holocaust in American Life*, Houghton Mifflin Co., 1999, p.12.

② Loshintzky, p.4.

或腐朽世界的牧羊人的形象在城市消费文化中流传。在奥斯威辛之后的美学中，尽管仍然有人愤怒地坚持犹太大屠杀的独一无二性或宣称为受害者，我们还是可以在不同文化中发现历史的健忘症。

（本文起初为作者参加会议发表的英语论文，后经严蕾翻译发表在《中国图书评论》杂志 2009 年第 1 期。）

日本印象

日本与中国一衣带水，交往多，过结也多，彼此有难解之缘，可未必相知很深。我喜欢读日本小说、看日本电影，与日本人也有来往，研读过分析日本国民性的专著，可对日本文化仍如雾里看花，虽美而总不很真。这种感觉非我独有，周围朋友也常感慨，日本虽近似远，我们对它往往不如对西方国家耳熟能详。这种隔膜感挥之不去，不会因突变灾难有所改变。特大地震让日本成为世界关注的焦点，观众随着电视摄像镜头进入日本社会的方方面面，核电站泄漏的骇人景象，更让国人冲入商店，竞相抢购碘盐。但尘埃落定，一切恢复平静时，日本依然故我，“遥远”而渺茫。

让我有些顿悟的是读周作人的日本文化札记。周先生真可谓“日本通”，境界到了“以宗邦为疏、以异地为亲”的程度。他对日本的观感是：一半是异域，一半是古昔。似乎是说，日本既有异国情调，又使人思古怀旧，让人神往倾心。去年晚春，我得一绝佳机会赴日亲临其境——一位在美国任教的好友，以东京开会的名头组织朋友赴日。生怕落于俗套，仅仅走马观花，他特意邀请一位日裔美国学者做导游。她叫真纪子，日本九州人，大学毕业后才移民美国，在阿拉巴马州一所大学里教日本文化和中国文学，实在最理想不过的导游了，因此我对此行期待甚高。

一、误走名古屋

然而却出师不利。我的朋友先从美国回家探亲，然后与我一起从北京飞往东京，再与其他人在东京会合。国航的航班竟延误了四个小时，登机后本想不会再节外生枝了，谁知飞机却在降落时通知我们到了名古屋机场。忙问空姐改变航线的原因，回答是东京成田机场关闭了。为什么关闭？她们个个闪烁其词，远远地躲开了乘客。我的朋友第二天上午九点要在会上发言，心里着急，便请教身边的乘客："从名古屋到东京有多远，能否连夜赶过去？"这才知道，距东京路途遥远，新干线夜间停运，没有好办法。看来发言不成了，我朋友气不过，一定要个说法。空姐推说只有机长了解情况，而飞机则不由分说地落在名古屋的跑道上。

我们不肯下飞机，一定要见机长给个说法。空姐推三阻四，开始不肯，但执拗不过，只好答应等乘客下完后，请机长出面。机长是位三十多岁的年轻人，穿着皱巴巴的飞行制服，从波音 737 狭仄的驾驶舱里钻出来，一脸不耐烦。我问东京机场为何关闭，是否有不测风云。他回答东京成田机场总在 23: 00 点关闭，因航班延误，我们 23: 15 分才到达，所以只得转来名古屋。我不明白："飞行时间不是固定的吗？难道起飞前没有料到会错过开放时间？事后通知旅客无异于'劫持'我们到名古屋！"机长一脸无辜："我手里的飞行数据没有更新，仍记录着过时的关闭时间，飞机到东京上空才知道落不下去了。"我看那张懊恼的脸，心想他哪像驾驶国际航班的，简直是开小巴的，随便乱停！成田机场也很可恶，连 15 分钟都不肯通融，才晚上 11 点就关门大吉，难怪一位日本友人曾说日本才是"社会主义"。

二、异域或古昔

我只好安慰朋友说："原本就打算来日本玩的，开会不必太当真了。既来之，则安之，不如在名古屋盘桓一下，也算多游一个地方。"他不肯苟同："还没与真纪子他们会合，我俩对这儿一无所知，如何去玩？你知道哪有名胜古迹吗？"我说："名古屋顾名思义，也许会有个出名的古屋什么的。"他笑我天真，因他有个堂弟曾在这儿工作过几年，早说过名古屋是个工业城市，第二次世界大战期间，美军把古迹都炸掉了，什么都没留下。不管怎样，反正不想等国航第二天的大巴去东京，只想单独行动。于是一大早起来，我们直奔名古屋市。

不懂日语，又不知道去哪，怎么问路呀？先去地铁站，那有英文路线图，上面有个站名叫 Nagoya Castle（名古屋城）。既有“城堡”，或许是古迹。我们连比带画问到了“城堡”。它是个 17 世纪留下的宏伟建筑群，是早在江户幕府时期，德川家康督建的要塞。后来在日本转了不少地方，除东京的皇宫外，没有哪里比这座古建筑气派。虽曾遭美军狂轰滥炸，仍保留了高大的望楼和守天阁，里面陈列名贵的字画、武士刀及篆刻、瓷器等。城中还有个“二之丸庭院”，庭际花草之间有清澈明净的池水。远望弱柳夭桃，清疏有致。近看清风馆宇，竹高出墙，树古当户。午间云淡风轻，在瓦屋纸窗下得半日清闲，品杯清泉绿茶，真能抵十年尘梦了。

回想一路误打误撞，在火车上挤满衣装整洁的上班族，人人表情淡定，平静沉默。有个把退休老人夹杂其中，同样一丝不苟，规矩体面。一看便知是律己、认真、一丝不苟的民族。我倒没有感受到周作人所谓的“异域”，只觉得像在上海或中国某个南方城市旅行。名古屋的城堡也没多少“古昔”之感，一砖一瓦、边边角角都簇新整齐，不像曾积岁经年，倒像为黑泽明的影片《乱》搭的布景。遗憾未生思古幽情，更无今昔之感。到东京后，真纪子教育我们，切忌走马观花，到处瞎撞，见不到日本的好处。早该离开现代都市，去古城京都领略一下日本文化的精髓。

三、凝视中的日本

为让我们一行五人体验原汁原味的日本，真纪子的母亲特意在京都租了一栋老宅子。她说旅馆哪里都一样，日本老屋则别有一番情趣。我们穿过迷宫般的坊巷老街，在乌丸通一个小巷里找到一所庭院，菊影故园，青灯古砚，确有古意。一位西装革履的职员早等在那里，经他介绍才明白，这里是一家德国商人开发的旅游产业，精明的德国人买下好几处京都老宅，将它们复古修缮，出租给外国人发了财。入住这间江户时代保留下来的和服作坊，我们刻意烘托异调古韵，烹茶斟酒，列烛置膳，酣饮极欢。席间我借酒意向真纪子发难：

“这所房子不能让我看到日本文化的真谛,却让我沉湎于西方人想象的异国情调里。”原想同伴会责备我忘恩负义、不近人情,谁想大家一致随声附和。结伴而来的有位美国人,搬出后殖民理论,大批特批德国商人将日本古迹抽离日常生活,营造东方神秘氛围,供外国游客把玩自己想象的他者,与好莱坞影片《最后的武士》(*The Last Samurai*)异曲同工。真纪子气不过:“明天带你们去看正宗的日本歌舞伎,到时候可别抱怨看不懂哟。”

我们很幸运,竟赶上日本国宝级大师坂东玉三郎出演经典剧目《义经千本樱》。不能再不知足了,观摩传统戏剧的瑰宝,对日本人来说也是件盛事。很多观众盛装出席,妇女精选鲜艳靓丽的和服,登堂入室,仪容绰约。而我们几人却短衣小打扮,寒碜得惹眼,不免自惭形秽。锣鼓一开,丝竹乐起,我们傻眼了,该剧专供本土欣赏,连英文字幕也不打,想买本英文介绍也没有,只能糊里糊涂地看热闹。所幸还领会到了坂东玉三郎精湛的技艺,他演女性(男旦),出神入化,粉黛高鬟,雍容俊美。从主舞台沿花道漫步至观众席,千娇百媚、眼波流转、水袖轻拂,无不是戏。唱腔更婉转幽咽,柔美娇嗔。每到悲切处,若断若续,如泣如诉,难怪有“日本梅兰芳”的美誉。戏散后真纪子给我们补课。《义经千本樱》属“竹本戏”,也叫“义太夫狂言”,情节极其复杂缠绕,故事结构繁复,既有皇室争权夺利,又有男欢女爱,还有节烈忠义,并穿插狐妖变身。真纪子讲解得心力憔悴,我们听得一头雾水。想来剧院即使印制了剧情介绍,怕也徒劳无益。一部戏如何负载如此曲折多义的故事,它本应该显得“太满了”,常言道水满则溢,弓满则折。而我的观感却是节奏舒缓、词曲疏朗,且疏密有致,浑然天成。原因何在?原来演员的举手投足,道具的一草一木、一器一物,都蕴含丰富的象征意义。歌舞伎不依赖现代戏剧的现实主义再现,而善于“写意”,此乃日本传统戏剧之魂。

观剧过程中,一篇海德格尔与日本学者的对话,一直萦绕在我的脑际。20世纪50年代,海德格尔走访东京帝国大学,与手冢富雄教授对谈语言问题。手冢教授说,日本在外人眼里很西化,而其文化内核又很传统,这只能在日本“能剧”中体会得到。能剧的舞台是空的,表演也近乎静止。当观众心神俱往时,空无的舞台就化为“澄明之地”,世界与大地在这方寸空间里隐现。演员细腻入微的动作,昭示出山河大川、万马千军。世界开启了,大地通过世界展开于观众眼前。海德格尔称日本戏剧的空灵与幽玄为“存在”(sein)的真谛,他与道家思想结缘了。歌舞伎也同样具“有”、“无”之辩,一片空灵与一抹墨色之间,通达日本山水之韵。

四、不识庐山真面目

京都确是个好地方,郊外一步一景。那远村明月,萧寺清钟,意境幽远。田野坊巷间,常有善男信女、山僧逸民,结伴宿山念佛,素有良风美俗。隐约仙山楼阁,巧饰颜色,红、黄、青、紫,远近浓淡,煞是好看。乡人焚香静坐,青灯古佛,实为难得幽栖之所,这在国内似不多见。日暮山阴,经历一天跋涉,我们五人投一间乡村茶社歇脚。一杯清茗,解烦渴、息劳顿,大家轩轩笑语。真纪子问起游日观感,你一言我一语,却往往言不及义,只记得抱怨日本餐馆吃不上青菜。至于对日本人的看法,就更不着边际了,索性扯到中国抗日影片上去了。如鸠山设宴时留的仁丹小胡,龟田小队长的“八格牙路”口头禅。真纪子却听得津津有味,称回美后一定要好好研究一下中国电影中的日本形象。而我等白转了一大圈,似乎还是不识日本真面目,也许恰缘身在此国中吧。

(本文原载《中华读书报》2011年5月18日。)

第四编

媒体与人文的新视域

网络技术重构人文知识

“老师，您讲的内容维基百科上都有。”拿着手机的学生淡淡的一句，教授顿觉无地自容。要搁几十年前，这位百科全书式的学者准被尊为博学鸿儒，身后一大帮“粉丝”。但在网络时代，满腹经纶只能算脑存储量大。失落的教授变颜正色道：“论文不许引用网络资源，网上的信息都是垃圾，没有正经学问。”到了期末，学生照样用搜索引擎搜学术论文的电子版，根据 PDF 文件格式上的出版信息和页码，注释自己的期末论文，谁也看不出援引的是纸质出版物还是电子资源。说实在的，教师也未必一次次跑图书馆借阅，上网查资料，既避免路上堵车，又不必在图书馆里上楼下梯，搜罗书架。的确，网络资源良莠不齐，可是信息量极大，关键看你会不会搜，并无网上、网下之优劣。

一

这些是常识，不劳笔墨饶舌。问题并不在写论文如何查文献，而是互联网出现后，我们如何面对硕大无朋的电子记忆？得重新思考什么算“有学问”。每天坐在电脑前，或手上拿着移动设备，我们时刻调取着网上信息，上传、下载数据。不经意间，我们将大脑链接到网络数据库上，像电脑终端存量不够，把数据上传到云储存一样。上网不只为了社交，转帖、发帖、分享文章、发表意见，都是向全球信息库贡献数据。世界各地网民分享你的信息，也上传数据供你使用。没有谁觉得肉脑记忆力不够，才上“万维网”（www.），但你确实在用超文本（hypertext）链接，向互联网索取或贡献着记忆。在电子记忆的时代，

“学习”是否具有了不同的含义?

文明的延续有赖于文化传承,所谓传承乃知识薪火相传。一代又一代人上学、读书、进图书馆、欣赏艺术、传播资讯、写作或科学实验,无一不需要记忆力与创造力。所以考试不让带电子设备,学生凭大脑记忆与思辨力回答试题。学术机构的评估也要考察图书馆的规模,衡量精神遗产的藏量。考评高等教育与科研机构,一般统计学术成果发表,以量化对科学文化的贡献。但如今,电子记忆渗透到生活的所有方面,为什么仍在意学生的记忆力?所有学术成果和经典文献都将电子化,为什么还斥巨资修建大型图书馆?既然有维基百科、百度百科,为什么还搞知识竞赛?大家都在网上搜索学术资源,为啥要求学者以纸版发表论文和专著?我们还需要百科全书式的学者吗?一句话,数字时代为何固守机械时代的评价标准?

二

早在1935年,人文气质十足的瓦尔特·本雅明,被电影这门充斥技术“铜臭”的艺术震惊了。他写下《机械复制时代的艺术品》一文,追溯一场19世纪关于绘画与摄影艺术高下的争论。那时,人们认为摄影不算艺术,推及电影也不会有深度。但20世纪20年代末,电影进入有声时代,叙事形式日臻成熟,到30年代已步入黄金时代。站在历史转折点,本雅明发现19世纪的争论不得要领,摄影算不算艺术是伪问题。真问题应该是,摄影出现后,整个艺术史不可逆转地拐入新的历史轨道,世界迎来机械复制时代,这场论争不过为这个历史性转折的症候。①

受本雅明启发,我们也该重新设置问题:争论线上、线下哪种知识可靠也是伪问题。关键不在印刷纸媒与电子媒体孰优孰劣,此乃器物层面的枝节之争,未触及历史深层的断裂。尝试另一种提问方式:互联网出现之后,人类知

① Water Benjamin,“The work of art in the age of mechanical reproduction” in Hannah Arendt (eds), *Illumination*, New York:Schocken Books,1969,pp.226-227.

识的结构是否随之发生了变化？互联网“供给”与“索取”知识的方式，不同以往任何一个时代，传统知识论还有效吗？本雅明揭示了机械复制时代的新艺术形式与新知识型，但经历数字革命之后，其洞见也已进入历史，无法用来分析今天的现实。然而，从媒介技术入手这一独到的角度，仍可启发我们寻觅数字时代知识转型的隐幽线索。数字技术也像复制技术那样能重塑一个时代的知识？本雅明说，照相技术让艺术的神韵消失，那么，经历了模拟转数字这场革命之后，新知识型又会发生怎样的变革？

三

机械复制出现之前，本雅明认为艺术品的价值源于原作的本真性、在场性以及作者的权威性，即艺术尚有“神韵”（aura），它对应着传统社会的伦理、仪式、特权与专属权。① 照相技术出现后，原作与副本相去无几，收藏艺术品的独特空间，也随巡展与市场流通而消解，仪式功能难乎为继了。人们不再仰慕而消费艺术，名媛雅士所迷恋的名作收藏，让廉价的复制品大煞风景，大众社会与政治现代主义，随神韵的消失不期而至。20 世纪 30 年代新闻电影里，竟闪现马路报童的身影；报刊也推出“读者来信”栏目，让贩夫走卒白纸黑字地发表感想；少数精英作者的特权，被广大普通读者削平了。② 机械复制重构了人们的时间观与空间观。

那么，因特网的莅临意味着什么呢？开篇学生上网查“维基百科”，与《不列颠百科全书》对照成趣。“不列颠百科”延请功成名就的大学者，皓首穷经，诲人不倦，给世界奉献出权威、普遍的知识。而维基的编者队伍中，竟有送披萨的小哥。不管你啥背景，维基编委只要求遵守编辑规则：每个词条必有援引、每句话必有出处，则人人有编辑与修改的资格。无论是大学者还是送餐小

① Water Benjamin, “The work of art in the age of mechanical reproduction” in Hannah Arendt (eds), *Illumination*, New York: Schocken Books, 1969, pp.226-227.

② Water Benjamin, “The work of art in the age of mechanical reproduction” in Hannah Arendt (eds), *Illumination*, New York: Schocken Books, 1969, pp.231-232.

哥,每个人的权重都很有限。词条越热门,参与的人越多,内容也就越丰富、越可靠,个人贡献被数量稀释了。相反,越生僻的词条,参与编辑的人越少,个别编辑的倾向便会凸显,词条内容也会相对单薄,可靠性随之下降。这是个什么逻辑？难道参与数量多寡能决定知识的含金量吗?

的确,维基知识恰好映射出网络技术的逻辑,因特网的历史不同于以往任何一个时代的技术。阿贝特(Janet Abbate)写了本因特网发展史的书《发明因特网》(*Inventing the Internet*),给理解网络时代新知识的形态提供了启示。因特网的起源可追溯到20世纪50年代"冷战"寒彻的美国,美国国防部担心苏联先发制人,以第一轮核打击摧毁通信网,使白宫无法下达核反击的命令,输掉一场核战争,情形恰似库布里克的电影《奇爱博士》(*Dr. Strangelove*,1964年),成立"美国高级研究计划署"(Advanced Research Project Agency,简称ARPA),拨巨款研发抵御核打击的通信技术。研究员保罗·巴兰(Paul Baran)提出"封包交换"(packet switching)的设想,搭建多重中继通信线路,替代从信息中心辐射各地的阶梯式通信网。他的设计让每一地方通信交换的节点,均能自主判断通过哪条线路传输信号。一旦中枢或某条线路被摧毁,通信网分布在不同地方的智能节点仍能自主运行,从而保证命令的上传下达。这个想法太超前了,颠覆了金字塔式的传统通信,但要求中继节点智能运转,则须由电脑控制,并将模拟信号转成数字信号,以避免多重连接带来的信号衰减。当年的计算机体积大、运算慢、成本高,处理数字信号的能力不强。结果是,通信改造项目被AT&T电话公司夺下,AT&T仍保留从控制中枢逐级下传的旧方案,把钱都花在深挖洞穴、加固地下核掩体、提高保护级别、优化线路材质上,巴兰的设想被束之高阁。

但几年后,英国科学家读到巴兰的论文,意识到可别用他途。英国人的兴趣不在军事,而在远程用户如何分享实验室里的大型计算机。当时,普通用户用电话线连接计算机服务器,从自己的终端发来运算指令,付费让大型计算机提供运算服务。商用电话线既昂贵又繁忙,用户发指令时常遇占线、或发出后阻塞、遗失。另外,用户操作常出现间隙,使计算机空闲,而其他用户又不能同时操作,计算机的运算能力使用不充分。巴兰的封包理论这下派上用场了,可将远程用户指令切割成小块,按数字信号单位"千字节"(Kilobyte),把一条命令分成几个小信息包——“封包”(packet)。这样,由联网的计算充当智能节点,根据线路的忙闲,节点自主选择不同线路分拨小信息包到目的地,然后再组装起来,还原为初始信息,这就是“封包交换”(packet switching)。不仅解决了线路繁忙问题,还可让多个用户端同时操作,利用封包原理“分时”(time sharing)共享服务器。

军事技术服务于商业,巴兰的初衷是想搭建多重连接的通信网,提高抗核打击能力,结果却给未来互联网埋下种子。后来,美国国防部大力资助“阿帕网”(ARPANET),科学家们也秉承兼容开放的理念,让所有用户根据自己的需要,时时修改、更新界面上的传输程序,网络百科也继承了这种开放态度。结果,各国学者、工程师、通信公司、军事机构、民间企业,甚至大学研究生,经历几十年的切磋、互动,群策群力,从自己的需求出发,以迥然不同的智慧与远见,让网络技术步步升级,一点点搭建起因特网。①

至今说不清谁发明了因特网,因为没有牛顿、爱迪生、爱因斯坦或居里夫人式的超级英雄,能一人独慧让万世受益。也难讲是哪一年实现的全球联网,更无法确定谁最先预见到互联网的巨大前景。许许多多的“小人物”,在日常工作中,不经意与千里之外的陌生人合作,一点点勾勒出覆盖全球的计算机网。单向度的供求关系——少数原创者供给多数使用者的金字塔模式,被多向度的互动关系——“用户生成”(user-generated)的平等模式取代。

1987 年,德国学者帮助中国攻破一个个硬、软件难关,向世界发出第一封电子邮件。之后,中国申请了“CN”域名,与世界上其他普通用户一样,签署 TCP/IP“传输控制协议”(Transmission Control Protocol),中国的计算机也连上全球网络,因特网的覆盖面越来越广。1989 年,英国科学家蒂姆·伯纳斯·李(Tim Berners-Lee)创建“万维网”(World Wide Web,即 www.),以超文本链接开拓出一片虚拟信息空间,全球用户随意浏览世界各地的网页,地球变成一个村庄。

20 世纪晚期,人类告别了机械复制时代,电脑将世界连成一体。全球化不仅意味着经济与文化一体化,更坚实的是其物质与技术基础。我们能否推

① 详见 Janet Abbate, *Inventing the Internet*, Cambridge, Ma: The MIT Press, 1999。

断,互联网技术衍生出了与之相应的知识与文化形态?或追问,在技术发展上呈现出的民主化趋势——去中心化、多元性、多样性、流动性、用户主导、共享经济等,是否预示了“知识民主化”的到来?

四

技术与文化本属两种性质不同的领域,如何相互影响?即使一方真塑造了另一方,具体过程又是什么?列夫·曼诺维奇著《新媒体的语言》(*The Language of New Media*)一书,系统阐述了电脑媒介对文化的塑造过程。因为这个时代所有的文化基础都将电脑化,因特网才成为全球化最实在、最显著的标志。① 一场最深刻的媒介革命,从文化的生产、发行到市场流通,一切均由电脑做媒介。本雅明所震惊者,不过是摄影这种媒介带来的变化,而这次数字革命涉及所有文化形态。无论获取、操纵还是存储文化素材,也不管你采用文本、图片、视频,还是音频何种格式,必须先将资料转成数据,电脑才能读取,将文化转译成二进制数字,是文化的未来宿命。②

模拟转数字,是这场革命最深刻的断裂。回到本雅明,在复制时代,拍电影须连续拍摄多个静态的照片,储存在长长的化学胶卷上,声音存入磁性声道。上映时,放映机用与拍摄相同的速率,连续读取胶卷上的一个个画面,把光线投到大银幕上。肉眼被高速运转的画面欺骗,以为银幕上的幻象是连续运动的,这是模拟方式再现的世界。到数字时代,数字镜头将对象物反射的光线投到感光器件上,光线转化成电荷,再由模数转换器处理成二进制数字,存在记忆芯片上。连续的脉冲模拟“影像编码”(iconic code),被0与1构成的二进数字替换,即“数据化”(digitization)。这个过程分为两步,先从模拟信号里取样(sampling)——将连续的数据分割成一定量值,然后“量化”(quantization)——即在一定数值范围内给模拟数据以量值,如0-255像素值是一个8

① Lev Manovich, *The Language of New Media*, Cambridge, MA: The MIT Press, 2001, p.6.

② Lev Manovich, *The Language of New Media*, Cambridge, MA: The MIT Press, 2001, pp.19-20.

比特的灰度图像。放映不再是每秒 24 帧照片了,播放软件读取二进制数据进行连续播放,胶片的画格间隙被取消,动态更加流畅饱满。但在像素层面上,画面乃是一堆彼此分离的 0、1 数据,电影沦为电脑的奴隶。① 我们每天接触的各种文本格式、图像、视频、音频、网页、通信都同样由这一堆二进制数码构成。

本雅明不可能预见电影的数字宿命,但他做复制时代与之前艺术之间的比较,却发人深省。他说,绘画是以线条勾勒对象世界,可谓整体性地把握现实:而电影则把绵延的时间分割成一帧帧彼此独立的画幅,然后剪辑拼接。演员失去对情节整体的把握,其表演被剪辑师支离破碎地编织到银幕重构的世界里。复制技术不正呼应了工业革命带来的生产模式吗?福特第一条生产流水线(1913 年),乃大工业时代的经典范式:零部件标准化,生产过程分割成一个个不断重复的简单劳动岗位,前后岗位串联起来,便形成流水线。工人无需理解全过程,只须天天重复一个工种,速成为熟练工人,也随时可被替代,像卓别林电影《摩登时代》一样。②

到数字时代,世界进入后工业社会,数字媒体同样呼应着后工业逻辑。后工业生产是"按单定制"(production on demand)和"按进度配送"(just in time delivery),网络经济则以信息、传媒为先导,网电商投巨资收集用户信息和消费行为,针对性地推送广告,精准投送产品。③ 自 20 世纪五六十年代信息服务经济开始,到 70 年代后工业转型,至 90 年代网络 e 经济,文化一直随经济形态的转型而一次次转向,这不是正符合经济基础决定上层建筑的说法吗?!如果罔顾技术去抽象地讨论精神,真有意义吗?如果所有文化典籍、教育内容与传播信息都被电脑化并上传网络,将来谈文明的属地性与语境化还能成立吗?

曼诺维奇认为,数字媒介已包含了文化与技术两个层面。文化指百科知识、故事情节、写作视角、模仿与宣泄、悲剧与喜剧;技术层面指电脑程序与"封包"(packet)、分类与进程、计算机语言与数据结构等。使用不同操作程

---

① Lev Manovich, *The Language of New Media*, Cambridge, MA: The MIT Press, 2001, p.25.

② Lev Manovich, *The Language of New Media*, Cambridge, MA: The MIT Press, 2001, p.29.

③ Lev Manovich, *The Language of New Media*, Cambridge, MA: The MIT Press, 2001, p.36.

序，电脑呈现数据的方式也不同，文化便随之改变。“电脑的本体论”（computer's ontology）、“知识论”（epistemology）与“语用学”（pragmatics）共同塑造了文化观念，人、机融合实现技术与文化的一体两面，衍生出“电子文化形式”（telecultural form），电脑技术的演进不可避免地影响文化史的嬗变。①曼诺维奇从人文学中汲取理论灵感，在电脑学里寻找技术论证，他称这种方法为“数码唯物主义”（digital materialism），作为考察电脑时代文化、社会与组织结构的新思路。②

技术与文化是一体两面，那么，知识的民主化是网络带来的后果吗？大众生产的知识是否可靠？精英知识的真理性与权威性还能否维系？维基知识与传统知识有什么异同？

五

记得20世纪六七十年代流行一句口头禅：三个臭皮匠，顶个诸葛亮。后来大家又渐渐地不认同了。即使一百个臭皮匠，也仍是臭皮匠。诸葛亮可是杰出人才，怎能用人数来凑呢？的确，如在同一平面上，大家思考的角度、问题意识、知识背景都差不多的话，臭皮匠再多也顶不上一个诸葛亮。但维基百科并非臭皮匠的汇集。

如退回至十年前，用户对维基并没太大的信心，乌七八糟的网民怎能编出有权威性的百科知识呢？但随时间的推移，参与编辑的人数越来越多，使用范围越来越广，词条也不断更新，可信任度渐渐提高了，今天已成为不可或缺的知识源。臭皮匠修成新时代的诸葛亮，原因何在？从工业时代过渡到知识经济时代，知识的目的不再仅服务于生产提高，而以创造社会主体为己任。履历表上的姓名、地址、职业、地位，以前不过提示着作为生产力的人的价值，如今却不能定义我们的存在。在知识时代，人首先是知识源，不是说受教育程度或

① Lev Manovich, *The Language of New Media*, Cambridge, MA: The MIT Press, 2001, p.46.

② Lev Manovich, *The Language of New Media*, Cambridge, MA: The MIT Press, 2001, p.10.

社会地位的高低,而要凸显每个人独特的经验以及对他人的启迪。我们在网上相遇,平凡小人物的日常琐事,一样启发无数人思考,一技一能,也可以帮他人改善境遇。同时,没有谁完全了解别人的生活,掌握他人的特长,我们始终是独特的、神秘的、不可替代的。① 这个时代,知识的个人性与经验的独特性超越了以往追求的普遍性。

职业变得越来越难以辨识,一人身兼数职,是工作还是失业,是上班还是休闲,两者界限模糊不清。如仍固守传统的偏见,不承认所有人(包括文盲)都有智慧,便是否认他人的存在,也是知识时代的愚昧,更是歧视、敌意、仇恨与暴力的根源。② 最近"抖音"风靡国内,这款青年人自娱自乐的音乐短视频,由网民拍摄身边的场景,或用视频剪辑、特效软件编辑视频,配上音乐,上传到抖音社区,让点击量决定哪款视频火爆。网红几乎完全偶然,无论是制作者还是消费者全然不知成功的奥妙,大家喜欢便"火"了。没有谁像制作电影、电视剧、戏剧那样,研究美学规律,系统地创作优秀抖音作品。"抖音"属无名之辈的本色创作,文艺理论对之失语,找不到放之四海而皆准的普遍规律,成败靠的是网络民主机制。

这是一个全新的民主时代,不同以往的代议制民主,遴选少数精英代理大众进入公共领域。这是直接民主,网民直接参与,彼此互动,信息资源全球配置,个人以分子化结构形成网络社会。新事物变化之快,复杂性与多样性之丰富,少数专家无力把握,也无法理解。除了学习与适应这无序、莫测的世界之外,别无他途。因此,列维(Pierre Levi)著《集体智慧:赛博空间里的人类新世界》(*Collective Intelligence:Mankind's Emerging World in Cyberspace*)一书,引入"集体或共享智慧"(collective or shared intelligence)概念,描述这种跨地域、跨空间、跨贸易的网络"知识空间"(knowledge space)。③

前些年国内流行"人肉搜索",算不算集体智慧呢?不能算,集体智慧

① Pierre Levi, *Collective Intelligence:Mankind's Emerging World in Cyberspace*, New York:Plenum Press,1997,p.12.

② Pierre Levi, *Collective Intelligence:Mankind's Emerging World in Cyberspace*, New York:Plenum Press,1997,p.15.

③ Pierre Levi, *Collective Intelligence:Mankind's Emerging World in Cyberspace*, New York:Plenum Press,1997,pp.viii-viix.

或知识空间的锋芒不在信息收集,也不是网络“人海战术”。人肉搜索靠电子记忆的强大与网络覆盖的广泛,收集大量信息,联络虚拟空间里的各地、各类人群,大海捞针地搜索目标身边的知情人,晒出目标隐私,动员网民线上或线下骚扰。这是传统的群策群力,乃人情社会的虚拟扩容版,假现代科技之形,行人情脉脉之实。网络知识空间靠运算重技术,计算机运算将人的思维“外化”——将人的反思力、记忆力与联想力转译成“链接”“打开网页”与“选择界面”,个人思想转化成大规模生成的公共思维,私人想法就成了共享智慧。

所以,网络百科先要获取技术、机构或概念工具,然后才是收集、过滤大量信息,再用运算整合出可导航、可检索的信息,以链接方式呈现多样的智慧与想象,搭建有思维纵深的信息平台。网民以虚拟身份在平台上彼此辨识,相互激发思考,各自贡献思维的路径,深挖思维的潜力,形成“集体智慧”或“脑超链接”(hypercortex),解决传统知识表达不出、解决不了的问题。[①] 维基百科汇聚了大批背景不同的志愿者,大家匿名编撰、修订、补充、审核、更新词条。重要的不仅是收集关于事实的客观知识,也不局限于汇集角度不同的想法,核心是要改变我们与知识的关系,联系世界各地千差万别的人,革新伦理、美学、技术与社会组织方式,重建全球化社会。[②]

六

2012 年 3 月,不列颠百科全书公司宣布停印已有 244 年历史的纸版《不列颠百科全书》,从此发行电子版,从线下走到线上。看似一条纸媒转电媒的消息,但含义却远比这层深远得多,标志一个时代知识的转型。印刷时代的文本与形象标准,被网络时代取代了。网络百科不再沿袭纸版百科的文本与图

① Pierre Levi, *Collective Intelligence: Mankind's Emerging World in Cyberspace*, New York: Plenum Press, 1997, pp.9-10.

② Pierre Levi, *Collective Intelligence: Mankind's Emerging World in Cyberspace*, New York: Plenum Press, 1997, pp.10-11.

片形式,而集文本、图像、视频、音频等格式为一体,还配以人机互动拟像、互动地图、虚拟现实等跨媒介的多模态,覆盖几乎所有的符号系统。传统的学科界限难以为继了,网络用户互动替代了精英教育的知识单向街,学习未必要申请特权化的教育机构,而上因特网分享普遍分配的知识。① 专家智慧凝结的“encyclopedia”(百科全书)终结,大众智慧荟萃的“cosmopedia”(网络知识空间——列维造的新词)方兴未艾;高度复杂的网络智能(networked intelligence),将人性投射到无垠的赛博空间里,人类社会与思想探索从此具有了空前的潜力与变数。②

世上没有谁全知全懂,一人擅长一两门专业就已不错了。万维网以“超文本链接”导航知识系统,让共享性的“集体思考”成为可能。列维认为,网络“新人文”打通了个人与群体两类不同知识,超越了笛卡尔的“我思”——个体为中心的认知模式,而进入“我们思”的多元认知时代。③ 我们在日常生活中已有体会,如今学术越来越碎片化,政治学不搞制度或思想研究,而做实证问卷、统计,像统计学而不似社会科学。社会学也不再思考社会形态,而注重田野调查,像人类学那样不研究人种、民族而也热心于田野。历史学不讲帝王将相,而偏爱边边角角的小历史。哲学不研究德国古典而转向科学哲学。怀旧者无奈地招魂韦伯、海德格尔,狠批当代学术的异化,痛悼黄金时代的消逝。其实,科技也难逃相同的宿命,无数从事生命科学的科学家,在实验室或计算机前,年复一年重复琐屑、烦冗的实验与计算,情形不比电影《摩登时代》流水线上的工人强多少,最终未必明白耗尽一生的数据要证明什么结论。今天的学问如此庞杂多义,没人再想学康德、黑格尔,以一人之才智,穷尽天下知识,建立无所不包的学术体系。今人的明智在自知范围局限与渺小,学会合作与共赢。肯与不曾谋面的陌生人合作共创集体智慧,以期有所建树。在民主化的赛博空间中,以互动合作式的知识形式,将智慧无差别地播散到虚拟世界的

① Pierre Levi, *Collective Intelligence: Mankind's Emerging World in Cyberspace*, New York: Plenum Press, 1997, p.x.

② Pierre Levi, *Collective Intelligence: Mankind's Emerging World in Cyberspace*, New York: Plenum Press, 1997, p.ix.

③ Pierre Levi, *Collective Intelligence: Mankind's Emerging World in Cyberspace*, New York: Plenum Press, 1997, p.xi.

每个角落。人人有付出，个个有收获，知识栖居在人性之中。①

列维认为电脑技术并非横空出世，而与西方科学与哲学传统息息相连。电脑运算深深植根于当代西方知识论与美学之中。古典哲学希望从超验的世界里寻找普遍性，而因特网却将散落在不同时空里的真实经验联系起来；网络智慧不因循柏拉图的脚步，攀登知识的制高点去寻觅“真理”(eidos)，而屈尊于芸芸大众的“意见”(doxa)之中，在众生喧哗、芜杂多义的个别思考里，披沙沥金，萃取真知灼见。②

(本文原载《读书》杂志2020年第1期。)

① Pierre Levi, *Collective Intelligence*: *Mankind's Emerging World in Cyberspace*, New York: Plenum Press, 1997, p.xxviii.

② Michael A. Peters, "Interview with Pierre A Levy, French Philosopher of Collective Intelligence," in *Open Review of Educational Research*, Vol.2, No.1(2015), pp.259-266.

数码电影技术美学的演进

一、数码电影的本体论思考

前些时候，朋友请客看电影《地心引力》（*Gravity*，2013 年）。平心而论，本不太愿去，不是喜欢的电影类型。但盛情难却，坊间也不时听到溢美之词，称之为近年少有的佳作，心存好奇，啸聚华星影城。果不出所料，虽感叹视觉特效出神入化，看完仍觉索然无味。大家评价不一，有朋友喜欢得了不得，打了百分。我有点刻薄，说真影迷不看这类片子，至多给 20 分。戴锦华老师也在，印象是银幕一片空白，姑且给 60 分。萝卜青菜各有所爱，电影本无好坏。但觉有点什么无法释怀，此片有以前没意识到的东西，我开始怀疑起一直津津乐道的类型。

我心仪的风格是写实主义，银幕上的世界与现实彼此映照，有同构关系。经典为梅尔维尔的《影子部队》（*Army of Shadows*，1969 年），镜头长度、景深的空间感，与经验的时间、空间相近；影像与现实在时空上是连续的。还有叙事线性、剪辑隐形，不意间我移情于人物与虚构的世界里。巴赞称这一风格为：对象的真实性、叙事结构的真实性与时空的真实性三位一体，最体现法国"电影手册派"的写实原则。① 苏联导演维尔托夫的"电影眼"（Kino-eye）也差不多，从运动的车辆上连续拍摄，模仿人眼视域的前后相继。行进的景物扑面而

① ［法］安德烈·巴赞：《电影是什么?》，崔君衍译，江苏教育出版社 2005 年版，第 69—73 页。

来,线性流变恰与视觉同步,原因是摄影原理与人眼同构。但《地心引力》颠覆了基本原则——电影乃记录对象世界的艺术。无论对巴赞还是维尔托夫,这一前提是自明的,无须反思,因为胶片摄影的技术原理规定了电影美学。可《地心引力》有80%的镜头是电脑软件制作的,没多少实拍,电影还是纪实艺术吗?

回答这个问题,得回溯巴赞对电影本体论的追问:电影是什么?从20世纪40年代到50年代,安德烈·巴赞撰写了多篇论文、影评,结集成《电影是什么?》。像亚里士多德《诗学》之于西方文学,该书也被誉为电影的诗学。虽每章独立成篇,议题不同,却紧扣一个问题:电影的本质是什么。背景是,1927年有声电影一出现,好莱坞便进入"黄金时代",电影艺术成熟了。巴赞敏锐地把握这个拐点:从默片到有声片,电影经历一场革命,艺术形式独立完善了。默片是"表现性"(presentational)艺术,尚未从戏剧、舞蹈中脱胎换骨,仍倚重演员肢体、表情等表现元素,尚处各艺术杂糅的雏形阶段。有声片实现质的飞跃,进入"再现性"(representational)阶段,观众看到可以以假乱真的光影世界,演员脱离舞台表演,声与像同步,电影自成一门艺术。

爱森斯坦不同意巴赞,他鼓吹默片,坚持画面与影像构成电影的本质。而叙事性乃小说和戏剧之长,并非电影特质。理解电影得从19世纪摄影开始,从静态摄影到动态电影,光影构图的艺术才是电影本体论。爱森斯坦专注于景别、光线,构图、剪辑的意义,蒙太奇传递出电影的真谛。巴赞大异其趣,要把电影接续到现实主义小说之后,说这门新艺术实现了人类模仿现实的永恒冲动。本雅明在另一层面上表达了震惊体验,他在20世纪30年代说:"照相术第一次把手从最重要的工艺功能上解脱出来,并把这种功能移交给镜头里看的眼睛。由于眼睛能比手的动作更迅速地捕获对象,图像复制工序的速度便急剧加快,以至于它能够同说话步调一致了。"①图像复制的即时性,取消了艺术品的"唯一性"与"本真性","灵韵"(aura)消失。摄影带来的革命要比印刷术深刻,手工的独特性一去不返。戏剧尚与观众互动,而电影演员对着镜头

① [德]本雅明:《机械复制时代的艺术作品》,载[德]汉娜·阿伦特编:《启迪》,生活·读书·新知三联书店2008年版,第233页。

表演,戏剧残留的一点灵韵也消失了。

三位思想家从摄影技术入手,观察艺术本体论的演进。而数码出现后,当今电影界谈什么呢?有人说,随数码技术的提高,画面的清晰度与分辨率会接近甚至超过胶片;有赞誉数码电影直接传输数据到院线的,说容易加密,严防盗版;还有欣赏数码拍摄、剪辑便捷的,成本小门槛低等。总之,没人谈数码带来的本体论的意义,总以胶片为前提,使之沦为仿胶技术。要知道,数码的意义可能比机械时代的任何革命都深刻,我们该提出巴赞式问题:“数码电影是什么?”

二、冲击物与象之索引关系

回答之前,举个例子,有美女想拍美人照参加选美。胶片时代,她精心打扮、涂脂抹粉,摆各种姿势。摄影师调光、取景。拍完后,底版上得做补光、着色、修版等后期功夫,一张满意的相片完成。到数码时代,美女或用数码相机自拍,然后下载 photoshop 软件处理影像。与塑料胶片上的显影、修补完全不同,她用软件处理的,不是卤化银感光留下的负像,而是像素——成像点的数据。程序可以对影像任意摆布、操纵,有无限的可能性。如果高兴,她用软件更换各种时装和背景,或改变不同季节,甚至把自己换成梦露。修改胶片没那么容易,机械复制的影像与对象物之间存在着关联。

什么样的“关联”?须引入一个概念:胶片摄影的 indexical relation(索引关联,或译为“指示关系”),即对象物与成像之间(现实与幻象之间)存在“索引关系”。镜头前有对象物,经光学镜片倒影在感光乳胶上,无论修补技术多高,也只能对感光材料下功夫,不能凭空臆造。index 即描述物与像相互指涉的实然关系。美国哲学家皮尔斯的符号三分法:icon(图像符号)、symbol(象征符号)和 index(索引符号)。icon 与 symbol 可与对象分离,仍具独立意义。index 只在指向对象时才有意义,如食指(index finger)指向一物说:“这”,或风向标随风指向。胶片摄影因了索引性才记录世界。

摄影与绘画不同,临摹景物先在脑中构思,然后动手呈现视力所及。属主观创作,作品独立于对象。摄影则是被动的,时光的印记雕刻在化学感光表面,它不同于任何复制手段,原样(索引性)地记录世界。所以,电影被称为“媒介艺术”(media art)。到数码时代,像/物的索引关系遭遇挑战,photoshop不但可以修改、操纵像素,甚至连拍摄也可免去。女孩甚至从数据库提取像素,用绘图软件分解组合素材,也能慢慢拼出想要的任何形象。这不是说数码又回到摄影发明之前的时代了吗?难道拍摄与绘画没有区别?电影与动画杂糅难分?所有电影理论都基于机械复制,那么麦茨的“电影符号学”、巴赞的“写实主义”对数码电影有何意义?

三、从“再现”到“拟真”

要回答这些问题,先得追问更难解决的问题。数码摄影的物/像对应没有了,数码相机不还需要光学镜头吗?没有镜头能叫摄影吗?女孩自拍,要的是自己的肖像,在胶片时代毋庸置疑,必须经由光学镜片、机械控制、暗箱冲洗、化学显影一系列过程,物/像间自然铸就牢不可破的对应关系。数码时代,她的身体仍是成像的原型,主观也仍希望维系索引关系。一经软件处理,不经意间却背叛了初衷,“像”与“我”的一致性被消解侵蚀,索引关系滑动了。那么,数码的物/像有怎样的关系?虽然数码相机模拟胶片,但后端没有胶片,而是储存程序。基于数据与程序代码,经电脑软件与硬件的配合,虚拟出有形的图像。荧屏上看到的并非来自外物,而是计算机运算仿真出来的“虚拟真实”。胶片影像占据时间和空间,数码影像只是演算结果,没有实体,乃“时存性的”(time-based),处于一种“连续生成的当下”(continuous present becoming)状态。① 看似静止,实际上电子信号在荧屏上不断流逝、更新着。

绘图软件之所以能操纵“像素”,因为像素是纯数据,篡改图像只不过是修改数据而已。所以,提高数码拟像的清晰度去实现胶片效果,是费力不讨

① See D.N.Rodowick, *The Virtual Life of Film*. Cambridge: Harvard University Press, 2007, pp. 131-135.

好。胶片的分辨率靠光学镜头的识别精度,电影35mm胶片记录的内容,换算不成1200万像素,数码镜头并非目力的延伸。[①] 电脑拟像可以达到无限高的清晰度,但永远不会具备胶片质感。这是个悖论:数码一方面割裂胶片的索引性,颠覆传统的视觉真实观;另一方面又继承、强化逼真感。电脑模拟的是"拟真"(simulacra),而非对"真实"(real)的模拟,或说似真非真的"超真实"(hyperreality)。那么,虚拟的"真"是怎样的真实呢?

四、"拟像"如何"真实"?

巴赞钟爱的"写实"(realism),是银幕形象再现的真实世界,影像语法与观众建立起一致或接近的时空,实现"想象的真实"(imaginary reality)。"超真实"的逻辑不同,它透过一系列规则建立叙事的融贯性(coherence),其影像没有实存的对象做依托,虚化了再现与被再现的分野;"真实"乃对真实的虚拟,既非"再现的想象"(representational imaginary),也非"想象的真实"。[②] "再现与对象相符合"这个根深蒂固的真实观一旦失效,"真实"的依据只剩下可操作性(operational)原则了。[③] 如果说胶片的真实靠的是"符合论"(correspondence theory),那么数码的拟真便是"融贯论"(coherence theory)。

如何实现融贯?模拟什么样的真实?最关键是将身体纳入模拟(simulation)过程,让感官参与模拟过程,而不是被动接受。当然不一定接触身体,可由控制介质传递,如电子游戏,玩家明知身处故事空间之外,但借助操纵杆或键盘,控制故事的发展,身体、介质与屏幕上的故事三者有融合之感,机器与人浑然一体。这种"真实"来自计算机程序的运算,通过装置投射到界面上,要求观众的身体与思维有所调整,与界面一起运作,相互配合营造虚拟空间感。数码3D电影是最好的例子,放映机向银幕投射两个偏振影像,立体眼镜以

① Niels Niessen, Lifes of Cinema: Against its "Death", in *Film in the Post - Media Age*, Cambridge Scholars Publishing, 2012, p.169.

② Jean Baudrillard, *Simulacra and Simulation*, University of Michigan Press, 1994, pp.171-173.

③ Jean Baudrillard, *Simulacra and Simulation*, University of Michigan Press, 1994, p.173.

45°角分开双眼视域，分别观赏两个光源的影像，拟像与感官对接，本不存在的第三维被光影虚拟出来，观众被拖入三维空间里。这不是时空与心理同构的写实主义逻辑，与 2D 扩展银幕空间，以达移情之效根本不同。

20 世纪 50 年代，好莱坞为应对电视的挑战，曾拍巨幅宽银幕史诗片，以大银幕奇观争夺观众。看似与数码 3D IMAX 异曲同工，原理却并不相同。塞西尔 · B.戴米尔在 1956 年完成 VistaVison 宽银幕巨片《十诫》。摩西分开红海的场面，在当年可谓高科技视觉冲击。观众冷眼旁观，靠调动头脑中的《旧约》知识，在解读中移情，观众席与舞台保持着间距。数码 3D 既不需要"前知识"(prior knowledge)，也不默认"假定性"(convention)，即使没有电影经验的幼儿，也一样浸淫于立体影像之中。

当然，数码技术之前已经有立体电影，早在 20 世纪 20 年代便已初露端倪。起初有红蓝眼镜技术，后来立体电影曾多次风靡，20 世纪 50、70、80 年代都出现过立体电影热。中国在 60 年代出品立体片《魔术师奇遇记》，各单位组织观影，几十年不衰。立体影像的冲动由来已久，只有当它与数码结合时，才意义不同。斯皮尔伯格正在实验裸眼看 3D，但更能说明数码影像未来的，是一部 1995 年的片子《末世纪暴潮》(*Strange Days*)。片中设计数码头盔装置，将看到、听到、感受到的经验转换为数据存储起来，再通过电磁触点，植入大脑的感觉神经，观众的体验如身临其境，真实与虚拟现实(virtual reality)难分难解，远超过立体空间感的层面。这种产品的雏形在 2014 年已投放市场，叫 Oculus VR 虚拟现实头戴显示器。数据作用于感官，幻象甚或超过物质世界的真实，仿真超过本真。在影像充斥生活所有方面的今天，大众往往由拟像推及真实，从赝品想象真迹，一个迷信仿真的时代已经到来。

五、数码艺术的"自动性"

不少 2D 影片如《泰坦尼克号》转为 3D，但没有新的美学意义，不过想挣第二次票房而已。敏锐的作者如斯皮尔伯格、卢卡斯、李安，不跟风拍 3D，而探索叙事和美学的突破。李安拍的《少年派的奇幻漂流》，尝试以 3D 塑造全新的虚构空间，两维之上加景深不是目的，更重要的是电脑制作奇幻的想象。电脑合成影像虽没有艺术家手工参与，却在修改原始数据基础上，创生出无穷无尽的变幻。罗德维克（D.N.Rodowick）称之为“数码艺术的自动性”（automatism of the digital arts）。[①] 意思是在“前摄影”时代，艺术家亲手完成作品，独特性与本源性不容置疑，重复再现就属赝品，这是“autographic art”（著者性/亲笔性的艺术）。与之相对的是印刷术，即 allographic art（出版性/代笔性的艺术），也包括摄影，属“媒介艺术”，原件与复本几无差异。但电脑制图既非手工，也非原创，它合成、提取、重新排列各种素材，既无原作者，也非最终作品。提取或节选“原作”之后，用计算机程序、运算规则一处理，新作竟会超越原作，成为货真价实的创新。[②] 如何定义数码艺术？它是全新技术，而“美学”属前电影时代的概念，还能适用数码艺术吗？

其实，电影作者如果不执着于指涉现实的美学理念，任凭想象驰骋于科幻、奇观之间，数码电影会走向不同的未来。实际上，电脑动画与实拍的分野已经模糊。以色列影片《与巴什尔跳华尔兹》（2008 年），动画镜头与实拍场景相结合、穿插，最后融为一体，动画片的概念捉襟见肘。《地心引力》80%的镜头是电脑制景与真人合成的“CGI 画面”[③]，两名主角不需要多少动作，一切由摄影机的运动代劳。数据库提供的大量太空行走数据，使电脑重建太空漫游的画面，既精确又如置身其境。演员贡献些表情就够了，而面部特写也需电脑反复处理。程序员在 Arnold 画面渲染器软件内输入几万条着色代码，让面部光泽和阴影能精准地复现太空特殊的物理环境。还有 LED 屏幕的每个像素都可单独操纵。此片离百分之百电脑虚拟拍摄，只一步之遥。

那么，未来电影还需要实拍吗？列夫・曼诺维奇（Lev Manovich）认为不一定要，有庞大的共享数据库，何必组织剧组人员去实拍？有好剧本、好创意，只要去数据库提取素材，何愁想象力不能自由驰骋。艾尔・帕西诺主演的一部《西蒙妮》（2002 年）的片子，情节是用数码像素虚拟完美的明星。主人公

① Rodowick, *The Virtual Life of Film*. Cambridge: Harvard University Press, 2007, p.16.

② Rodowick, *The Virtual Life of Film*. Cambridge: Harvard University Press, 2007, p.16.

③ The computer-generated imagry，即电脑制图软件创作的电子形象，主要指 3D 数码电影电脑制图画面。

从数据库绘制一位绝代佳人，让全国倾倒。后来，主人公突然厌倦了这位绝代佳人，便删除了模拟数据，结果引发全国抗议。这是个寓言，后胶片时代，电影不再是 Kino-eye（电影眼），用 Kino-brush（电影绘画）定义数码电影更贴切。[①]《地心引力》高度依赖电脑绘图和影像合成，早已不是 photographic image（拍摄影像），也不是视觉性、文本性或音乐性作品，而纯粹是波德里亚的"拟像"（simulacrum）。

六、数码叙事与科幻得宠

当数码摄影不再局限于模仿人眼时，记忆功能便凸显出来，结果电影的叙事模式也随之一变。近年来电影摒弃了单线索的经典叙事，更多采用平行、多线索交错讲述。《云图》（2012 年）就是模拟电脑的运行方式，银幕上出现多重画面并列，如同屏显的多个视窗。情节的复杂缠绕，也似电脑链接不同的虚拟空间。叙事的时间性被空间化，虚拟时空随意穿越。数码叙事的特点是，不必遵循渐进的时间逻辑，而是创造记忆性的空间维度。跳进、返回、重放、翻转，叙事宛如点击视窗的任务栏，差异的空间、时间和故事统统显示在银幕这一"界面"上，电影已经游戏化。未来观众将不满足于坐在银幕前，被动窥视别人的故事。银幕与观众间的疏离感，将会被电游互动方式取代。实验性的电影让观者介入影像活动，通过键盘、手动杆、电子射枪与故事互动。目前，这类电影尚处于萌芽阶段，多是网络下载的、介于游戏与电影之间的小成本短片。

电影叙事的改变，才使科幻成为新宠。科幻叙事与写实故事不同，写实的原则是遵循真实世界的法则——自然法，虚构的世界与生活中的现实在逻辑上同构；科幻不同，真实世界的法则时而有效、时而无效。因此，胶片与数字两种媒介处理科幻题材时，会出现明显的差别。胶片电影受制于媒介的物理性，讲科幻故事一方面要超越自然法的羁绊，另一方面又受制于科学原则，因为幻

① Lev Manovich, *What is Digital Cinema*? Originally published on-line in 1999.

想需要“可然性”(probability)支撑。库布里克在 1968 年拍《2001 太空漫游》时,他的天才想象力超前,但技术条件只允许他用机械手段创作特技场景。结果科幻严谨因循科学知识的推导,人仍是宇宙的中心,片子充满人文、科学气息。数码时代到来,科幻渐渐偏离了 19 世纪的科学理性精神,玄幻的维度大大扩展,灵感又不似来自传统神话或童话。

新科幻既不服从现实原则,也非经典科学法则,与之息息相关的,是电脑编程、网络和电游的运行。新科幻强化了操作思路和物化色彩,趋向电脑技术思维:程序设计与使用、人工智能与人机互动、虚拟游戏与去人类中心主义。网络时代的科幻,营建的是“后人类”世界。人对技术、对人造智能或对大自然的掌控已经削弱,人不再是世界的中心,也非上帝之子。新叙事与新技术的联手,迫使我们反思主体、自由、理性等启蒙议题,难道会被数码世界所瓦解?还来不及命名,新文化已不期而至。

七、电影已死?

革命性的裂变,带来震惊体验:电影已死!但在什么意义上,电影被宣布死亡?Film is dead,胶片电影消亡了。可电影还有其他含义,英语中至少有三种表述:film、movie、cinema,道出三种不同含义。film 偏重电影的物质材料——感光胶片;movie 强调动态影像(moving image/picture),即活动的照片;cinema 透露出电影的空间维度,在剧院这个公共场所放映,既有审美价值,又具仪式感,联系起共同体的社会认同。只在公共空间里,本雅明的“灵韵”尚未散尽。数码的冲击,首先让机械复制的 film 行将就木。其次,作为社会仪式的 cinema 也渐行渐远,更多观众在家中下载电影,或在线观看。最后,数码电影也不再是活动的照片,数码画面并非以每秒 24 帧放映的静态照片,乃是电脑虚拟的电子图像。胶片电影消失,一种观影经验随之死亡。中国电影资料馆或美国的 Film Archive,虽然仍不时放些胶片电影,观众大多是学生、学者或怀旧的影迷,属小众观摩性质,已无商业价值。电影是高资本、高科技的艺术,院线、音像市场才是生命线。一旦不进入商业院线,便将走向坟墓。因此,电影资料馆成了胶片电影的疗养院，临终养老状态；美国 Film Archive 是胶片的停尸房，正式进了博物馆，供人研究、见证历史，缅怀、哀悼往昔的观影记忆。

网上下载、在线观看或手机移动观影，不仅是发行渠道的转换，更是电影艺术的一次涅槃重生。电影不能独立于放映、发行或技术任何环节，动一发则牵动整体风格与内容。叙事性影片一直是院线的票箱，转入有线电视和网络发行后，影院会渐渐失去放映叙事片的优势。特别是长剧情片，最适合改编成电视剧，无论动作、悬疑、爱情还是历史剧，叙事性越强，在有线电视或网络上付费越合理。故事片与电视剧之分已不复存在。另外，微电影在手机上下载的优势很大，广告商将广告和微电影结合，既省掉电视广告的高额费用，又利用网络的长时段、低成本优势，拍故事性加娱乐性的软广告。传统观念里，无法想象电影会与广告联姻。

给影院还剩下什么？院线的优势何在？声望高的一线导演，已经意识到利用影院的空间，装备家中不能安装的高端放映设备，IMAX、3D，或震动观影椅、喷水、吹风等 4D 设备。发行渠道愈趋分流，影院愈得凸显设备优势，而电影内容也必须为设备量身定做。与其说电影死亡，不如说传统电影观念已寿终正寝。从电影诞生那一刻起，任何想将电影归入艺术史的一门类的企图，将统统破产。电影媒介高度综合、混杂，不停地颠覆定性与划界的冲动。“电影艺术”难以成立，所谓“数码电影”，数码并非电影的形容词，电影才是数码的形容词。数码是本体，电影为其众多属性中的一个。电影只有附属一种技术媒介才能存活，因此以电影学的视角谈数码电影将无功而返。我们须从数码衍生的各种文化产品、以数据库和电脑软件为起点，去理解“电影是什么”。

八、新影迷文化

央视搞过一专题片《现象 1980》，采访叶京等不少 50 后、60 后。大家回忆起 70 年代看西方电影，基本是机关、大院的专利。坊间聊起谁看过哪部内参片，象征着身份与地位，是吹牛的资本。到 80 年代，“17 年电影回顾”给国产老片解禁，外国电影周或各国电影回顾展，让大家以观摩、研究的名义，去魅了“外片”。影院商业化后，配额进口外片进入院线，《大众电影》配合推出封面外国影星，上影、长影配音演员也出尽了风头，加之第五代导演风头正健，让中国第一次领略 cinephilia——影迷文化。

电影与其他艺术品一样，当原作或本真性（authenticity）稀缺时，如影片禁放或拷贝稀罕，会闪现“灵韵”。有个美国的例子，一位电影教授住在美国中部小镇。他钟爱帕索里尼电影，20 世纪七八十年代常飞纽约，专门到艺术影院一部部看帕氏影片。他以此为傲，看不起小镇人只知商业大片，没有福分欣赏杰作。到 90 年代，一天在镇上一间小音像店，他发现帕索里尼 DVD 全集才几十块钱。艺术殿堂一下子陷落了。中国的情况更甚，我们现在连 DVD 也不买，网上免费下载。本雅明 30 年代时曾断言：复制时代的艺术品没有仪式崇拜的任何价值。

电影门槛高时，有身份、地位的人群形成高端影迷文化，分享特供电影经验。市场化后，买票到公共空间与陌生人共享电影，亚文化圈形成，观众选择不同口味的类型，雅人看艺术片，俗人看商业片，影迷靠类型或导演认同区分文化身份。如今下载、在线观看或手机移动看片，观众不见面了，便在网上营建虚拟影迷空间，如“豆瓣电影”、Rotten Tomatoes 等。圈子内交流观影经验、评价优劣、分享话题。

新技术改变了影迷文化的内核。网上出现“索引派”和“细读派”，他们用视频软件截取喜欢的电影片段，按嗜好或个人理解，把影片分割、重组排列。影迷成了“策展人”，作品脱离了作者原意，衍生出多义的、不断被赋予新意的文本，在网上流传。① 电影从此不再是高高在上、带着作者光环的艺术品，而是在影像碎片中被大众分享，在狂欢中被肆意改写。以前上电影课，放片子是大难题。后来有了录像机，细读成为可能，只要记下录像机从几分钟开始到几分钟结束，便可反复播放某片段。如今，只需告诉学生片名，大家课前网上观看，教师用“豪杰”或“Quick-Time”软件截下片段，反复分析读取某

① Niels Niessen, Lifes of Cinema: Against its “Death”, in *Film in the Post-Media Age*, Cambridge Scholars Publishing, 2012, pp.180-182.

个段落。片子的含义发生变异,反复读取的片段被凸显、放大,某些特别的观点,从整体语境中滑脱出来,移置到课堂的语境里。电影的世俗化、民主化进程无法逆转,死守逝去的经验、拒绝去魅的努力,不过是徒劳想抓住怀旧的梦影。数码电影是什么?我们只有深入数码技术带来的种种变化中,将图景一点点拼接出来。

（本文原载《新知》2014 年 11 月刊。）

电视屏幕上的都市

一

2012 年 7 月 21 日，北京暴雨成灾。

恰巧那天与朋友小聚大钟寺一餐馆，相约风雨无阻。傍晚大雨滂沱，人到时个个像落汤鸡，狼狈入座。撑伞挡不住大雨，付账时钱包都湿透了，人民币滴着水。回家的路上，左一滩积水、右一股浊流，开车不知深浅，望而却步。胆大点的司机一脚油门，车如水中行船，乘风破浪。我专拣热闹的路段走，七绕八拐，还算顺利。到家感慨好大雨，北京的 7 月，暴雨并不稀奇。

打开电视，各频道直播雨情，降水记录被一次次刷新：突破北京 20 年来的纪录、30 年纪录、50 年纪录……惊心动魄的是广渠门桥下营救司机的画面，5 辆汽车淹没在 4 米深的积水下，有人困在一辆越野车中。现场直播近 3 个小时，镜头俯拍，一会儿拉近、又推远。灯光昏暗，画面模糊、晃动，依稀可见很多人拉住一条绳索。汽车渐渐露出水面，众人围拢过去，砸碎车窗，拽出一男子。这时已近晚 11 点。我这才慌了，忙给聚餐的朋友一一打电话，询问是否安全到家。大家住得分散，有住昌平的、有开车来的、有乘公交的，全报了平安，没遇到危险。我说快开电视，今天可是场灾难。

第二天情况明朗了，新闻播出各城区的画面：乘客从公交车窗爬出，洑入深不见底的积水，一个跟一个游向营救人员。公路的下水井喷涌，水面漂露着红、黄色的车顶。一段航拍镜头最震撼，房山区一片汪洋。空中鸟瞰，一片片落叶般的长方形屋顶，如江南水乡放出的木筏。京港澳高速路看似一条汹涌大河,水上漂着猪、马、牛的尸体。北京城面目全非,我这个北京土著已认不出荧屏上的城市。

上海社会科学院有位朋友来电话慰问灾情,我本想说聚餐的经历,但实在没啥戏剧性,无非凄风苦雨中聚会而已,不堪当慰问。于是转述新闻:北京190万人受灾,77人遇难,电视画面触目惊心……对方插话转了话题,人家在上海也看新闻,何须转述,你纵巧舌如簧,怎比实况转播逼真、形象。

二

事情过后,每当再提这场雨灾,新闻内容渐渐覆盖了个人记忆。不经意间,内心不断与媒体协商、妥协,渐渐放弃不具代表性的、无法沟通的私人经验,与城市共享一个电视化的集体记忆。不过,那晚北京人大多懒散宅家,“7·21”其实是显像管射出的电子信号建构的:现场摄像、字幕滚动、数据、图片、史料,源源不断经显像管涌入起居室。记者在东城、西城、南城“为您报道”,画面从一个现场切换到另一个现场,主持人一会儿走近镜头,一会儿领摄像机去一栋泡水危房。闪烁的荧屏前,观众被动接收着不连续、冗杂、异质性的素材。同时,前台有专家解读气象知识,主持人控制进程节奏;幕后有导播编辑采访,连缀事件的因果关系。这样,资讯、影像、现场就整合起一套节目,观众获得三维立体的城市图景,不透明的都市空间,在新闻里一览无余。

回想我们的雨中饭局,已暮色黯然,脚下淤泥浊水,踽踽难行,餐馆虽在眼前,却仍不可及。落魄瑟缩之状,感之切肤,却无公共性可言,太具象、支离,缺乏叙事性,无整体感。媒体时代,个别经验无足轻重,电视才是通达城市的管道,或说是一种“界面”。在界面上各种传媒并用,各类视听材料叠加,按一套节目程式,模拟(simulate)真实的城市,生产灾难的“拟像”(simulacra);居家的观众,透过一件家具(电视)感知屋外生冷、陌生的街道。① 不仅如此,电视

① Pascal Pinck,“From the Sofa to the Crime Scene:Skycam,Local News and Televisual City”, in Maria Balshaw(eds),*Urban Space and Representation*, Sterling,VA:Pluto Press,2000,pp.57-59.

操控我们与外界相遇的方式:摄影机位的移动、镜头变焦、画面切换,“实在界”(the real)的空间阶序被改写、置换,“拟像”替代了漫步城市的经验,陌生的城市在荧屏上看起来如此熟悉,简直触手可及。谁会跑到雨中经历水灾?坐在客厅的沙发上,便知“7·21”“真相”。

三

夏末秋初,赴美国新泽西讲学。今年运交华盖,才 3 个多月过去,又碰上一场百年不遇的大灾。2012 年 10 月 29 日,飓风桑迪(Hurricane Sandy)登陆新泽西,113 人丧生,美国 60 多年未有,损失之大,高居飓风史上第二位。

新泽西州、纽约市政府在一周前就发了预警,我觉得有点小题大做。几乎每年 1 月份,美东地区都下大雪,政府部门总告诫居民不要出门,买水囤粮,准备持久战。闹得超市的瓶装水、面包、香肠断货。有时还吓唬人说可能停电、停水,老实人便去买台燃油发电机,结果好多人家的车库里存着未开包的发电机。这次又放狠话,鼓动大家备荒。纽约市长彭博(Michael Bloomberg)声色俱厉,命令住危险地带的居民转移。他讲话说:“钉子户”对自己的生命不负责,还无视他人生命,不转移会连累救援人员。越说越气,还爆了粗口:“不撤离的人自私,是傻瓜!”新泽西竟宣布全州进入紧急状态。

开车在新泽西州高速路上,沿途电子牌赫然打出“州紧急状态”,汽车的蜿蜒长龙往北狂奔,而南行的车辆越来越少。南面是临大西洋的泽西海岸线,离海愈近,人迹愈少,高速收费站被弃风中,加油站空无一人,气氛阴森。远方一对车灯迫近,我一时振奋,又纳闷起来,谁这时候跑这儿来?不过,天气还没太坏,细雨霏霏而已。若隐若现间,阳光透过云隙射出,雨气空濛中出现一道彩虹。飓风未如期而至。

大家懈怠时,狂风突起。

10 月 29 日下午,我在网上发不出邮件,网停了。接着电灯恍惚闪烁,电断了。窗外疾风震雷,飞沙走石,声如万钧雷霆。玻璃窗要撑不住了,纱窗被一把扯裂,抛入空中,与残枝败叶飞天乱舞。参天大树已压弯 90 度,仍拼死一搏，却轰然倒下。高压线上电光霹雳，蓝焰直蹿，依稀闻得爆炸声。飓风咆哮声中，救火车的警笛似蚊吟绕耳，虽近似远。美东已天寒日短，翳然已暮，至屋中暗无所见，只有手机屏幕的微光照明。热力停了，暖气片冰凉，室内寒气逼人。打开煤气灶，听到嗞嗞出气声。还好，有水、有气尚可烧饭、取暖。我煮起三大锅水，屋里雾气缭绕，却仍驱不散寒气。后悔没听劝告储备物资，幸亏冰箱堆满吃的，但没电能保鲜多久呢？最难的是电话、网络、电视、手机一切中断，楼道一片漆黑，电梯的应急警报尖声刺耳。邻居们幽灵般走向楼门口，遇风声电闪惴惴却步，折回见人便打听消息，谁有消息呢？大家与世隔绝了。

第二天仍凄风苦雨，楼里人如笼中困兽，萧索难堪。以为停电不过一两天，谁知一直摸黑了十几天。情况一天天遭下去，供电、供热的希望渺茫，外面所有路段都关闭了，即使上路也没地方去，商店、加油站、邮局、公共设施一切停业。听警车慢慢驶过，高音喇叭广播着：晚上 6 点实施宵禁，任何行人、车辆不得上路。街上树杈、电线杆、广告牌、碎木片横七竖八，一片狼藉。让人联想起战争片的场景，华沙陷落，纳粹进城宣布宵禁。我手上两部手机，一个是国内全球通，一个是当地号码。一天国内手机收到短信，朋友慰问灾情。我回复说：这里像刚遭遇原子打击，美国总威胁把人家打回“石器时代”，现在才懂这话的含义。一看无线通信恢复了，忙掏出本地手机，问学校的停课安排。却发现拿它照明把电耗尽了，无奈拨中国移动的长途漫游，这算是封闭“铁屋”的一线光明吧。

楼里居民恐慌起来，食物、电池、蜡烛一天天耗尽，不洗澡身上的异味……有人开车去找开门的商店或旅馆，寄希望于商家自备发电机，结果无功而返，汽油箱却见底了。大家碰面便交流加油信息，新泽西、纽约市宣布汽油配给制。有位朋友夜里 11 点到几十英里外排长队加油，凌晨 5 点才接近加油站，车却油尽熄火了，眼巴巴看着后面车子一辆辆绕到前面。我隔壁是家俄国裔，正在黑暗的楼道里搬运行李，主妇见我便以夸张的俄国式手势比划：“你怎么还住这里？很危险的！”“你有何上策？”她说要去别的州住几天。可没一会儿，他们又摸黑往楼上搬行李。一问才知，加不到油，去不了外州。

四

信息不通，一台从未用过的小半导体成了宝贝，了解灾情靠它了。飓风登陆的头两天，电台没有什么节目。广播属“旧时代”的传媒，与电视网实力雄厚、全方位覆盖，不可同日而语。电台一般在本地小规模运营，遇大灾大难，停电或交通瘫痪，节目便难以为继。电视网一般跨区域，不受局部状况影响，报道全天候，记者各地调配。灾后电台只剩下两个全国新闻频道，听广播知道大西洋城沿海设施全毁，纽约洛克威（Rockaway）海滨房屋连地基被一起冲走，危房积水齐腰，住户爬到摞起的家具上待援。切尔西好多画廊的艺术品泡汤，医院地下室发电机进水爆炸。有电话打到播音室，报告家里地下室变成了奥林匹克标准泳池，传家宝贝、古玩泡在水下。另一个电话求救，说她泡在齐腰深的水里，水面漂来紫红色液体，估计附近化工厂泄漏。有个小女孩的电话有意思，她父亲是古巴移民，苦熬多年刚入籍，一心想体验美国民主。11 月 6 号总统选举，父亲非要投票不可，呼吁电台叫救援车护送他到投票站。

新闻广播灵活、机动、迅捷，但没有电视的临场感，耳听为虚，眼见为实。广播是转述性的，产生不出“即时性的”（instantaneous）视觉效果，所谓“电视化”（televisual）体验：电视的多重空间切换、各种视听素材的整合、视角和焦距的变换，让观众如身临其境，感受现场。虽然电影也是视觉媒体，可直播乏术。电影的语法是“过去式”，制作与观看脱节，从拍摄、剪辑、录音、后期制作到发行，整套环节完成后才送影院欣赏，中间的周期漫长。观众预设电影情节发生的时间和空间，与银幕上的影像时空错位。投射光影勾勒的梦幻空间，是故事的隐喻，“移情”（empathy）将观众超度到“时空飞地”，去尽情“宣泄”（catharsis）。所以，电影属艺术审美范畴。而电视是即时性媒介，事件发生的时间与制作、传输和接收时间同步，“绝对在场”（absolute presence）不容置疑，观众自认为身临其境。① 因此，

① Jane Feuer, “The concept of live television: ontology as ideology” in E. Ann Kaplan (eds), *Regarding Television: Critical Approaches*, Frederick: University Publications of America, 1983, p.14.

电视新闻的语法是“进行时”，不具纵深和阐释空间，只有“知会性”（informative），与监控录像、声纳装置同构。

飓风、断电，羁困屋内，如此极端的处境中我发现，电视、网络的缺席，让灾难的认知很局限、狭仄，无非楼前楼后目力所及。保罗·维利里奥（Paul Virilio）曾说，电视是“经验的构成性元素”（architectonic element），它似移动的窗户，其本身便构成城市的“时空体”（chronotope）。① 或者说，电视之所以与报纸、广播、电影等再现传媒不同，因其“技术模拟”（techno-simulation）足以模糊再现与真实之间的界限，它播放的“拟像”可以脱离“原型”，甚至先于现实存在，而独立自足地成为现实。②

五

纽约皇后区的法拉盛（Flushing）没停电，令人称奇。我有位表哥住那儿，暂避他家，可洗个热水澡，还能给手机、电脑充电。纽约的小商埠已发起国难财，自备发电机给顾客手机充电，一次要15美元。去纽约我得经华盛顿大桥或林肯隧道跨过哈德逊河，但两通道都关闭了。华盛顿桥上有个人行辅路，走过桥要半小时。抵御不住“文明生活”的诱惑，我背上可充电的各种装备，徒步进军法拉盛。纽约部分公共交通恢复，免费载客。曼哈顿已失去冠盖京华的气象，冷清颓靡如弃城。主干线地铁虽号称恢复，但坐上去才知道，走走停停，正常线路全打乱了，车次少、区间短，一会儿上地面换巴士，一会儿下来转地铁。还会拉你到陌生的地方，几经辗转周折，也未必能到想去的地方。去法拉盛40多分钟的路程，怕要走一天了，免费的午餐不好吃。

纽约人的节奏快得出名，匆忙来往如梭。艰难时世，无奈也慢下来，乘客一脸茫然，任由车辆摆布，没一个着急赶路的。以前大家陌路偶逢，各顾各，现在三五成群，结伴而行。到站、转车时，陌生人间有商有量，共渡难关。碰上个

---

① Paul Virilio, *The Lost Dimension*. New York: Semiotexte, 1991, p.76.

② Jean Baudrillard, *Simulacra and Simulation*, University of Michigan Press, 1994, p.103.

皇后区的老住户，他带着我和一位加拿大人东穿西走，终于进入皇后区，但法拉盛仍远哉遥遥。公交停运，等在站牌的几位商量结伴远足。飓风过后，天气疏朗，温煦秋日下，渐走出暖意。漫漫长路，有人开始掉队，一个中途要吃饭，一个要歇歇脚，一个索性不去了，剩下我和一个小伙子执着向前。看模样他像拉美裔，很年轻，在法拉盛一间律师所打工。老板威胁说，再不来上班就永远别来了，他才不情愿地踏上旅程。但更切实的原因，他是个“网虫”，没电的日子其他还能对付，就是网瘾差点“要命”，去办公室上网是致命诱惑。走了近两小时，一路说说笑笑，苦中作乐，倒也惬意。大家都好些天没上网、看电视了，不参照媒体的口径，大家说起各自“抗灾”的经历，别具意趣，很个性，穿越到前媒体时代的本真状态。

一路竟碰上没有人行道的路段，以前开车或乘公共交通，脑子里有一张城市地图，现在不按交通标识步行，固有的地理概念颠覆了。为抄近路，我们翻公路护栏、爬越铁路桥，做平时不敢想的事。一步步丈量土地，按几何直线朝一个方向，这才发现，距离感、道路的连接方式、路况全变了。没有飓风，我恐怕永远都隔着技术中介去认识这个城市。联想北京“7・21”，从电视的俯拍远景镜头里看广渠门桥，或航拍镜头中看房山，与平日来往其间的空间感错位。在地面上，人以身体为参照体认空间，航拍是高空鸟瞰，细节消失了，尺寸相对化，以人为中心的景观被抽象为电子眼中的标准远景。它拒绝我们熟知的经验性表述，并剥离对象的具体情境，抽空其时间维度，成为“鸟瞰的美学”(aesthetic of above)。① 技术对时间与身体经验的扭曲，体现在观看电视中的广渠门桥营救。在那揪心的几小时中，观众一会儿看插播广告，一会儿换换频道，不过消磨一套节目时间。哪会体验在现场的人那焦急的等待，希望与绝望刻骨铭心的心理时间。疾驶在去往法拉盛的高速路上，也不能体会斜阳漫步、萍水偶逢的时时刻刻。我们这个时代，媒体的技术参数取代了身体感官，城市经验既抽象又格式化一，不知道真实的街道与电视画面还能否区分？生活与节目似乎重叠混淆起来。

---

① Pascal Pinck, “From the Sofa to the Crime Scene: Skycam, Local News and Televisual City”, in Maria Balshaw (eds), *Urban Space and Representation*, Sterling, VA: Pluto Press, 2000, p.63.

六

有人叫法拉盛“新唐人街”,老唐人街是曼哈顿的运河街(Canal St.),多住着广东人、福建人。20 世纪 80 年代后来的大陆移民,都涌到韩国人与拉美人混居的法拉盛。灾后这里与其他地方太不一样了,电、水、气、网络一切照常,而且比平日更繁华一时。中餐馆雅客满堂,腾腾如沸。大街小巷声光凌乱,游人如织,掮客小贩掩映闪灭其间。我的印象是日据时期的“上海孤岛”,大概从曼哈顿、新泽西来了不少“灾民”,也投奔“文明生活”,这里一派醉生梦死的浮华气色。飓风像一条过时的新闻:法拉盛一白人男子被刮倒的大树砸死。这是本地唯一灾祸。细想来,除了少数住海边的居民被飓风蹂躏,这场灾难对大部分人来说就意味着停电。六百多万人在停电中吃尽苦头,现代生活的基本形式失效了,人与外部世界的联系需要技术中介,停电如同失去感知器官,大家茫然无措。

时至今日,我对桑迪的记忆仍是破碎、琐屑的,曾想补看以前的电视新闻,但回放的新闻就是纪录片了。历史频道应景播出 1968 年新泽西大飓风的纪录片,40 多年前的狂风暴雨可做今日桑迪的隐喻。影片线性的叙事结构,按逻辑递进铺陈事件,镜头景深透露出年华似水,光影勾勒的灾难空间与当下阻隔了不可逾越的时空沟壑。电视无心营造电影的空间透视,滚动的信息、节目预告、插播的广告,一起消解了叙事的时间性。影像空间的杂糅也取消了景深,一切指向书写表面;电视素材只有一个公约数,是资讯,其重要性超过视觉效果。①

前几天约朋友打球,收到短信回复:美国使馆提供北京空气质量指数 174,$PM_{2.5}$细微颗粒浓度 250。不管你感觉气候是否宜人,科学数据决定今日不宜出行,感觉为虚,科学为实。这年头电视上天天报毒食品、地沟油、杀人电

---

① Mary Ann Doane,“Information,Crisis,Catastrophe” in Patricia Mellencamp(eds.),*Logics of Television*,Bloomington:Indiana University Press,1990,p.225.

梯,耸人听闻,日子过得营营扰扰,提心吊胆。静心想来,人们现在最大的焦虑无非是身体和寿命,电视台则回收各式各样的纠结、恐惧,再投射到屏幕上,可谓“缘心造像”。观众把反刍的影像当真实经验,结果媒体与受众合谋,完成一“妄想式”循环;个体焦虑的症候,经过循环上升为集体经验,播散到城市空间之中。①

20 年前,王小波在《读书》(1995 年第 3 期)上发过一篇小文《花剌子模信使问题》,讲一个寓言:中亚古国花剌子模君王褒奖从战场上带来好消息的信使,而将带坏消息的投笼饲虎。作者立论:先有好坏事实,才有好坏消息,信使不过中介而已,国王昏聩自欺才报喜不报忧。貌似无辜的中介,在今天纷繁芜杂的现实中,选择什么样的事实,以何种方式报道或编辑消息,关系重大,甚至会使事实与报道孰“真”孰“假”难分难解。鲍德里亚也有个寓言,说第一次海湾战争(1990 年)从未发生。意思是真实战争已被置换为符号战,电视上敌方出现时看似电子游戏的靶标,CNN 的 24 小时直播才是海湾战争的原型,而不是发生在地面上的战斗。战争爆发前,CNN 编排好了叙事模式,“直播”倒像排演脚本。因此,媒体报道不能供民主讨论的话题,倒像广告,一切均已发生过,我们看到的只是“回放”(replay)。“事实”被生产为符号,符号的指涉物(referent)不复存在。当心,花剌子模国王的宝座或被信使谋篡。

(原载《读书》杂志 2013 年第 10 期。)

① Liam Kennedy, “Paranoid Spatiality: Postmodern Urbanism and American Cinema”, in Maria Balshaw (eds), *Urban Space and Representation*, Sterling, VA: Pluto Press, 2000, pp.126-127.

福柯与中国学界的“文论热”

中国的知识界开始对福柯进行广泛的介绍和系统的研究，是从20世纪90年代才开始的。米歇尔·福柯(Michel Foucault)是一位后工业资本主义社会中有代表性的后结构主义(post-structuralism)批判理论家，他对20世纪中后期在西方蓬勃兴起的后现代主义(post-modernism)思潮的发展，有着深远的影响。那么，与西方社会文化状况有着巨大差异的90年代中国，为什么会系统地介绍福柯的理论，并引起学院知识分子广泛的兴趣和深入的研究呢?他的理论又是如何影响了90年代中国的学术发展呢?

90年代的中国，在社会和文化等各个领域正发生着深刻的和影响久远的巨大变化。市场经济和社会分工理性化日趋成熟，与之相伴随的消费和实用文化正逐渐取代在具有强烈启蒙色彩的新文化运动中形成的、持续近一个世纪的浪漫主义文化传统。在几乎整个20世纪，中国知识精英扮演着启蒙和引领社会和大众走出“埃及”踏入“新世界”的摩西一样的角色。即使是“文化大革命”期间知识分子接受贫下中农再教育——笔者称其为颠倒的启蒙，其背后的逻辑仍与“五四”启蒙的思维结构相一致。特别是在80年代对“文化大革命”的清算中，知识分子再次把启蒙精神和知识精英化推向高潮。人文主义和自由主义在80年代迅速成为中国知识界的主流意识形态，但当自由市场——这个酝酿自由主义的社会经济土壤——在中国蓬勃发展时，知识启蒙的浪漫文化景观却被实用的大众商品文化所侵蚀。中国知识精英被大众社会无情地边缘化了。传统的知识精英、政治权力与大众社会明确的三角互动关系的结构被全新的和复杂的社会权力关系所打破，大众传媒、资本权力、利益集团和各种各样的新崛起的权力通过新的机制和方式影响和控制着社会，社会关系和结构变得空前的复杂难测，中国知识分子在传统的三角权力结构中所处的精神领袖的地位也被某种匿名的力量所挑战，而不再仅仅是传统意义上的政治权力的压迫和大众的无知对这种地位的挑战了。

面对空前复杂和全新的社会问题与权力关系，90 年代的中国知识分子不得不超越自己旧有的知识结构而寻找新的思想资源，从西方发达的后工业社会（post industrial society）中产生的当代文化研究和社会理论就成为 90 年代中国知识分子思想引进的重要来源。福柯的《知识考古学》（*The Archaeology of Knowledge*）、《疯癫与文明》（*Madness and Civilization*）、《规训与惩罚》（*Discipline and Punish*）、《性史》（*History of Sexuality*）、《知识与权力》（*Power/Knowledge*）等主要作品相继在国内翻译和发表，并对知识界产生很大影响，被广为引用和讨论。

法国 1968 年“五月风暴”学生运动在相当程度上改变了西方后工业社会的文化景观，米歇尔·福柯是那场运动后有代表性的思想家，与传统的旨在改变政治结构和社会制度的社会革命的意义不同，“五月风暴”运动是一场自由知识分子呼吁政治宽容和社会承认的不流血的和平抗议，这场运动的后果是使西方现存制度变得更加成熟和具有免疫力。而福柯本人则在运动失败后和欧洲知识界的普遍沮丧情绪中，试图通过自己的研究和实践活动，找出一条新的认识和批判现存制度和后工业文化的理论和方法。他的知识史考古学、西方司法史中产生现代权力机制的谱系分析以及他的通过古希腊性意识的研究来揭示当代人主体的建构的理论等，都为 90 年代中国知识分子所面临的错综复杂的新问题提供了重要的借鉴。中国社会和人文知识分子正在自觉或不自觉地告别传统的、直接介入社会政治生活的启蒙方式，开始学院化、职业化的理论研究和文化批判。也正是在此时，福柯的理论方法和概念范畴等在 90 年代的中国隐形地渗透到学院的文化研究、文艺批评、哲学历史以及法学等各个领域。话语权、微型权力、主体建构、规训和断裂等福柯式的概念和认知范畴已在中国大陆各学院的学术活动中高频率地使用，并被内化为许多中国问题的专著和理论的基础概念。

特别是在文化和文学批评等研究领域，福柯的批判策略十分明显地影响了当代中国的文化和文艺批评理论。有的学者甚至坦言，在 90 年代的中国，知识分子在仍应坚持精英立场的同时，要改变传统的干预社会的方式，代之以一种福柯式的干预；退出传统的政治/文化游戏方式，挖掘并提供新的文化资源，并明确拒绝都市化过程和消费主义。当代中国的文化研究和文化批评指向大众文化和工业消费文化，和与之相伴文化波谱化、庸俗化和反文化化的倾向，特别是新崛起的大众传媒的话语霸权更成为学院文化研究的主要对象。福柯的话语分析、权力解构、主体生产等概念均及时地为中国知识分子所面临的文化现象提供了言说和透视的有力武器。同时，都市化进程的加速，一系列新的文化困境也不断在城市生活中涌现。女性意识的崛起和同性恋文化的出现，也促使学者借用福柯的"性史"研究来认识和分析中国的女性主义和从事性别亚文化研究。当然，西方的后工业社会文化现状与中国的现代转型时期的炫目变化的文化景观有很大的不同。在中国的现代化过程中出现了 18 世纪和 19 世纪西方工业化过程中同样问题的同时，也出现了具有时代和中国文化特点的新问题。这种也让以西方文化理论为其主要方法和视点的中国当代文化研究领域备受诘难，这种状况实际上是向这个学科提出了一个重要挑战，中国学者如何面对自己的复杂多变的特殊文化景观提出自己的理论和研究视角。

在文学批评领域中，作为福柯理论的遗产，在英美文学界流行甚广的"新历史主义"(New Historicism)批评也被介绍到中国来，并成为中国文艺理论和文学批评新的理论资源。当代中国文学史中有着强大的马克思唯物主义历史观的研究传统。现当代中国文学史的研究方法有明显的传统历史主义的痕迹，在 80 年代的人文主义和自由主义高涨时期，这种文学批评的传统有所改变，个性解放和人道主义被广泛地提倡和强调，经济或历史决定论受到了广泛质疑。福柯首先把中国文艺批评带入后结构主义，使中国学术界掀起一场后结构和后现代主义的热潮。紧接着英美新历史主义批评又开始在 90 年代末为一些学者所接受。而新历史主义把差异的历史和社会空间带入文化和政治批评中，并通过开放的、相对和多元的价值观来看待和批判现实资本主义社会。特别是在批判西方现代进步时间观念时，有的中国学者自觉地以知识考古的方法，通过对明、清中国现代性的研究来揭露西方现代时间观的武断和片面。

在“9·11”之后,美国撕去人道主义面纱,一意孤行地实行单边主义和帝国政策,中国的政治主权和文化的主体性在新的全球架构中进一步受到挑战,这使中国学者发现使用后结构主义和新历史主义批判帝国主义文化霸权有些力不从心。时代呼唤更加鲜明的文化策略,即一种在全球化语境中既能突出中国文化在世界文化视野中的独立地位,又能保持本土文化的活力的新的学术策略——“重新发现东方”和中国文化输出正在21世纪的中国学术界酝酿产生着,这种对西方的话语霸权的谱系和考古分析,鲜明有效地揭开了一层重重的、长期以西方发达国家的视角和价值来对象化地评价东方他者的、所谓“世界历史”的面纱。中国学界从本土传统中挖掘学术资源,还人类文明遗产以丰富多彩的本来面目,而不是那种被单一工具理性逻辑统治和遮蔽的所谓现代性文明。这种文明过多地关心效率和物质发展,而丢失了人类最本真的品质。所以,中国学术界兼容并包,才能重建文化认同与自信,有继承也有创新。中国知识分子在90年代初、90年代末以及21世纪初面临着急剧变化的文化和政治现实,通过引进和吸收后结构主义、新历史主义和后殖民主义等西方文化理论,结合自身的经验来理解和解读当代中国的问题,并根据自己的立场对现实发言,提出整体性方案。福柯的思想和方法在这种文化视域中不可避免地被中国知识分子吸纳整合到中国当代人文思想中,并被赋予了崭新的意义。

(本文原载《河北学刊》2003年第6期。)

“后”理论时代的国际学界

记得在美国求学期间，很多大学的文学课表上排满了文学理论与文化研究课程，如“身体、话语与权力”“解构与文化符号”“福柯与主体理论”“后殖民、族群与性别”“权力与霸权”“空间政治”等，可以拉一个长长的单子。学生们趋之若鹜，上理论课的教室常常高朋满座，一座难求。要想修后现代理论课程，特别是有名教授主讲，须尽早注册。学界各种学术会议也常冠以各种理论名头，什么“文化与政治”“语言与权力”“社会批评理论”，在当时都很时髦。参会者言必称“德里达”“福柯”或“赛义德”，张口闭口“后殖民”“晚期资本主义”“空间”或“记忆”，如不懂这些术语，难免自惭形秽，深恐自己落伍。那时候正值世纪之交，理论如日中天，犹如一股强劲的热潮，涌动在美国大学校园之中。

后来再次赴美逗留，21 世纪第一个十年即将结束，这时发现美国校园的理论潮降温了。课程表上依然有不少理论名称，但主要是开给本科或研究生低年级（课程编号较低）的介绍性课程。学术会议和讲座仍然热闹非凡，但学者们不再频繁引用著名“后”理论家了，相反，有意无意回避提及那些耳熟能详的名字。后现代术语似乎融化在问题里了，学者们也不再刻意搬弄理论话语了。具体问题反而越来越凸显出来，论文题目或会议主旨大多围绕研究对象，关注问题而不是概念先行。这次与美国学界的交往，我有一个突出印象，就是理论从前景转入背景，后现代思潮已经内化在学者思考之中。无论是后结构、后殖民、新马克思主义、女性主义或新历史主义，都已悄悄地进入学界的集体无意识之中。谁也无须再摆术语龙门阵，或吞剥、模仿拗口的理论词条，“后”理论已经成为常识。在学者讨论问题的思路中，不经意间已透出方法的转向，而无须大声呼吁后现代的君临。

不到十年，我感到美国理论话语的微妙变化。有意思的是，与身在其中的美国学者交谈，他们反而感触不深。也许实为日濡月染的渐变，对他们来说乃水到渠成，自然而然。但我却想弄清个究竟，几十年的后现代洗礼，对美国文学研究意味着什么？它给美国学界带来了怎样的变化？近十年的转变是否预示了“后”理论的前景？这对中国学界反思“后学”有什么借鉴？因参与一个社科项目，几年来整理了 1980 年到 2000 年美国文学理论的大量文献，颇有些心得，便从主观视角出发，就管窥所及，回顾一下几十年来美国学界遭遇理论的历程。

一、传统文学批评

美国学院接受文学、文化批评理论明显晚于欧洲。事实上，研究与传播理论的学者大多有欧洲学术背景，要么是来美国的移民，要么是到美国讲学的学者。大约在 20 世纪 60 年代末，美国学院才开始重视外国学术的引进，特别对欧洲大陆哲学思辨传统越来越感兴趣。于是，一种叫“文学理论”（literary theory）的新学科悄然兴起。

传统美国文学批评偏向于感悟式、实证性的文本注释，特别强调作者的语言天分与道德真诚，欣赏个人学养与文化底蕴，炫耀矫揉造作的盎格鲁—美国式“智性优雅”（intellectual gentility）。① 在欧陆理论大举进入之前，艾略特（T. S Eliot）式的传统“新批评”（New Criticism）与特里林（Lionel Trilling）的新保守主义，统治着美国文学批评界。② 但如果说“新批评”时代，美国学界没有欧陆文学思潮的影响，也不准确。因为早在 20 世纪 50 年代，德国语文学（philology）与历史主义（historicism）大师奥尔巴赫（Erich Auerbach）和史皮策

① See Paul de Man, *The Resistance to Theory*, Minneapolis MN: University of Minnesota Press, 1987, p.6.

② See Paul de Man, *The Resistance to Theory*, Minneapolis MN: University of Minnesota Press, 1987, p.6.

(Leo Spitzer)以及人文美学家克罗齐(Benedetto Croce)、库尔提乌斯(Ernst Robert Curtius)等,都塑造着美国文学批评的生态。① 究其缘由,这仍是一条人文批评的线索,其内在逻辑与美国新批评一脉相承,彼此呼应,相互印证。

二、理论转向

直到20世纪60年代,美国批评界才出现所谓的"理论转向",追根溯源,是因为欧陆学界出现语言学转向,各种新理论如结构主义、符号学、精神分析、后结构主义、女性研究、新历史和新马克思主义相继出现,改变了整个欧洲文学的方法。欧洲学者与美国学界交流频繁,启发后者从单一美学或历史学方法中跳出来,转向关注文本意义之外的领域:即经典文本的产生过程、读者接受过程,以及文本经典化之前的评价等。② 美国文学界开始意识到,纯粹的审美标准并非名著经典化的唯一尺度,审美与文本意义之间的关系,远比所谓"人类的永恒价值"要复杂得多。审美标准并不天然地内在于文本内容之中,毋宁说,审美乃是某一历史语境中文本意义所产生的效果。③ 当文学权威在把一个文本经典化时,会有各种文化权力参与到文学评价的场域中,一部经典作品的诞生往往是权力博弈的结果。

除了这种社会学视角之外,语言学和文学元语言方法的引入,也改变了美国文学批评的图景。传统美国评论界分析文本时,强调从直觉、意识和经验出发,以内容逻辑的严密以及意义明晰为判断标准,把审美视为不二法则。④ 当语言学方法进入美国批评视野之后,有些学者开始借鉴语言学的科学方法论,

---

① See Paul de Man, *The Resistance to Theory*, Minneapolis MN: University of Minnesota Press, 1987, pp.6-7.

② See Paul de Man, *The Resistance to Theory*, Minneapolis MN: University of Minnesota Press, 1987, p.7.

③ See Paul de Man, *The Resistance to Theory*, Minneapolis MN: University of Minnesota Press, 1987, p.7.

④ See Paul de Man, *The Resistance to Theory*, Minneapolis MN: University of Minnesota Press, 1987, p.8.

寻找文学评论的确定性。于是，一股文学实证的研究思潮出现了。更有学者借鉴索绪尔语言学的视角，思考语言的指涉性，或能指与所指之间的复杂关系。从此之后，每当分析一个文本时，语言学就成为一种自觉意识，批评家不再把语言仅仅当成给定的作者意图，而是一套符号与意义系统。语言系统给文本带来表面上的确定意义，传统直觉和体验式解读，就显得捉襟见肘了，文学语言与功能性语言之间的藩篱被彻底打破了，文本经典化的神秘面纱也被无情地揭开。①

如果说美国文学在四五十年代只强调新批评式的文本细读，那么自 60 年代起，学界就开始质疑阅读本身的问题了，特别是作者意图以及人格化的"自我"等问题，尤为突出。② 于是，"接受美学"(Rezeptionsästhetik)在美国批评界崭露头角，姚斯(H.R.Jauss)和沃尔夫冈·伊塞尔(Wolfgang Iser)等欧陆接受理论，占领了美国大学的一席之地。这种美学和语法研究，试图借传统解释学(hermeneutic)给美学批评招魂，通过改善批评手段让传统美学更加健全和缜密；但"接受理论"没能突破传统人文学，至多不过回避了新批评内在的困境而已，犹如鸵鸟藏头入沙，只不过悬置了美学批评存在的问题。③

三、后现代理论的兴起

还有另一条线索与"接受美学"同时进入美国学界，那就是后结构主义、后殖民理论、文化研究和性别研究等后现代理论。这一波浪潮来势凶猛，伴随 60 年代美国学生运动和法国"五月风暴"，席卷美国大学校园。"后"理论矛头直指西方人文传统，要颠覆学术体制与权威话语。美国传统学院势力全力抵抗理论的入侵，反对放弃人文传统，坚持至高无上的美学理念——即超越历

① See Paul de Man, *The Resistance to Theory*, Minneapolis MN: University of Minnesota Press, 1987, pp.8-9.

② Paul de Man, *The Resistance to Theory*, Minneapolis MN: University of Minnesota Press, 1987, p.17.

③ Paul de Man, *The Resistance to Theory*, Minneapolis MN: University of Minnesota Press, 1987, p.18.

史的审美情趣与永恒的哲学价值。保守派往往指责理论派为好战的社会活动家，为文化的政治化提供武器。他们拒绝更新文学课程，压制学术体制改革的呼吁。但结果却适得其反，越抵制“后”理论，理论反而越火爆。各种理论显示了主流文化意识形态渗透学院的全过程，挑战学术体制的基本构架：即学科设置与专业划分。还质疑学术评价的基本范式，冲击了维护体制的话语权威。

直到20世纪70年代与80年代之交，新、旧（或称左与右）两股学术势力的角逐渐渐尘埃落定，新派——后现代理论明显占了上风。美国学院权力开始与理论派磨合、“协商”（negotiate），最终妥协了，慢慢调整了自身的权力结构。理论造成的冲击、动荡也渐渐修复，人文学科以渐进的方式，接受了后现代所带来的变化，传统学术固有的吸纳机制，在这个过程中反而大大增强了。另外加上多元文化大潮的冲击，美国学术机构趋向于更宽容、柔性，越来越善于顺应历史的变革。① 从手头上整理的1980年到2000年美国批评理论的材料可以看出，这21年间文学批评界各流派比肩接踵、彼此交错，相互推动，构成美国文学批评的洋洋大观。

比如在1980年尤金·H.福尔克（Eugene H.Falk）著书《罗曼·英迦登的诗学》（*The Poetics of Roman Ingarden*），这本批评专著仍尝试人文学的方法，以英迦登的美学解释学分析文本，想为美国文学批评寻找新出路。而西伊利诺伊大学英语系教授辛蒂·M.康格（Syndy M.Conger）和芝加哥大学教授W.J.T.米切尔（W.J.T.Mitchell）则在同一年出版了叙事学著作，在实证的路径上尝试突破传统美学，以结构主义方法为批评寻找科学的确定性。

次年，蒙大拿大学乌拉迪米尔·克里辛斯基（Wladimir Krysinski）教授从自身俄罗斯文学背景出发，出版了《符号学探索：现代小说论文集》（*Approaches to Semiotics*：*Essays on the Modern Novel*），提倡把俄国形式主义和符号学运用到分析文本中。与此同时，耶鲁大学的勒内·韦勒克（Rene Wellek）教授却编写了一本《对文学的攻击以及其他论文》（*The Attack on Literature and Other Essays*），聚拢各家保守观点，一致声讨理论对文学的冲击，维护传统新批评的

① See Mas'ud Zavarzadeh and Donald Morton, *Theory as Resistance*: *Politics and Culture after* (*Post*) *structuralism*, New York: Guilford Press, 1994, p.38.

声誉,充当不合时宜的顽固派。不难看出,在 20 世纪 80 年代初美国文学评论的舞台上,活跃着人文美学、符号学、形式主义、解构主义,终生喧哗、此消彼长,并驱争先。

1987 年,乔恩·斯特拉顿(Jon Stratton)撰写了《贞操文本:小说、性欲与意识形态》(*The Virgin Text:Fiction,Sexuality,and Ideology*),以女性主义视角,从政治意识形态入手,解构经典文本产生的背后,资本、欲望与异化所建构的虚伪现实。似乎是逆风而动,两年后普林斯顿大学约翰·埃利斯(John Ellis)教授著书《反对解构》(*Against Deconstruction*),对流行的后解构主义大加鞭挞。与之呼应,弗吉尼亚大学彼得·贝克(Peter Baker)著书《解构与伦理转向》(*Deconstruction and the Ethical Turn*,1996 年),质疑解构主义是否关怀伦理问题,激烈地批评“后”理论的虚无主义大行其道。

四、反思“后”理论

虽然还有韦勒克这样的保守力量,希望美国文学仍回到“新批评”的老路上去。但从 1980 年代之后,理论已牢牢控制了美国文学批评界,有识之士不会希望走回头路,但也要反思“后”理论盛行所遮蔽的问题。特别在 20 世纪 90 年代,美国文学批评渐渐萌生出“反概念化”(anti-conceptualism)的倾向,出现了所谓“反理论的理论”(anti-theory theory)。主要观点是,后现代理论的兴起,不过是学院内部为应对全球资本对学术体制的冲击所做出的姿态,不会去彻底清算知识生产的机制和体系,只不过有些小修小改而已。① 究其根源,“后”理论也需要现存体制为其传播、复制和推广提供渠道,同时,现存的权力安排和生存逻辑恰好为后现代理论提供了存在的合法性。②

雪城大学(Syracuse University)马斯尤德·扎瓦扎德(Mas’ud Zavarzadeh)

---

① Mas’ud Zavarzadeh and Donald Morton, *Theory as Resistance: Politics and Culture after(Post) structuralism*, New York: Guilford Press, 1994, p.49.

② Mas’ud Zavarzadeh and Donald Morton, *Theory as Resistance: Politics and Culture after(Post) structuralism*, New York: Guilford Press, 1994, p.49.

教授与唐纳德·莫顿(Donald Morton)合著一本《作为抵抗的理论:(后)结构主义之后的政治与文化》(*Theory as Resistance*:*Politics and Culture after*(*Post*)*structuralism*),观点很犀利,整体性地批判了"后"理论。他们指出,当代美国大学体制与一切资产阶级体制一样,都处于内忧外患的巨大压力之下,经济环境的急剧变化,加之学院私有化的大趋势,迫使大学越来越注重体制的灵活性与包容性,后现代的兴起,不过给学院提供了"损害控制"(damage control)机制。① 玄而又玄、不知所云的理论术语之所以受学院青睐,与时髦理论既能宽容多元与差异性文化又可以抵消对体制的彻底颠覆有关。② 扎瓦扎德与莫顿之所以如此尖锐地质疑理论,是因为他们眼中的美国大学与资本主义生产同构,两者同为晚期资本主义的生产机器,不仅制造资本主义制度所需的意识形态,还塑造着维护资本运转的主体——大学生。

当回顾美国学院体制历史时,他们认为 19 世纪第二次工业革命期间,美国大学曾修改高雅的精英课程,降低格调去塑造实用型人才,以便适应工业化生产所必需的墨守成规的技术员或简单重复的劳动者。传统经典文本宣扬的个人自由,被高等教育降格到自由市场之内,变成个体挣脱经济与社会束缚,自由进行市场交易,但同时必须遵守资本主义的基本价值——即公民道德与法律(或曰现存政治制度)。③ 欧洲启蒙精神所伸张的批判意识,也被简约到个人经验层面,小心翼翼地回避全面批判资本主义制度本身。知识分子一般把"自我"(self)与"自由主体"(autonomous subject)奉为最高价值,但美国高等教育却把自由主体贬低为服务于资本积累的工具,既要参与创造资本需要的意识形态,还要确保掌权的资产阶级对真理话语有最终裁断权。④

---

① Mas'ud Zavarzadeh and Donald Morton, *Theory as Resistance*:*Politics and Culture after*(*Post*)*structuralism*, New York: Guilford Press, 1994, p.89.

② Mas'ud Zavarzadeh and Donald Morton, *Theory as Resistance*:*Politics and Culture after*(*Post*)*structuralism*, New York: Guilford Press, 1994, p.122.

③ Mas'ud Zavarzadeh and Donald Morton, *Theory as Resistance*:*Politics and Culture after*(*Post*)*structuralism*, New York: Guilford Press, 1994, p.130.

④ Mas'ud Zavarzadeh and Donald Morton, *Theory as Resistance*:*Politics and Culture after*(*Post*)*structuralism*, New York: Guilford Press, 1994, p.130.

分析了美国现代知识生产的模式之后,扎瓦扎德与莫顿便把矛头指向后现代理论的产生机制,对美国学院体制的深层结构,进行入木三分的批判。后现代资本主义或杰姆逊(Fredric Jameson)所称的"晚期资本主义(late capitalism),以跨国公司的多民族经济为特征,全球经济需要多元文化和不连续的主体。[①] 后现代理论家与保守人文学者论战中,都意识到了人文传统已无法适应晚期资本主义的需要,有必要解构以个人为核心的"自由人文主义"(liberal humanism);但其解构的实质不过是重新设置"自由主体",而不是从根本上消解它。[②] 换用一句电脑术语,即后现代理论让资本主义"升级"了,具备更大的"兼容性"。

五、后现代知识生产与资本全球化

在全球化进程中,国际大企业越来越依赖跨国经营,国际资本把全球开发为"世界市场",按效率原则重新配置各国能源、劳动力、加工和物流各环节。绵延的国际生产线,标识出高端知识经济与低端劳动密集型产业,一张资本生态世界地图被重新勾勒出来。[③] 因此,国际资本需要"不可定义的主体"(indefinable subject),对劳动与阶级的传统划分——如中产阶级与无产阶级等,已被具有专业技能的"白领阶层"所取代。[④] 新中产阶级不再以财产为界定,而必须依据掌握现代技术的程度,划分出高级白领和低收入人群;白领也不同于传统中产阶级拥有一定数额的财产,而是靠工资吃饭的雇佣劳动者,中产阶级与无产阶级的差别不复存在。[⑤] 因此,传统中产阶级的政治意识需要调整,

① Mas'ud Zavarzadeh and Donald Morton, *Theory as Resistance: Politics and Culture after (Post) structuralism*, New York: Guilford Press, 1994, p.145.

② Mas'ud Zavarzadeh and Donald Morton, *Theory as Resistance: Politics and Culture after (Post) structuralism*, New York: Guilford Press, 1994, pp.146–155.

③ 参见[美]迈克尔·哈特、[意]安东尼奥·奈格里:《帝国》,杨建国译,江苏人民出版社2005年版,第38页。

④ 参见[美]米尔斯:《白领:美国中产阶级》,周晓虹译,南京大学出版社2006年版。

⑤ 参见[美]米尔斯:《白领:美国中产阶级》,周晓虹译,南京大学出版社2006年版。

美国学院也重新反思了自由人文传统的有效性。因为全球资本需要不同族群的劳动力,更依赖专业技术知识,因此后现代话语必须消解新教男性白人的主体性,挑战经验和审美等自鸣得意的中产阶级趣味,提倡多元、差异、不确定性、断裂、延异等后现代理念,甚至宣布"人的死亡""经验之死"。结构主义、后结构主义和后殖民主义等,都是在资本向世界各地高歌猛进的进军中,应运而生。开设理论与文化研究课程或与保守势力论战,乃学院知识生产自我调整的步骤,目的是为了满足晚期资本主义超越传统西方市场的文化要求,经济全球化迫切需要知识体系的更新换代。

一般认为,"后"理论从根本上解构了人文传统中的"自我",扎瓦扎德与莫顿却反驳说,理论术语含义的不确定性与炫奇惑人的游戏色彩,应和了晚期资本主义自我再生产的方式。① 眼花缭乱的"后"理论,因意义与能指间无限滑动,而没有确定性,所谓"真实"(real)更无所指向,意义游戏化,身份变动不居,从本质上说,后现代以多元主义掩盖自由主义的历史虚无主义。② 它不仅提升了传统人文课程的包容性,使之更有能力吸纳后现代碎片式的话语,还利用知识界喜新好奇的心理,巧妙部署秘籍式的"后"概念,去肢解更直接、更有力的批判理论。如今,美国大学已经成功消化了"空间"、"身份"和"权力"等关键词,去化解更具有杀伤力的概念——如"整体性"、"意识形态"、"矛盾"和"批判"。这是一种学术策略,以结构主义、后结构主义抵御激进的社会革命理论,以后现代渐进式改良,抵消威胁资本主义制度的变革。③ "后"理论把"宏大叙事"和"体系化分析"钉上原罪的耻辱柱,甚至牵强附会到极权政治上去,其目的是拒绝整体性地反思资本主义的全球渗透,回避体制性的全面批判。扎瓦扎德得出这样一个结论:美国学院保守势力与后现代的分野,不是原则性的,而是技术性的,双方都意识到急剧变革的时代里,西方知识体系必须做出调整,改革课程设置,扩大学生主体的多元性;所以,后现代只不过是虚假

---

① See Mas'ud Zavarzadeh and Donald Morton, *Theory as Resistance: Politics and Culture after (Post) structuralism*, New York: Guilford Press, 1994, p.156.

② See Mas'ud Zavarzadeh and Donald Morton, *Theory as Resistance: Politics and Culture after (Post) structuralism*, New York: Guilford Press, 1994, p.171.

③ See Mas'ud Zavarzadeh and Donald Morton, *Theory as Resistance: Politics and Culture after (Post) structuralism*, New York: Guilford Press, 1994, p.156.

的进步，美国大学仍生产着维护晚期资本主义的驯服主体。①

扎瓦扎德和莫顿的批评方式是唯物主义的，虽然非常有力、入木三分，但失之偏颇。他们把整个西方知识简约到生产与资本层面，忽略了文化与精神源远流长的传承。这种批判是单向度的，虽然填补了传统人文学所忽略的资本与消费批判，但矫枉过正。尽管言之凿凿、推理严密，却无视经济基础之上知识自身的历史线索，让人难以接受。可是，我们又不能不钦佩两位唯物主义批评家的胆识与犀利，他们置身于资本主义外部，以旁观者的冷眼观察美国学院的知识生产，从对象性的、不认同的立场，揭露资本主义生产和消费的逻辑，这对于生活在西方学院体制内的知识分子来说，实属难能可贵。他们扯下人文传统的一层面纱，把现代知识谱系中资本所扮演的角色给揭示出来，而不仅仅把知识理解为人类精神演进的崇高成就。我们不能回避现代社会最核心的问题——资本不仅决定着经济的发展，也还掌控着知识与精神产品的形式。扎瓦扎德和莫顿的洞见，给我们一个启示，现代与后现代知识之间不是断裂的，“后”理论也不是对现代知识的整体性批判。在现代知识身处危机时，“后”理论出面修修补补，控制损害。这给后现代与经典之争提供了崭新视角，也为中国学界翻译、介绍“后”理论提供了参照。

六、中国学界“后”理论的引进

反观中国学界对后现代的译介，从 20 世纪 80 至 90 年代开始，“后学”渐成显学，基本上被视为“知识进化论”谱系上的最高阶段，是“现代之后”或“反现代的”。短短二十年间，后现代理论经典几乎全部被翻译成中文，还引进大量介绍性和研究性的二手著作。国内学者研究“后”理论的成果或学位论文数量惊人，与之相关的大众文化产品也蔚为壮观，连房地产开发商都不放过炒作后现代的机会。今天，如果哪位学者坦诚自己对“后学”不甚了了，会被归

---

① See Mas'ud Zavarzadeh and Donald Morton, *Theory as Resistance*: *Politics and Culture after* (*Post*) *structuralism*, New York: Guilford Press, 1994, p.166.

入过时落伍行列。有意思的是,近来又有学者呼吁回归传统,重新细读现代经典文本,称欧美已经开始了经典回归。其实,将现代与后现代对立起来本身就很可疑。据我观察,美国学界一直是经典与理论并存,无论是现代经典还是古代传统,从未被“后”理论取代过,所以无须回归。西方文学传统深深扎根于学术研究与大众文化的土壤之中,一次热闹的文化潮流,不大可能将千百年凝练的经典连根拔起。但是,中国的外国文学界就大不相同了,西方文学自 20 世纪初才被引入,尚未在本土文学的土壤中扎下根,一波强势的后现代潮流,足可以冲击之前介绍的经典,以新知识覆盖旧知识。

从这里我们可以看出外国文学界更深层的困境,无论是西方文学经典还是后现代理论,对于中国学界来说,都是无根的异质性知识。由于没有置身其中的生活体验,回应的也是完全不同的社会现实,如何真切体会西方现代与后现代内在的关联,成了问题。无论是欢迎“后学”,还是呼唤传统“回归”,中国学者的眼睛不过在盯着国外潮流,并未深入外国文学研究与中国学术之间的内在关系之中,或者说,尚未建立明晰的研究主体性。如果没有自觉意识到主体性,研究难免“不及物”:要么问题意识是虚假的,要么是模仿的。如果反观西方学院中的外国学,会发现与我们的状态非常不同。以美国大学中的“中国学”为例,“东亚研究”(East Asian Studies)学科所观照的中国文学,虽然对象同是中国文学与文化,也借鉴国内中国文学研究的相关材料,但美国学者却不唯中国学界马首是瞻。他们有自己的方法和目标,成果卓著,观点独到,反过来影响中国学术的研究范式。为什么美国汉学能取得如此突出的成就呢?原因无非是他们清楚自己的研究宗旨:即从宏观上说,通过“他者”给西方文明提供反思和借鉴的镜子,在异质性文化里寻找不同的可能性和出路;从微观上讲,通过“国别研究”,了解对象国的社会、政治、文化和语言等各个方面情况,为与之交往、博弈提供参考。如果与中国大学的中文系比较硬件条件,那么美国汉学在语言上明显弱势,又缺乏直接的文化经验,不利之处非常明显。可是基于不同的研究目的,他们仍可以扬长避短,从自身出发,发展出独到的研究路径。

再回到理论引进,无论在欧洲还是美国,后现代理论的出现都有明确的文化与社会依据。西方知识界为了解释自己的生活或解决面临的困境,苦心孤诣书写理论，在幽暗中寻找答案，这绝不是智力游戏或者话语猜谜。如果举一个宽泛、肤浅的例子，我们一般说后现代对启蒙理性有所批判，是源于西方学界不满现代知识体系中理性的专制及工具理性拜物对人性的异化。他们追溯启蒙与资本生成的逻辑，剖析主导自己生活的话语权力，但欧洲启蒙理性是否在中国文化里扎根都成问题。虽然“五四”先贤鼓吹“德先生”“赛先生”，但西方理性传统始终与中国人的生活若即若离。中华文明自身有一套文化逻辑，自成体系，渊源独特，蕴含不同的理性。在与西方遭遇时，中国传统与西方理性相互杂糅，但未必能彼此化合。当下国内时兴以“后”理论批判现代理性的暴政，但从未体验过理性的压迫与窒息，这未免造作矫情。其实，后现代与中国现实到底有怎样的关系才是真问题。仅从这一小处管窥，已见中国“后学”之一斑。作为有启示性的方法论，中国学人当然不应忽视后现代的存在，但如何寻找自己的视角与问题切入点，建立研究的主体性，才是中国学术的迫切问题。因此，梳理一下美国学院接受“后”理论的历程，权当一面镜子，也许能给理论研究一些启示。

（本文原载《外国文学》2011 年第 1 期。）

从存在论追问时空观念

在你身上,我的灵魂,我测量时间;我测量你犹在测量时间。不要劈头问我这样的问题:测量多少了? 不要用一个假问题来把我的注意力从你身上引开,不要以你对关乎自身的问题的混淆认识来堵塞你自己的道路。我不断重复地说,在你身上我测量时间,虽然遭遇的无常万物均已灰飞烟灭,但它们却把你带入常存的特质之中。

奥古斯丁《忏悔录》,第 11 章,27 节

黑格尔和海德格尔的时间概念是十分庞大和复杂的哲学问题,特别是海德格尔对时间的理解非常难于做整体地把握。他们的时间概念贯穿于各自的哲学体系中,特别是直接反映在他们对人类的生存、命运,以及民族的精神和历史的思考上。

这篇文章无意总结或再现两个 H 的时间概念,而是仅仅梳理一下他们提出时间概念的哲学背景以及可能形成的彼此对话(事实上,海德格尔已在他的《存在与时间》的第八十二节与黑格尔就时间问题进行了对话)。而且在这篇文章中,这种梳理和对话将仅仅涉及两个 H 在生存论意义上对时间的理解,这种理解实际上关系着一个在德国哲学史上更宏大和持久的主题:主体的自律与他律。而这一大的哲学主题也为黑格尔和海德格尔对时间的不同理解和追问提供了前提。

一、黑格尔对时间概念的提出

概念与无限有关还是与有限经验世界中的时间有关，是哲学史中永恒的命题。从柏拉图起，人们才开始把概念与无限联系起来，而在此之前，智者派的怀疑论却认为概念在时间之中变动不居，永无恒常真理。在罗马多神教之后，基督教神学把上帝创造的世界以及在其中的万物都一概认为是偶然的，而上帝的设计和创世意图乃是世界之真理。人可通过理性来认识上帝的意图，但这种理性是由几何推演构成的，只关乎空间层面。这种真理只与无限有关，它的目的是证明上帝的存在，但对人在世界中的有限生存、意义和价值却无从把握。伴随启蒙和理性的突飞猛进，自然科学只成功地证明了那些无质量的运动，但却无力解释力的因素和基础。在斯宾诺莎的努力中，他把概念等同于无限，概念无须以时间来实现，概念在时间之外，但存在与概念为同一的实体，概念从不是关于存在之间关系的（这点与黑格尔相同），存在的实体本身之外没有关于存在的概念原型，绝对知识正是反映了存在之总和。斯宾诺莎的这种以自身为基础并证明自身的实体，实际上是把存在和宇宙简约为无限的上帝本身，而这个上帝是一个无世界和人的存在的上帝。康德与柏拉图同样认为概念是永恒实体，并只与其自身之外相关。但这种相关性只是在与有限之间的而不是与无限之间的。康德意义上的概念与其本身之外的关系的基础是感性直观，或者说是先验统觉使经验成为可能。经验界是时间性的，一切时间性的都属于经验。概念作为人的先天综合判断的结果有其普遍必然性，是因为感性直观的先验形式——时间和空间——是先天和先验的，它先于经验并且使经验成为可能。概念须通过感性直观（因杂多作用于感性直观）来获得内容充实，再通过先天范畴作出判断。杂多（或物自体）是在时间空间的经验界之外的，是无限的并给予有限的经验以内容，因而，我们的永恒的概念只是关于自身与无限之间关系的。康德认识到主体的思是不可能在时间之外并以自身满足自身的，知识的获得首先要对杂多进行综合统一，或曰对杂多“图式化”。而这种综合或图式化只能在时间中进行，也就是把永恒的概念经先验图式(先于时间)后引入时间性的经验界,所以概念与时间相关。但在这里,黑格尔认为概念就是时间。

从人类学的角度来看,康德的哲学是与基督教人类学相关的所谓“历史的人经验地存在,但却有一个永恒的灵魂”相似;“永恒的灵魂”构成人的时间性/经验存在的因,前者是自由的而后者是必然的。黑格尔批判康德的自由灵魂是空洞的,因为人在经验界的存在不是自由的而是必然的。黑格尔消解这种激进的自由观的方法是提出自然是空间的,而人是时间的,也就是说宇宙中没有自然的时间而只有广延,因为只有人的存在才有时间和历史(在此问题上,黑格尔并不是始终如一的,他在有些文章中也承认有自然宇宙时间,并把宇宙时间与历史时间等同起来①)。这是因为,人在时间的历史进程中用话语揭示存在,概念是通过人这一介体得以在空间中经验地存在。他认为人在时间之中,人也是时间本身。那么,黑格尔是如何理解时间的呢? 传统的时间观是一个从过去经由现在通向未来的时间序列,而黑格尔的时间序列是起始于将来、经由过去指向现在:将来→过去→现在(→未来)。② 而使这一时间序列成为可能的基础是人的欲望。黑格尔在论述自我意识的产生时,强调人的欲望是对另一个欲望的欲望。欲望是一个缺失的当前化,如动物觅食的欲望是食物当下的缺失,动物会立即寻找食物来填补缺失,以满足欲望,这是一个基于现在的行为。而人的欲望是欲望另一个人的欲望,在黑格尔的主、仆预言中,是要求他人承认自己的欲望,或者说是主人要求仆人承认自己的欲望,并且舍弃仆人自己的欲望——服侍主人享用食物。③ 因为欲望是当前的缺失,它是当前经验现实或空间的一个空无,欲求另一个欲望也就是欲求一个现在空间中的无,要否定这个无以实现欲望则须否定当下之给定现实,使它成为过去的现实,进而,由未来决定的欲望则在当下出现了。这样一来,一个由将来在否定的意义上塑造的过去决定着当下现实的性质,也只有一个由将来和过

① Alexander Kojeve, *Introduction to the reading of Hegel*, Ithaca: Cornell University Press, 1969, p.133.

② Alexander Kojeve, *Introduction to the reading of Hegel*, Ithaca: Cornell University Press, 1969, p.134.

③ [德]黑格尔:《精神现象学》上册,贺麟、王玖兴译,商务印书馆 1979 年版,第 122—125 页。

去决定的现在才是人类或历史的现在。[①] 历史运动起源于未来,并基于对过去的知识而实现自身于时间性的现在。黑格尔进一步认为,时间是实存的,它存在于自然界的空间之中。没有空间时间就不复存在,而且时间是对空间的否定。时间是"此"(Da),存在于世界的感性空间中,以未来为先导的时间要实现其自身而不落为空无,就须绝灭这个世界每个此刻、把它们沉入过去的虚空中,通过对经验空间的否定和绝灭来实现其在空间世界中的实存。这样,自然空间的实存成为时间实存的保障,而使时间呈现成为可能的又是人的欲望。这种欲望乃为人之本质,因此,是人使时间成为可能,时间也就是人了。作为集体的人或民族在时空中生存的整体就构成了世界历史。就低级的动物而言,它的欲望是自然欲望,这种欲望仅指向当下的现实。生死轮回、代代重复而不会改变事物的本质,当下现实仍然是自我同一的空间,故而没有时间存在。那么,黑格尔为什么又说概念是时间呢?

感官经验世界的万物都是时间性的变动不居,但当含义被带入概念时,抽象概念与感性现实也就脱离了,它仅存在于人的话语中。感性世界在时时刻刻地绝灭并遁入过去的虚空之中,而揭示感性世界的概念却保留在话语的当下中。然而,世界上只有人类是"会说的存在"(说是人的本质),概念的存在也就是人的存在。而时间的现实存在(在空间中)是基于人的欲望——否定行动的,即工作。所以,人对世界的概念理解是不可能没有欲望的,概念即时间,也可以说,工作是为了创造新的现实。人类的工作使自然的空间世界时间化,并使存在于自然空间的概念不同于自然界,也使自然界步入世界历史。黑格尔相信,我们的概念理解必须建立在现实世界为时间性的和历史性的这一概念的基础之上,也只有历史性和时间性的现实才能被概念所揭示,而且,概念的理解必然是辩证的。[②]

黑格尔认为空间是外在的自然实存,他在《哲学全书》中把空间定义为外在于自身的自然存在之无中介的漠不相关,这与康德的空间时间是自我感觉、它们构成了主体的基本结构的概念有根本的不同。但他对时间是否是外在的

① Kojeve,p.136.

② Kojeve,p.145.

自然实在这个问题却犹豫不决,在《精神现象学》中他把时间与人的欲望联系起来,但在《哲学全书》和《逻辑学》中他又认为时间即是空间,是自然实存。在《哲学全书》中,黑格尔认为空间是若干点的抽象增多,空间并不由于这些可区别的点而中断,而且空间并不源于这些点。只要有一个点在空间中区别出任何物,那么,这个点就是对空间的否定。但是,作为这种否定它自己仍在空间中,并未从空间中提升出来,作为异于空间的东西跳出空间。由于空间不是点,那么使点之可能成为点并自为(fur sich)地建立起否定性的就是时间。①黑格尔在这里把时间作为存在于空间之中的与空间相同的自在实体,这与康德所认为的时间不是某种仅仅自行(an sich)存在的、甚至不是某种本质上即存在于物之中的东西的观点尖锐对立。在康德看来,时间不是源于任何经验的一个经验,它只是作为将自我表象为对象的实在方式,或者说,是主体内感觉的形式。

海德格尔对黑格尔的时间观提出严厉的批评,他称:"黑格尔的时间解释完全沿着流俗的时间领会的方向进行。"②海德格尔所谓流俗的时间领会是指"显现为一系列'现成在手的'、一面逝去一面来临的现在。时间被领会为前后相续,被领会为现在之'流',或'时间长河'"。③ 海德格尔所批判的是从亚里士多德对时间的问题提出以来那种把时间解释为"现在"序列、以钟表计算、又在空间中的运动来表象的、实体的时间观念。亚里士多德在《物理学》第四章第 14 节中这样对时间问题进行思考:"如果除了人的灵魂和灵魂的理性之外没有任何东西是可以进行计数的,那么,如果没有灵魂,就没有时间。除非时间仍是某种存在者,比如,如果没有人的灵魂运动也能存在,而构成我们时间概念的前和后已经包含在运动中。就其已经是可计数的而言,前和后本身就构成了时间。"可以看出,亚里士多德对于时间是主体理性之内还是之外的问题犹豫不决,但如果时间是外在的存在者,那么,亚里士多德就认

① [德]海德格尔:《存在与时间》,陈嘉映、王庆节合译,生活·读书·新知三联书店 1999 年版,第 484—485 页。

② [德]海德格尔:《存在与时间》,陈嘉映、王庆节合译,生活·读书·新知三联书店 1999 年版,第 486 页。

③ [德]海德格尔:《存在与时间》,陈嘉映、王庆节合译,生活·读书·新知三联书店 1999 年版,第 476 页。

为它是一个可计数的、靠空间运动表象的、过去、现在和将来三段无差别的实体。奥古斯丁也对时间是否为灵魂的伸展踌躇不定。海德格尔则在《存在与时间》中抓住黑格尔的把时间看成空间中的“此”(Da),即直观的存在者来批判黑格尔把时间看作一系列的“现在”。这样一来,在黑格尔那里,时间就实际上是从现在得到领会,而不是始于未来、经过过去指向现在。因为海德格尔认为,黑格尔是把时间的本质规定为“被直观的变异”,那么产生与消逝在时间中的“将来”与“过去”就不具有优先地位,他的辩证法也无力证明消逝在时间中的优先地位,特别是黑格尔的“被直观的变异”也使时间“就像它可以由纯直观碰上的那样得到领会”,①其结果是现在与过去和未来之间没有区别,时间就是现在,海德格尔就认为黑格尔的时间观与流俗的时间理解没有区别。② 那么,海德格尔又是如何领会时间并使自己不落入他所谓的“流俗的”时间观?

二、海德格尔对时间问题提出的背景

海德格尔在1924年应邀到神学院发表演讲,他选择了“时间概念”作为他演讲的标题,据认为,这是海德格尔首次展开他关于此在、存在和时间相互关系的探讨。

传统形而上学对时间的问题已进行了多种哲学尝试和努力,基本上都是为了提供一个系统的、普遍有效的时间概念。而这一目的不可避免地把时间与空间以及其他存在物一概对象化,把它们作为外在于认识主体的客观对象,并根据有限性和无限性确定时间的内涵和概念。或者从运动入手,时间虽然不是运动,但它与运动密切相关,从钟表的角度来看待运动对时间的表象和对时间量度的测量。这些对自然时间的种种日常的理解确确实实地为我们对时

① [德]海德格尔:《存在与时间》,陈嘉映、王庆节合译,生活·读书·新知三联书店1999年版,第486页。

② [德]海德格尔:《存在与时间》,陈嘉映、王庆节合译,生活·读书·新知三联书店1999年版,第486—488页。

间的认识提供了宝贵的洞见和深入的理解，但要最终落实到一个体系化的、普遍有效的时间定义这个艰巨的任务上，似乎变得难以企及。黑格尔就是沿着传统的时间定义的思路来提出时间问题的，他虽然把时间与人的欲望和精神联系在一起，但人、欲望和精神仍然是时间中的存在者，人既是时间，时间也与人一样是空间中的存在者。若用基督教神学的观点，人与世界万物皆为上帝的创造物。黑格尔之所以在有无宇宙自然时间的问题上犹豫不决正是与他把欲望视为人的功能，而精神是某种实体相关。海德格尔显然更接近康德的观点，他未从一种自然哲学的角度处理时间问题，而是从为形而上学或存在论提供基础的角度提出时间的问题。但与康德十分不同的是，他没有试图去解答时间是什么这样的问题，不像康德那样告诉我们时间是内感觉的形式，而是提出时间与此在（Dasein）（人）如何相关这样的问题。人或此在在海德格尔这里不再是普遍的“人在”（Man ist）——当前化和对象化的人，而是极端个体化的“我在”（Ich bin）——本真的（Eigentlich）存在。① 海德格尔所讨论的时间也不是当前化、数字化的、纯粹同质和普遍的时间，而是本质不同的、关乎此在的多重时间的概念。

我们对时间的追问，首先建立在对此在（Dasein）（即人）的追问基础之上，因为我们很难看出时间对一块石头、一个桌子或世上任何一个存在者（das Seiende）有任何意义，时间只对此在的存在（Sein）有意义。所以追问此在是领会时间概念的必由之路。于是海德格尔列举了此在的存在方式来说明为什么时间要源于此在的存在：1. 此在被定义为在世，此在繁忙（Besorgen）着与世界打交道，思考、追问、反思和行动。总之，它为世界所繁忙（Besorgen）。2. 作为在世（In-der-Welt-sein），此在与他人共在（mit Anderen sein）并与他人一起参加到“此”（Da）中。3. 言谈（Sprechen）是此在在世的优越方式，是它的存在论意义上的决定因素。4. 每一此在都根据“我在”（Ich bin），乃一个具体“我在”确定其自身，所以此在的一切特性都存在于“我的”每一具体情况之中。5. 在大部分情况下，我又同时被决定在与他人或常人同一的状态下。6. 此在在每一具体的状态下只存在于“烦”（Sorge）之中，并据此此在得到领会和阐

① Martin Heidergger, *The Concept of Time*, Oxford: Blackwell Publishers, 1992, pp.11E-12E.

释。7.在日常状态下,此在不对“我”或“自身”进行反思。8.此在与其自身的首要关系不是通过反思建立起来的,而是成其为自身。在传统上,此在是在日常的层面上被解释为一个存在者。[①] 人们试图把此在分解成不同的功能和部分来理解此在,如把欲望和思维理解为心理和大脑的功能等,仿佛此在与其他存在者按种类划分一样,也是一类无甚差别的造物,可以对其做解剖式地分析而得出关于此在的普遍结论。但是,当我们愈深入地分析时,我们愈陷入无尽的迷雾中。这时我们把问题归为我们的认知功能的有限性,但实际上,把握此在的困惑不在于我们的认知功能的有限和不确定,而正是在于我们回避了困惑的根源,即必须在此在的本真(eigentlich)存在中领会此在,或者说是在每个此在的存在的根本可能性中——存在的结束中(死)——领会个体的此在。[②] 死——此在的结束是此在的存在中最极端的可能性,在这种可能性中,此在未达到它的终结之前,不可能领会其自身,但在达到它的终结后又不可能再领会任何事情了。那么,这样一个悖论是否能通过了解其他此在的信息来解决此在对自身的领悟呢,其他的此在不可能本真地代替这个此在,因为“我”永远不可能是他人。死在每一种情况下始终不间断地是属于“我”的,此在对于自己的死有所知,拥有死意味着此在对其自己的完结的一种先行(vorlaufen),这种先行对此在而言是一种既确定又完全不确定的逼近中的极端可能性。从这种最极端的可能性的角度来看,此在就是时间本身,因此,此在不仅仅是在时间中。[③]

海德格尔认为非本真的时间观、或曰流俗的时间观是把过去和未来都置于服从现在的地位上,而本真的时间观使将来成为时间的基本现象,现在从过去、特别是从将来得到意义,或者说:向将来存在给出了时间,建构了现在,并以其被重新经历的方式使过去重复自身。[④] 每个人都是以对将来筹划来从事现在的行动,而现在的行动又是以过去的经验为根据,过去塑造现在,现在重

① Martin Heidergger, *The Concept of Time*, Oxford: Blackwell Publishers, 1992, pp.7E–9E.

② Ibid., 11E.

③ Ibid., 13E–14E.

④ Ibid., 14E.

复着过去。作为传统,重复把我们带入过去;作为天命,预期把我们带入将来。我们与时间的首要关系不是将其视为一种量度,时间不能变长,因为时间本身没有长度。海德格尔概括了日常利用测量间隔、测量运动来表示时间量,正是在这个范围内人们声称没有时间从事某事——在人们的日常繁忙之中,这样一来,我就处于"常人"或"他人"的状态,我的时间就是同质无差别的"常人"的时间(Die"Man"-Zeit)。而本真的时间总是我的时间,我(此在)真正地是时间并具有时间,就此而言,存在着许多时间,时间具有真正的个体性原则。我们在思考和谈论时间这一主题时,问题不是时间是什么,毋宁说时间如何存在,或时间是此在自己存在的"如何"。我们在回答有关时间的问题时,不应该说时间是此或彼这样一个关注"什么"的答案,而要意识到问题应变为"时间是谁?"我们真的是时间吗?我是时间吗?我是我自己的时间吗?①

在他的《存在与时间》中,海德格尔从存在论—生存论的角度,对"烦"(Sorge)、"畏"(Angst)、"现身"(Befindlichkeit)、"沉沦"(Verfallen)和"言谈"等描述,多角度阐释此在的时间性,并总结出:领会主要奠基于将来;现身主要在曾在中使自己时间化;而沉沦的时间性根源则主要在当前。时间性在每一种绽出样式中都作为一个整体使自身时间化,这意味着:生存、事实性与沉沦的结构整体之全体即烦之结构的统一,奠基于时间化总是已充分使自身时间化的绽出的统一性之中。② 时间性作为既是当前又是曾在的将来使自身时间化。③

---

① [美]约瑟夫·科克尔曼斯:《海德格尔的〈存在与时间〉》,陈小文等译,商务印书馆1996年版,第300页。

② [德]海德格尔:《存在与时间》,陈嘉映、王庆节合译,生活·读书·新知三联书店1999年版,第350页。

③ [美]约瑟夫·科克尔曼斯:《海德格尔的〈存在与时间〉》,陈小文等译,商务印书馆1996年版,第303页。

三、黑格尔和海德格尔的所谓“时间即人”观点的生存论基础及其哲学的背景

黑格尔和海德格尔对时间问题的提出和解决的背后，仍然是启蒙运动中、特别是德国浪漫派对主体自由与自然统一这一合题探讨的继续。虽然我们看到他们关于时间的概念有十分相似的结构，如以将来为先导的时间序列，和人即时间等概念的提出。但黑格尔和海德格尔对时间理解的基础和价值判断却有很大的不同。黑格尔试图清算卢梭、赫德尔和康德以来激进的自由观，特别是康德以道德主体为核心的统一和自由。对于康德来说，自我是自由的；它不是作为一个自然存在，而是作为一个纯粹的、道德的意志，自我是自我决定的。一个道德律令是义务性的，有先验的约束力，它无条件地束缚我们，并不依赖于我们所欲求的对象或我们所实施的行动的特殊性质，所以，它是纯粹形式的。① 黑格尔对这种主体自律说进行了深入批判，称之为武断和空洞的自由说。这是因为，康德未给道德律令提供现实的基础，未能解释为什么合乎道德的生活等同于自由。黑格尔也不满足于自然主义的人之欲望、情感与自然相一致的简单论断，他要解决的是：一个充分自我决定的主体如何在自身身上以及在宇宙里，与自然融为一体。要解决这个问题就要说明：在自我与自然发生交互作用的过程中，如果自我想要维持一个自由的精神存在，同时又不与自然相对立，那么这种交互作用必须是一种融合，进而，精神性——去实现精神目标的倾向——也一定是自然的本质。要想说明这种融合，就不能像费希特那样继续走主观唯心主义的道路，即把自然仍作为知觉的对象或意志的原材料，因为这样自然现实还不是一个独立的现实。黑格尔也没有停止于谢林的自然哲学观：自然是主体性的无意识产物，它有去实现主观生活的内在倾向，有创造力的自然生命和有创造力的思想之间有同一性。他在这个问题上做了辩证的推进。

---

① ［加］查尔斯·泰勒：《黑格尔》，张国清、朱进东译，译林出版社 2002 年版，第 47 页。

黑格尔在解决无限与有限这对矛盾关系时，认为无限（上帝）是一种精神，它不能独立于人的世界而存在，这种无限精神只能通过人而活着，意识、理性和意志都是无限精神实存的手段。与此同时，上帝的无限精神无法被还原为人的有限精神，因为上帝毕竟是为作为一个整个的宇宙奠定基础的精神现实，他实现着有限精神，因其有限之故而不能归之于自身，而是反过来有限精神只能为其服务。[①] 在《精神现象学》的最后一章里，黑格尔采纳了一种作为精神的绝对观念，发展出一个比人更广大的主体精神观念，并提出一种历史过程观。那个过程不是通过自觉的人类意图而能得到解释的，它只有通过精神的更大意图方能获得解释。尽管历史的任务由人来完成，但这些人并不知道他们所扮演的角色，这就是所谓黑格尔的"历史的理性诡计"。正是在这个意义上，黑格尔认为时间就是人。虽然黑格尔以其辩证法极力避免从康德的激进的自律观倒退到他律观，并设法不允许自由和自然这两者中任何一个圆满地得到实现，而是由理性设置的宇宙精神在上升的运动中把二者统一起来；但是，在这里德国浪漫派的关于自由主体与自然现实的问题并未在黑格尔这里得到解决。时间和有限精神（人）是由理性必然性所决定的。有限时间（即人）不过是无限的绝对观念的手段而已，人对将来的筹划以及过去经验对现在的塑造不过取决于理性必然性。概念、时间和人都在空间中被理性必然性所统摄，它们螺旋上升，并不断地、目的性地趋向绝对观念。黑格尔在有无外在自然的时间这一问题上的犹豫不决，也正是因为这一原因，即他认为时间和人都为绝对观念的手段和中介。显然，宇宙精神或绝对观念与有限精神的关系，以及认识主体与他的世界之间的关系都是辩证统一的关系。它们无法被全然区分开，每一方都无法依赖自身而维持下去。[②] 这样就不难理解黑格尔在属于人的时间或属于自然的时间之间游移不定了，无论是人的时间还是自然的时间都是在理性的引导下，向着一个必然的方向运动（虽然在运动过程中有对立和扬弃）。黑格尔的同质的时间实际上是外在和对立于人的主体的，它成为在均质的（空间中所有点都无本质的不同）无限空间中，一切人和

---

① ［加］查尔斯·泰勒：《黑格尔》，张国清、朱进东译，译林出版社 2002 年版，第 67 页。

② ［加］查尔斯·泰勒：《黑格尔》，张国清、朱进东译，译林出版社 2002 年版，第 122 页。

物的终极的否定因素。

海德格尔看到,无论是黑格尔的客观唯心主义,还是康德的主观(先验)唯心主义,在解决自由与自然的合题这个问题上,都会把人对象化,使人的主体在自律与他律之间陷入悖论。黑格尔虽然要辩证地统一自由与自然,却使人和时间不可挽回地陷入历史目的论的他律中;康德虽然激进地鼓吹主体自律,但他只给了我们一个空洞的自由灵魂作为我们经验存在的因,而我们在时空经验界的存在却是被普遍必然性所统摄的,因而还是他律的。海德格尔是沿着胡塞尔现象学的道路对人(此在)发问的,在方法上可概括为胡塞尔那句著名的格言:"回到事物本身。"但回到什么事物?是自然物(Dinge)还是相对于本质(Wesen)的经验现实(Tatsachen)?胡塞尔指的当然是任何可直接具体描述的事物(Sachen)。现象学所研究的不是先验的客观对象,而是在我们的意识中对它们的意向性活动。对胡塞尔来说,现象是作为意识的内容在意识之中的现相(appearance 或 Erscheinung),而不是康德意义上的感性直观的内容,现象或现相(对胡塞尔来说不能清晰地区分)是主观的。但在这一点上,海德格尔与胡塞尔的现象学发生了重要分歧,海德格尔认为胡塞尔在继续笛卡尔、康德和费希特的形而上学的老路,他坚决地反对这种现相与现实、主观与客观的形而上学两分法。对于海德格尔来说,现相是不可能从我们对事物呈报其自身的源始理解中剥离开来,它既不是客观的也不是主观的。现象(Phaenomen)决不是现相,不是观察理性意义上的客观描述的对象。现相和假象为现象奠基,而现象是就其自身显现其自身,①而它对意识有隐而不显的那些方面需要呼唤和阐释,所以,海德格尔的现象学是解释学。在海德格尔眼中,胡塞尔的现象学是继承了西方思想史中认知的对象化和当前化的传统,而他自己要做的是以一种解释学来代替传统形而上学,这种解释学是以此在对将来的可能性的筹划为前提的。也正是在这样的背景下,海德格尔在 1924 年提出了他的时间观念。这种时间的解释学是对个体的此在向死而生存的领会,时间是个体生存的时间,它们是多重的时间而不是同质普

① [德]海德格尔:《存在与时间》,陈嘉映、王庆节合译,生活·读书·新知三联书店 1999 年版,第 36 页。

遍的时间,时间就是此在。这种时间观为人的自主决断提供了可能的前提,但它却不是传统意义上的时间定义,而仅仅是对传统形而上学时间概念的发问和解构。

黑格尔和海德格尔时间概念的背后仍然是对人的主体和生存的自律与他律可能性的追问,黑格尔正是沿着斯宾诺莎、谢林等的客观唯心主义的思路发展他的时间与生存关系的理论体系,而海德格尔则沿着笛卡尔、康德、费希特和胡塞尔的某种精神脉络来提出他的时间概念。在形而上学层面,这两种追问的结果似乎永远是二律背反的。自由与自然这个古老的问题看来永远不会得到解答,但人们对它不懈地叩问和探索却使我们的思想空前地丰富起来,同时,这些思考在那些思想家自己的现实世界中所留下的痕迹"比农夫用缓慢的步子犁在地里的那些沟还不显眼"①。

(王炎:《小说的时间性与现代性》,外语教学与研究出版社 2007 年版。)

① [德]海德格尔:《海德格尔选集》,孙周兴译,上海三联书店 1996 年版,第 406 页。

附录　历年学术成果一览

一、著作

（一）独著

1.《奥斯威辛之后——犹太大屠杀记忆的影像生产》，生活·读书·新知三联书店2007年版。（《中国图书评论》思想学术类中文原创图书排行榜第七名）

2.《小说的时间性与现代性——欧洲成长教育小说叙事的时间性研究》，外语教学与研究出版社2007年版。

3.《美国往事：好莱坞镜像与历史记忆》，生活·读书·新知三联书店2010年版。（《新京报》图书排行榜学术类第二名）

4.《穿越时间的纵深——从耶路撒冷到纽约》，生活·读书·新知三联书店2020年版。

（二）合著、合编

1. 戴锦华、王炎：《返归未来——银幕上的历史与社会》，生活·读书·新知三联书店2019年版。

2. 金莉、王炎主编：《当代外国文学纪事》（1980—2000）美国卷（上/下），商务印书馆2015年版。

二、论文

1.《成长教育小说的日常时间性》,《外国文学评论》2005 年第 1 期。

2.《重新认识萨义德和他的〈东方学〉》,《外国文学》2004 年第 2 期。(人大复印资料《文艺理论文摘卡》W-J1,2004 年第 3 期全文转载)

3.《〈魔山〉对时间的追问》,《外国文学》2005 年第 1 期。(人大复印资料 J4《外国文学研究》2005 年第 5 期全文转载)

4.《"纽伦堡"与大屠杀话语的建构》,《读书》2004 年第 8 期。(收入《重构我们的世界图景》,《读书》精选,生活·读书·新知三联书店 2007 年版)

5.《从"虐俘"谈"帝国"内部的矛盾》,《读书》2005 年第 1 期。

6.《"浩劫"——口述建构的历史》,《天涯》2005 年第 1 期。(《律师文摘》杂志 2005 年第四辑全文转载)

7.《时间性的终结与后现代文化症候》,《文艺评论》2004 年第 6 期。

8.《福柯对九十年代中国文化的影响》,《河北学刊》2003 年第 6 期。

9.《福柯思想的三个重要来源》,《中文》2005 年第 1 期。

10.《"毛泽东热"现象的背后》,《民主与科学》2004 年第 6 期。

11.《青春的时间性——欧洲成长教育小说的青春与时间问题研究》,《北京大学研究生学志》2005 年第 2 期。

12.《北美东方主义的批判与后殖民的兴起》,《中国民族摄影报》2005 年第 1 期。

13.《安特卫普,你如何表达自己?》,《书城》2005 年第 7 期。

14.《意识流小说的时间性叙事》,《中文》2005 年第 4 期。

15.《南京大屠杀与德国纳粹屠犹问题比较:北大王炜教授、王炎博士访谈》,《民主与科学》2005 年第 4 期。

16.《成长教育小说中的"未来"与"希望"》,《文艺理论与批评》2005 年第 5 期。

17.《中文语境中的摄影文学》,《中国民族报》2005 年 10 月 28 日。

18.《“反恐”改变着美国文化》,《天涯》2006 年第 1 期。(《文艺报》2006 年 3 月 18 日第 4 版全文转载,《文摘报》2006 年 1 月 24 日全文转载)

19.《成长的终结？——解析福兰克·墨罗蒂的“世界的存在方式”》,《外国文学》2006 年第 2 期。

20.《毁灭与救赎的神话》,《读书》2006 年第 4 期。

21.《解释学》,《国外理论动态》2006 年第 4 期。

22.《身份政治:个人记忆与影像历史》,《文艺理论与批评》2006 年第 3 期。(《文艺报》2006 年 8 月 19 日第 4 版以《“慕尼黑”——心灵的拷问》全文转载,人大复印资料《影视艺术》2006 年第 10 期 J8 全文转载)

23.《电影中的冷战》,《读书》2007 年第 1 期。

24.《沉睡谷的无头骑士》,《读书》2007 年第 5 期。

25.《奥斯威辛或南京:关于大屠杀的历史意识》,《中国青年报·冰点周刊》2007 年 5 月 9 日。(《文摘周报》2007 年 5 月 21 日第 6 版全文转载)

26.《世贸中心:一部伪真实的通俗剧》,《天涯》2007 年第 3 期。(《文艺报》2007 年 8 月 11 日全文转载)

27.《好莱坞影片的冷战》,《印刻文学生活志》2007 年第 3 卷第 9 期。

28.《美苏历史片未能深刻再现改变了人类命运的 20 世纪》,《文艺报》2007 年 5 月 19 日。

29.《部队大院电视剧中的成长叙事》,《艺术评论》2007 年第 8 期。

30.《谁的历史？如何记忆?》,《中国图书评论》2007 年第 8 期。

31.《“魔山”中的“永恒轮回”》,《外国语》2007 年第 5 期。

32.《南京啊南京　谁的“南京”?》,《中国教育报》2007 年 12 月 14 日。

33.《满洲候选人》,《读书》2008 年第 2 期。(《文艺报》2008 年 5 月 10 日全文转载,题为《从好莱坞中国题材影片看西方的中国想象》第 4 版)

34.《跨文化视阈:北美汉学的历史与现状》,《文艺研究》2008 年第 1 期。

35.《“南京”——历史记忆与真实再现》,《外国文学》2008 年第 1 期。(人大复印资料《影视艺术》2008 年第 5 期全文转载)

36.《黑色好莱坞》,《万象》2008 年第 4 期。

37.《当阳光不再灿烂——影像叙事中的“纯真年代”》,《中国教育报》

2008 年 4 月 16 日。

38.《再见,麦卡锡主义》,《天涯》2008 年第 3 期。

39.《好莱坞的史诗年代:宗教史诗片与冷战意识形态》,《当代电影》2008 年第 8 期。

40.《冷战的寒彻与狂热——评“美国人民:创建一个国家和一个社会”》,《博览群书》2008 年第 10 期。

41.《林中路——王炜先生琐记》,《读书》2008 年第 11 期。

42.《悲情的冠军赛:犹太大屠杀与南京大屠杀比较研究》,《中国图书评论》2009 年第 1 期。

43.《犹太大屠杀的话语演变与影像观念》,《艺术评论》2009 年第 6 期。(获《艺术评论》2009 年度优秀论文奖)

44.《美国亚洲研究鲜为人知的学术史》,《中国教育报》(中文核心)2009 年 7 月 12 日。

45.《“屠犹话语”笼罩下的“南京”叙事》,《文艺报》2009 年 8 月 8 日。(被《新华文摘》2009 年第 24 期收录,也被《沉思与凝望》收录,2010 年 3 月出版)

46.《哈林区的“香格里拉”》,《天涯》2009 年第 5 期。

47.《建构兼容中西批评理论和影像分析的批评体系》,《文艺报》2009 年 9 月 17 日,第 7 版 60 周年纪念特刊。

48.《纳粹大屠杀的哲学思考:特殊性与普遍性》,《犹太·以色列研究论丛》第三辑《纳粹大屠杀的政治和文化影响》(2009 年 12 月)。

49.《女巫与另一个世界》,《中国图书评论》2010 年第 4 期。

50.《以色列行记》,《中华读书报》2010 年 6 月 2 日。

51.《女巫叙述与欧美文化及文学创作》,《文艺报》2010 年 6 月 4 日。

52.《与田沁鑫导演对谈话剧十年》,《艺术评论》2010 年第 8 期。

53.《为什么“拯救达尔富尔”》,《天涯》2010 年第 5 期。

54.《纽约的电影节》,《中华读书报》2010 年 12 月 15 日。

55.《把对现实问题的不同理解放到桌面上来》,《开放时代》2010 年第 9 期。

56.《死海漫笔》,《读书》2011 年第 2 期。

57.《命名政治:以色列地名与话语霸权》,《犹太·以色列研究论丛》第四辑。

58.《理论话语与美国学界》,《外国文学》2011 年第 1 期。

59.《地名政治:以色列地名与话语霸权》,《开放时代》2011 年第 2 期。

60.《宗教史诗影片与美国大众的全球想象》,《全球化时代的美国》,四川大学出版社 2010 年版。

61.《日本印象》,《中华读书报》2011 年 5 月 18 日。

62.《法国间谍片“蛇”与中国观众的世界想象》,《天涯》2011 年第 5 期。

63.《2010:纽约电影节》,《光影之隙》,北京大学出版社 2011 年版。

64.《伊斯坦布尔一日》,《读书》2011 年第 11 期。

65.《土耳其浴室的鸳鸯茶》,《中华读书报》2011 年 11 月 2 日。

66.《再现:历史与记忆——电影中的历史书写与呈现》(上),《中华读书报》2012 年 2 月 8 日。(《新华文摘》2012 年第 8 期转载)

67.《再现:历史与记忆——电影中的历史书写与呈现》(下),《中华读书报》2012 年 2 月 22 日。(被《中华读书报 20 年特刊》收入 2012 年大事记)

68.《草根运动 VS 未来民主》,《经济观察报·书评增刊》2012 年 1—2 月号。

69.《告别“十月”》,《读书》2012 年第 4 期。(被《中国随笔年度佳作 2012》收录,贵州人民出版社 2013 年版)

70.《旧锦翻新样:“读书”文化艺术评论精粹》,《读书》三十年精粹(1979—2009),生活·读书·新知三联书店 2012 年版。(收入《电影中的冷战》)

71.《星斗焕文章:“读书”美文精粹》,《读书》三十年精粹(1979—2009),生活·读书·新知三联书店 2012 年版。(收入《沉睡谷的无头骑士》)

72.《沉默是金:从影片〈艺术家〉谈好莱坞电影叙事》,《中华读书报》2012 年 4 月 4 日。

73.《泰坦尼克号的百年光影》,《新华月报》2012 年 5 月。

74. 张西平、顾均主编:《比较文学的新视野》,华东师范大学出版社 2012

年版。

75.《阅读城市空间:曼哈顿景观与文化身份》,《读书》2012 年第 10 期。

76.《关于“第三帝国电影业”访谈录》(上),《读书》2012 年第 12 期。

77.《关于“第三帝国电影业”访谈录》(下),《读书》2013 年第 1 期。

78.《昨日之岛:电影·学术与我》,《文景》2013 年第 01/02 期。

79.《看得见风景的房间》,《读书》2013 年第 4 期。

80.《美国政治的“双城记”——由政治影片透视美国政治文化走向》(上),《中华读书报》2013 年 4 月 3 日。

81. 戴锦华、王炎:《新规则与新媒体——由政治影片透视美国政治文化走向》(下),《中华读书报》2013 年 4 月 24 日。

82.《电视化的城市灾难》,《读书》2013 年第 10 期。

83. 戴锦华、王炎:《“反恐时代”与“好莱坞出品”——国际恐怖主义影片之喻》(上),《中华读书报》2013 年 11 月 6 日。

84. 戴锦华、王炎:《重新叩访被遮蔽的历史——国际恐怖主义影片之喻》(下),《中华读书报》2013 年 11 月 20 日。

85.《谁的战争? 如何记忆?》,《天涯》2014 年第 3 期。(新浪专栏优选计划第八期获奖)

86. 戴锦华、王炎:《电影已死? ——新媒体与电影的未来》(上),《中华读书报》2014 年 7 月 2 日。

87. 戴锦华、王炎:《“后胶片时代”的电影美学——新媒体与电影的未来》(中),《中华读书报》2014 年 7 月 16 日。

88. 戴锦华、王炎:《走向未来的电影与电影文化——新媒体与电影的未来》(下),《中华读书报》2014 年 8 月 6 日。

89.《慕尼黑的一个秋日》,《读书》2014 年第 8 期。

90.《“燕京”本无事》,《读书》2014 年第 9 期。

91.《数码电影是什么?》,《新知》2014 年第 6 期。

92.《想象民族的方法》,《读书》2015 年第 1 期。

93.《印度之行》,《读书》2015 年第 6 期。

94.《思想走出去,才是正道》,《北京青年报》2015 年 7 月 10 日。

95.《“文化走出去”的几个误区》,《中国社会科学报》2015 年 7 月 23 日。

96. 戴锦华、王炎:《记忆的神话——80 年代译制片与怀旧》(上),《中华读书报》2015 年 9 月 2 日。

97. 戴锦华、王炎:《从文化原则到市场法则——80 年代译制片与怀旧》(中),《中华读书报》2015 年 9 月 16 日。

98. 戴锦华、王炎:《走向同质化的世界视野——80 年代译制片与怀旧》(下),《中华读书报》2015 年 10 月 21 日。

99.《外国文学是什么?》,《外国文学》2015 年第 5 期。

100.《外国文学该如何界定》,《文汇报·文汇学人》2016 年 2 月 19 日。

101.《阿拉伯的劳伦斯——现代中东的形成与冲突的起源》,《读书》2016 年第 4 期。

102. 戴锦华、王炎:《无形的战线——间谍片的历史演进》(上),《中华读书报》2016 年 7 月 6 日。

103. 戴锦华、王炎:《价值的消解与重建——间谍片的历史演进》(下),《中华读书报》2016 年 7 月 20 日。

104.《与东欧文人对话的失落与困境》,《社会科学报》2016 年 8 月 28 日。

105.《海内存知己——杂忆中阿影缘》,《读书》2016 年第 11 期。

106.《奥利机场的叛逃者》,《中华读书报》2017 年 8 月 2 日。

107.《文明比较,还是文化偏见》,《读书》2017 年第 9 期。

108.《特朗普很保守吗? ——网络媒体与美国政治转向》,《读书》2017 年第 12 期。

109. 戴锦华、王炎:《大众的解体与分众的浮现——网络时代的人文学》(上),《中华读书报》2018 年 9 月 14 日。

110. 戴锦华、王炎:《媒介、“作者死亡”与知识转型——网络时代的人文学》(中),《中华读书报》2018 年 9 月 18 日。

111. 戴锦华、王炎:《审美、人工智能与“想象”未来——网络时代的人文学》(下),《中华读书报》2018 年 9 月 27 日。

112.《寻访巴勒斯坦》,《读书》2019 年第 3 期。

113.《网络技术重构人文知识》,《读书》2020 年第 1 期。

114. 戴锦华、王炎:《重构电影文化——影迷文化与中国电影》(上),《中华读书报》2020 年 2 月 19 日。

115. 戴锦华、王炎:《电影教育还有效吗? ——影迷文化与中国电影》(中),《中华读书报》2020 年 3 月 4 日。

统　　筹:张振明　孙兴民
责任编辑:任　民
封面设计:徐　晖
版式设计:王　婷

图书在版编目(CIP)数据

文明与文化的世界多元性研究/王炎 著. —北京:人民出版社,2023.3
(新时代北外文库/王定华,杨丹主编)
ISBN 978-7-01-025460-9

Ⅰ.①文…　Ⅱ.①王…　Ⅲ.①文化史-研究-世界　Ⅳ.①K103

中国国家版本馆 CIP 数据核字(2023)第 033121 号

文明与文化的世界多元性研究

WENMING YU WENHUA DE SHIJIE DUOYUANXING YANJIU

王　炎　著

人民出版社 出版发行
(100706　北京市东城区隆福寺街 99 号)

北京新华印刷有限公司印刷　新华书店经销

2023 年 3 月第 1 版　2023 年 3 月北京第 1 次印刷
开本:710 毫米×1000 毫米 1/16　印张:16.25　插页:1 页
字数:249 千字

ISBN 978-7-01-025460-9　定价:89.00 元

邮购地址 100706　北京市东城区隆福寺街 99 号
人民东方图书销售中心　电话 (010)65250042　65289539